21世纪全国高职高专土建立体化系列规划教材

建设工程法规

主　编　王先恕
副主编　陈　燕　胡大维　吴　铭
参　编　毕　颖

内 容 简 介

本书内容严格按照高职高专土建类专业的教学大纲要求，参考了相关执业资格考试大纲的规定，结合工程需要精选了建设领域中最新的法律、行政法规、部门规章。全书共10章，主要内容有建设工程法规概述、民法、合同法、建筑法、招标投标法、建设工程质量管理条例、建设工程安全生产相关法规、建设工程其他相关法律制度、建设工程纠纷的处理、建设工程法律责任。

本书既可作为高职高专院校土建类及其相关专业的教材和指导书，也可作为建设领域从业人员学习建设工程法规知识的参考书，还可为备考从业和执业资格考试人员提供参考。

图书在版编目(CIP)数据

建设工程法规/王先恕主编. —北京：北京大学出版社，2012.7
(21世纪全国高职高专土建立体化系列规划教材)
ISBN 978-7-301-20912-7

Ⅰ. ①建… Ⅱ. ①王… Ⅲ. ①建筑法—中国—高等职业教育—教材 Ⅳ. ①D922.297

中国版本图书馆 CIP 数据核字(2012)第 142213 号

书　　　　名：	建设工程法规
著作责任者：	王先恕　主编
策划编辑：	赖　青　王红樱
责任编辑：	姜晓楠
标准书号：	ISBN 978-7-301-20912-7/TU · 0246
出　版　者：	北京大学出版社
地　　　址：	北京市海淀区成府路 205 号　100871
网　　　址：	http://www.pup.cn　http://www.pup6.cn
电　　　话：	邮购部 62752015　发行部 62750672　编辑部 62750667　出版部 62754962
电子邮箱：	pup_6@163.com
印　刷　者：	三河市博文印刷有限公司
发　行　者：	北京大学出版社
经　销　者：	新华书店
	787 毫米×1092 毫米　16 开本　16.75 印张　386 千字
	2012 年 7 月第 1 版　2016 年 7 月第 5 次印刷
定　　　价：	32.00 元

未经许可，不得以任何方式复制或抄袭本书之部分或全部内容。
版权所有，侵权必究　　举报电话：010-62752024
　　　　　　　　　　　电子邮箱：fd@pup.pku.edu.cn

北大版·高职高专土建系列规划教材
专家编审指导委员会

主　　　任：　于世玮（山西建筑职业技术学院）
副　主　任：　范文昭（山西建筑职业技术学院）
委　　　员：　（按姓名拼音排序）
　　　　　　　丁　胜（湖南城建职业技术学院）
　　　　　　　郝　俊（内蒙古建筑职业技术学院）
　　　　　　　胡六星（湖南城建职业技术学院）
　　　　　　　李永光（内蒙古建筑职业技术学院）
　　　　　　　马景善（浙江同济科技职业学院）
　　　　　　　王秀花（内蒙古建筑职业技术学院）
　　　　　　　王云江（浙江建设职业技术学院）
　　　　　　　危道军（湖北城建职业技术学院）
　　　　　　　吴承霞（河南建筑职业技术学院）
　　　　　　　吴明军（四川建筑职业技术学院）
　　　　　　　夏万爽（邢台职业技术学院）
　　　　　　　徐锡权（日照职业技术学院）
　　　　　　　战启芳（石家庄铁路职业技术学院）
　　　　　　　杨甲奇（四川交通职业技术学院）
　　　　　　　朱吉顶（河南工业职业技术学院）
特邀顾问：　　何　辉（浙江建设职业技术学院）
　　　　　　　姚谨英（四川绵阳水电学校）

北大版·高职高专土建系列规划教材
专家编审指导委员会专业分委会

建筑工程技术专业分委会

主　任：吴承霞　　吴明军
副主任：郝　俊　　徐锡权　　马景善　　战启芳
委　员：（按姓名拼音排序）
　　　　白丽红　　陈东佐　　邓庆阳　　范优铭　　李　伟
　　　　刘晓平　　鲁有柱　　孟胜国　　石立安　　王美芬
　　　　王渊辉　　肖明和　　叶海青　　叶　腾　　叶　雯
　　　　于全发　　曾庆军　　张　敏　　张　勇　　赵华玮
　　　　郑仁贵　　钟汉华　　朱永祥

工程管理专业分委会

主　任：危道军
副主任：胡六星　　李永光　　杨甲奇
委　员：（按姓名拼音排序）
　　　　冯　钢　　冯松山　　姜新春　　赖先志　　李柏林
　　　　李洪军　　刘志麟　　林滨滨　　时　思　　斯　庆
　　　　宋　健　　孙　刚　　唐茂华　　韦盛泉　　吴孟红
　　　　辛艳红　　鄢维峰　　杨庆丰　　余景良　　赵建军
　　　　钟振宇　　周业梅

建筑设计专业分委会

主　任：丁　胜
副主任：夏万爽　　朱吉顶
委　员：（按姓名拼音排序）
　　　　戴碧锋　　宋劲军　　脱忠伟　　王　蕾
　　　　肖伦斌　　余　辉　　张　峰　　赵志文

市政工程专业分委会

主　任：王秀花
副主任：王云江
委　员：（按姓名拼音排序）
　　　　俞金贵　　胡红英　　来丽芳　　刘　江　　刘水林
　　　　刘　雨　　刘宗波　　杨仲元　　张晓战

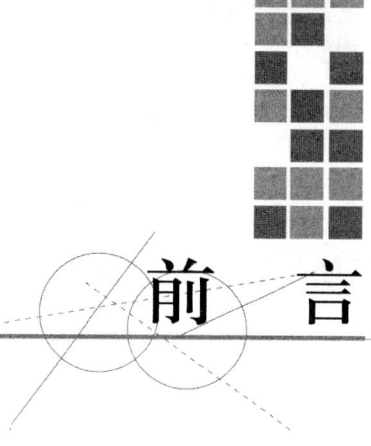

前　言

"建设工程法规"作为建筑行业从业人员都必须遵守的行为准则，是土建类专业学生的必修课程，也是土建类相关执业资格国家统一考试的必考内容。编者在本书编写过程中严格按照高职高专土建类专业的教学大纲要求，参考了相关执业资格考试大纲规定，结合工程需要精选了建设领域中最新的法律、行政法规、部门规章。

本书具有的特色如下：第一，实用性，知识体系和内容与建造师考试内容相衔接；第二，易学性，每节内容后面有主要知识点的"归纳小结"模块，便于学生学习、理解和掌握；第三，启发性，各章节前有教学目标、教学要求以及引例，既能提高学生的阅读兴趣，又能使学生带着目的去学习。

本书内容可按照60～90学时安排，参考学时分配如下：第1章4～6学时，第2章10～16学时，第3章10～14学时，第4章6～8学时，第5章8～10学时，第6章4～6学时，第7章6～10学时，第8章4～8学时，第9章4～6学时，第10章4～6学时。教师可根据不同的专业灵活安排学时，学生可在课后阅读相应的法律法规。

本书由滁州职业技术学院王先恕担任主编，滁州职业技术学院陈燕、胡大维、吴铭担任副主编，濮阳职业技术学院毕颖参编。本书具体编写分工为：王先恕编写第3章和第7章，并负责全书的统稿工作；陈燕编写第5章和第6章；胡大维编写第4章和第8章；吴铭编写第1章和第9章；毕颖编写第2章和第10章。

编者在本书的编写过程中，参考和引用了许多文献资料，在此谨向原书作者表示衷心的感谢！

由于编者水平有限，书中难免存在不足和疏漏之处，敬请各位读者批评指正。

编　者
2012年3月

目 录

第1章　建设工程法规概述 1
 1.1　建设工程法规的概念与调整对象 2
 1.2　建设工程法规体系 6
 本章小结 9
 复习思考题 9

第2章　民法 11
 2.1　民事法律关系 12
 2.2　民事法律行为的成立要件 16
 2.3　代理制度 18
 2.4　债权制度 23
 2.5　物权制度 26
 2.6　知识产权制度 29
 2.7　诉讼时效制度 33
 本章小结 36
 复习思考题 36

第3章　合同法 38
 3.1　合同法概述 39
 3.2　合同的订立 42
 3.3　合同的效力 50
 3.4　合同的履行、变更和转让 56
 3.5　合同的终止 63
 3.6　违约责任 66
 3.7　合同的担保 70
 本章小结 76
 复习思考题 76

第4章　建筑法 78
 4.1　施工许可制度 79
 4.2　企业资质等级许可制度 83
 4.3　专业人员执业资格制度 85

 4.4　工程发包制度 87
 4.5　工程承包制度 89
 4.6　工程分包制度 90
 4.7　工程监理制度 91
 本章小结 95
 复习思考题 95

第5章　招标投标法 97
 5.1　招标投标活动的原则及适用范围 98
 5.2　招标 102
 5.3　投标 116
 5.4　开标、评标和定标 123
 本章小结 130
 复习思考题 131

第6章　建设工程质量管理条例 134
 6.1　建设单位的责任和义务 136
 6.2　勘察、设计单位的责任 140
 6.3　施工单位的责任 143
 6.4　工程监理单位的责任 148
 6.5　建设工程质量保修制度 150
 6.6　建设工程质量的监督管理 154
 本章小结 156
 复习思考题 157

第7章　建设工程安全生产相关法规 159
 7.1　生产经营单位的安全生产保障 160
 7.2　从业人员安全生产的权利和义务 165
 7.3　生产安全事故的应急救援与调查
    处理 167
 7.4　安全生产的监督管理 173
 7.5　建设工程安全生产管理条例 174

本章小结.. 185
　　复习思考题.. 185

第8章　建设工程其他相关法律制度...... 187
　　8.1　劳动法... 188
　　8.2　环境保护法..................................... 197
　　8.3　节约能源法..................................... 202
　　8.4　消防法... 204
　　本章小结.. 207
　　复习思考题.. 207

第9章　建设工程纠纷的处理................. 209
　　9.1　建设工程纠纷处理概述.................... 210
　　9.2　民事诉讼... 213
　　9.3　仲裁... 224
　　9.4　证据... 229

　　9.5　行政复议与行政诉讼........................ 234
　　本章小结.. 237
　　复习思考题.. 237

第10章　建设工程法律责任..................... 239
　　10.1　法律责任概述................................. 240
　　10.2　建设单位的法律责任...................... 244
　　10.3　勘察、设计单位的相关法律责任...... 246
　　10.4　施工单位的相关法律责任............... 247
　　10.5　监理单位的相关法律责任............... 251
　　10.6　建设行政主管部门的法律责任....... 253
　　10.7　其他法律责任................................. 253
　　本章小结.. 254
　　复习思考题.. 254

参考文献... 256

第1章 建设工程法规概述

教学目标

了解建设工程法规的概念、特征和作用,掌握建设工程法规的调整对象、建设工程法规体系的概念及其构成,理解建设工程法规体系。

教学要求

知识要点	能力要求	相关知识	所占分值(100分)	自评分数
建设工程法规的概念与调整对象	1. 了解工程建设法规的概念 2. 了解工程建设法规的特征和作用	建设与建筑的关系 建设工程法规 建设工程法规特征	50	
建设工程法规体系	1. 了解建设工程法规体系的概念 2. 掌握建设工程法规体系的构成	纵向构成和横向构成	50	

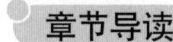

> **章节导读**

随着我国社会经济的发展和建筑业参与国际建筑市场竞争的需要，工程建设行为逐渐被纳入法制化的轨道，作为一名土木工程专业的在校学生，应当学习和掌握工程建设领域方面的法律知识。第1章是本课程的基础部分，主要论述了建设工程法规的基本知识和基本理论，内容涉及建设工程法规的概念与调整对象，建设工程法律关系(建设工程法律关系概念、构成三要素及建设工程法律关系产生、变更和消灭的原因)和建设工程法规体系(建设工程法规体系概念、建设工程法规体系构成)。

1.1 建设工程法规的概念与调整对象

▶▶ 引例 1.1

某市城建公司违反质量标准使用劣质水泥建造居民楼，居民入住后，发现楼板塌落、墙壁变形现象。该居民小区的居民遂申请城建局与质量监督局作出处理，两局责令该城建公司赔偿该小区居民经济损失210000元；对该城建公司罚款10000元；城建公司立即停产停业，限期治理整顿，该城建公司对行政处罚决定不服，提起行政诉讼。试问该案是否属于建设工程法规的调整对象？

1.1.1 建设工程法规的概念

建设活动是人类基本生产活动的具体体现，是指土木建筑工程及其设施的新建、扩建、改建、维修、拆除活动以及线路、管道、设备的安装和建筑装饰活动。从横向比较，与建筑业上的建筑活动内容基本相同。当然，广义上的建设活动的范围更广，包括国家组织、管理、协调的城市建设、乡村建设、工程建设、建筑业、房地产业、市政公用事业等各项建设活动。从纵向来说，建筑活动主要限于建设活动实施阶段，包括建筑工程的勘察、设计、施工、安装等，而建设活动还包括建设项目工程的策划、立项等投资活动，固定资产投资后评价，建筑市场招标投标，建设项目环境评价和保护等。

建设工程法规是国家法律体系的重要组成部分，是指国家立法机关或其授权的行政机关制定的旨在调整国家及其有关机构、企事业单位、社会团体、公民之间，在建设活动中或建设行政管理活动中发生的各种社会关系的法律规范的总称。

> **知识链接**
>
> 通常所说的建设工程法规中的"建设"和建筑法中的"建筑"是两个密切相关的概念。"建筑"是指人工建造的、固定于地面上的建筑物或构筑物。具体地讲，建筑是指建筑物或构筑物勘察、设计、施工和设备安装的营造过程。"建设"包含两种含义：一是创立新事业，二是增加新设施。与"建筑"相比，其内涵和外延都较前者宽泛。"建设"一般都以"建筑"为核心内容，并增加了其他含义，因而在多数场合下，可以用"建设"代替"建筑"一词。

1.1.2 建设工程法规的特征与作用

1. 建设工程法规的特征

建设工程法规作为调整工程建设管理和协作所发生的社会关系的法律规范，除具备一般的法律基本特征外，还具有不同于其他法律的特征。

1) 行政隶属性

行政隶属性是建设工程法规的主要特征，也是区别于其他法律的主要特征。这一特征决定了建设工程法规必然要采用直接体现行政命令的调整方法，即以行政指令为主的方法调整建设工程法律关系。调整方式包括以下内容。

(1) 授权。国家通过建设工程法律规范，授予国家工程建设管理机关某种管理权限或具体的权利，对工程建设进行监督管理。例如，规定设计文件的审批权限、工程建设质量监督、工程建设合同的鉴证等。

(2) 命令。国家通过建设工程法律规范赋予建设工程法律关系主体某种作为的义务。例如，限期拆迁房屋，进行企业资质认定，领取开工许可证等。

(3) 禁止。国家通过建设工程法律规范赋予建设工程法律关系主体某种不作为的义务，即禁止主体某种行为。例如，严禁利用工程建设承发包索贿受贿，严禁无证设计、无证施工，严禁工程建设转包、肢解发包、挂靠等行为。

(4) 许可。国家通过建设工程法律规范，允许特别的主体在法律允许范围内有某种作为的权利。例如，房屋建筑工程施工总承包企业资质等级，特级企业可承担各类房屋建筑工程的施工；一级企业可承担40层以下、各类跨度的房屋建筑工程的施工；二级企业可承担30层以下、单跨跨度36米以下的房屋建筑工程的施工；三级企业可承担14层以下、单跨跨度24米以下的房屋建筑工程的施工。

(5) 免除。国家通过建设工程法律规范，对主体依法应履行的义务在特定情况下予以免除。例如，用炉渣和粉煤灰等废渣作为主要原料生产建筑材料的可享有减、免税的优惠等。

(6) 确认。国家通过建设工程法律规范，授权工程建设管理机关依法对争议的法律事实和法律关系进行认定，并确定其是否存在，是否有效。例如，各级工程建设质量监督站检查受监工程的勘察、设计、施工单位和建筑构件厂的资质等级和营业范围，监督勘察、设计、施工单位和建筑构件厂是否严格执行技术标准，并检查其工程(产品)质量等。

(7) 计划。国家通过建设工程法律规范，对工程建设进行计划调节。计划可分为两种：一种是指令性计划，一种是指导性计划。指令性计划具有法律约束力，具有强制性。当事人必须严格执行，违反指令性计划的行为，要承担法律责任。指令性计划本身就是行政管理。指导性计划一般不具有约束力，是可以变动的，但是在条件可能的情况下也是应该遵守的。工程建设必须执行国家的固定资产投资计划。

(8) 撤销。国家通过建设工程法律规范，授予工程建设行政管理机关，运用行政权力对某些权利能力或法律资格予以撤销或消灭。例如，没有落实工程建设投资计划的项目必须停建、缓建。对无证设计、无证施工、转包和挂靠予以坚决取缔等。

2) 经济性

建设工程法律规范是经济法规的重要组成部分。经济性是建设工程法规的又一重要特征。工程建设活动直接为社会创造财富,为国家增加积累。建设工程法规的经济性既包括财产性,也包括其与生产、分配、交换、消费的联系性。例如,工程建设勘察设计、施工安装等都直接为社会创造财富。随着工程建设的发展,其在国民经济中的地位日益突出。邓小平同志早在1980年4月曾明确指出:"建筑业是可以为国家增加积累的一个重要产业部门。许多国家把建筑业看作是国民经济的强大支柱之一,不是没有道理的。"可见,作为调整建筑等行业的建设工程法规的经济性是非常明显的。

3) 政策性

建设工程法律规范体现着国家的工程建设政策。它一方面是实现国家工程建设政策的工具,另一方面也把国家工程建设政策规范化。国家工程建设形势总是处于不断发展变化之中,建设工程法规要随着工程建设政策的变化而变化,灵活而机敏地适应变化了的工程建设形势的客观需要。例如,国家人力、财力、物力紧张时,基建投资就要压缩,并通过法律规范加以限制。国力储备充足时,就可以适当增加基建投资,同时以法律规范予以扶植、鼓励。可见,建设工程法规的政策性比较强,相对比较灵活。

4) 技术性

技术性是建设工程法律规范一个十分重要的特征。工程建设的发展与人类的生存、进步息息相关。工程建设产品的质量与人民的生命财产紧紧连在一起。为保证工程建设产品的质量和人民生命财产的安全,大量的建设工程法规是以技术规范形式出现的,其特点是直接、具体、严密、系统,便于广大工程技术人员及管理机构遵守和执行。例如,各种设计规范、施工规范、验收规范、产品质量监测规范等。有些非技术规范的建设工程法律规范中也带有技术性的规定。例如,城市规划法就含有计量、质量、规划技术、规划编制内容等技术性规范。

2. 建设工程法规的作用

工程建筑业是与社会进步、国家强盛、民族兴衰紧密相连的一个行业。它所从事的生产活动,不仅为人类自身的生存发展提供一个最基本的物质环境,而且反映各个历史时期的社会面貌,反映各个地区与各个民族的科学技术、社会经济和文化艺术的综合发展水平。工程建设产品是人类精神文明发展史的一个重要标志。工程建设管理是自然科学与社会科学交叉的一个独立学科,它由工程技术、经济、管理、法律四条腿支撑。建设工程法律、法规是工程建设管理的依据。

在国民经济中,工程建筑业是一个重要的物质生产部门,建设工程法规的作用就是保护、巩固和发展社会主义的经济基础,最大限度地满足人们日益增长的物质和文化生活的需要,保障工程建筑业健康有序地发展。国家要发展,人类要生存,国家建设必不可少。工程建筑业要最大限度地满足各行各业最基本的需求,为人们创造良好的工作环境、生活环境、教学研究环境和生产环境。为此,建设工程法规通过各种法律规范规定工程建设业的基本任务、基本原则、基本方针,加强工程建设业的管理,充分发挥其效能,为国民经济各部门提供必需的物质基础,为国家增加积累,为社会创造财富,推动社会主义各项事业的发展,促进社会主义现代化建设。

1.1.3 建设工程法规的调整对象

任何法律都以一定的社会关系为其调整对象。建设工程法规作为我国法律体系的一部分也不例外。建设工程法规是调整发生在建设活动中的各种社会关系，即调整国家管理机关、企业、事业单位、经济组织、社会团体以及公民在建设活动中所发生的社会关系。建设工程法规的调整范围主要体现在三个方面：一是建设活动中的行政管理关系，二是建设活动中的经济协作关系，三是从事建设活动过程中的其他民事关系。

1. 建设活动中的行政管理关系

建设活动是社会经济发展中的重大活动，同社会发展以及国家、人民生命财产安全息息相关，国家必须对此类活动实行严格的管理。国家及其建设行政主管部门同建设单位、设计单位、施工单位、建筑材料和设备的生产供应单位及有关中介服务单位之间发生的相应的管理与被管理关系，这种关系由有关建设法规来调整和规范。调整和规范包括两个相互关联的方面：一方面是规划、指导、协调与服务，另一方面是检查、监督、控制与调节。这其中包括处理好行政管理部门相互间及各部门内部各方面的责权利关系，科学地处理好建设行政管理部门同各类建设活动主体及中介服务机构之间规范的管理关系。例如，建设法规中的《建设工程质量管理条例》规定了建设单位、勘察设计单位、施工单位以及监理单位的质量责任和义务，并规定国务院建设行政主管部门对上述单位的工程质量实施统一监督管理；县级以上人民政府建设行政主管部门对本行政区域内上述单位的建设工程质量实施监督管理。

2. 建设活动中经济协作关系

建设活动中经济协作关系为平等主体之间发生的平等自愿、互利互助的横向协作关系，一般应以经济合同的形式确定。如建设单位与设计、施工单位之间的建设工程合同关系，业主与建设监理单位之间的委托监理合同关系等。这些关系也要由建设法规来调整。例如，《中华人民共和国合同法》(以下简称《合同法》)、《中华人民共和国建筑法》(以下简称《建筑法》)中规定了发包单位和承包单位双方在建立和履行建设工程合同关系中各自应享有的权利和应尽的义务。

经济合同是法人之间为了实现一定的经济目的，明确相互间权利、义务关系的协议。但建设活动的经济合同关系与一般经济合同有所不同，大多具有较强的计划性。这是由建设活动和建设关系自身的特点决定的。

3. 从事建设活动过程中的其他民事关系

建设活动中民事关系是指因从事建设活动而产生的国家、单位法人、公民之间的民事权利和义务关系，如涉及房屋买卖、租赁、产权关系，以及土地征收导致补偿、房屋拆迁导致安置、从业人员与有关单位之间的劳动关系等一系列民事关系。这些关系同样需要由建设工程法规以及相关的其他法律、法规来共同调整。例如，《中华人民共和国城市房地产管理法》(以下简称《城市房地产管理法》)中规定了有关城市房屋拆迁的规定；《建筑法》中规定了有关建筑施工企业应当为从事危险作业的职工办理意外伤害保险，支付保险费等。

▶▶归纳小结

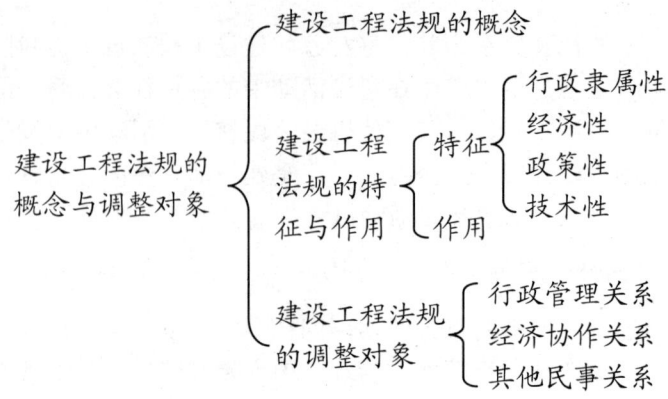

▶▶引例1.1 小结

该案涉及工程建设管理和协作所发生的社会关系，因此属于建设工程法规的调整对象。

1.2 建设工程法规体系

▶▶引例1.2

如果不同法律法规对同一事情的规定不一致发生抵触时，你知道如何进行处理吗？

1.2.1 建设工程法规体系的概念

建设工程法规体系是指我国全部现行的建设法律规范，按照一定的标准和原则，划分为不同的法律部门而形成的内部和谐一致、有机联系的整体。广义的建设法规体系，还应包括地方性的建设法规和规章。

建设工程法规体系是国家法律体系的重要组成部分，它必须与国家的宪法和相关法律保持一致，但由于工程建设事业行业多，具有很强的社会性、综合性和技术性，又必须相对独立，自成体系。它应覆盖到工程建设事业的各个行业、各个领域以及建设的全过程，使建设活动的各个方面在各个时期都有法可依。同时，它还应该注意纵向不同层次法规之间的相互衔接，以及横向同层次之间的配套和协调，防止不同法规之间出现立法重复、矛盾和抵触以及空白地带。它的建立和完善，是我国建设事业的必然要求，势必也将随着我国建设事业的蓬勃发展而不断发展。

1.2.2 建设工程法规体系的构成

土木工程建设法规体系按不同的标准和要求，可以有不同的结构。我国目前土木工程建设法规体系主要有两种：一是纵向法规体系，这是根据土木工程建设法规的层次和立法机关的地位划分的；二是横向法规体系，这主要是根据土木工程建设法规的不同调整对象来划分的。纵横两种法规体系相互结合起来，形成内容相对完善的土木工程建设法规体系。

1. 建设工程法规体系的纵向构成

建设工程法规体系的基本框架由纵向结构和横向结构所组成。从纵向结构看，是根据我国立法权限分为 5 个层次，即法律、行政法规、部门规章和地方性法规、地方规章。

(1) 建设工程法律。它是指由全国人民代表大会及其常务委员会制定的隶属国务院建设行政主管部门业务范围的各种规范性文件。其效力仅次于宪法，在全国范围内具有普遍的约束力。比较重要的建设工程法律有《中华人民共和国城市规划法》(以下简称《城市规划法》)、《城市房地产管理法》和《建筑法》等。

(2) 建设工程行政法规。它是指由国务院依法制定或者批准发布的属于建设方面的法规。行政法规及其发布形式有两种：一是直接以国务院令的形式发布；二是由国务院批准，由国家建设行政主管部门或者与国务院相关部门联合发布。例如，《建设工程勘察设计管理条例》、《建设工程质量管理条例》、《城市房地产开发经营管理条例》等。

(3) 部门规章制度。它是指由国家建设行政主管部门根据国务院规定的职责范围，依法制定并发布的各项规章，包括国家建设行政主管部门与国务院相关部门联合制定并发布的规章。例如，《建筑工程施工发包与承包计价管理办法》、《工程监理企业资质管理规定》等。

(4) 地方法规。它是指在不与宪法、法律、行政法规相抵触的前提下，由省、自治区、直辖市人民代表大会及其常务委员会制定并发布，或者由省、自治区、直辖市人民政府所在地的市和国务院批准的市级人民代表大会及常务委员会制定，并报省、自治区、直辖市人民代表大会常务委员会批准后施行的建设方面的法规。

(5) 地方规章制度。它是指由省、自治区、直辖市人民政府，省、自治区人民政府所在地的市，以及国务院批准的市级人民政府，根据法律和国务院的行政法规制定并发布的建设方面的规章。

此外，与建设活动关系密切的相关法律、行政法规和部门规章，也起着调整一部分建设活动的作用。其所包含的内容或某些规定也是构成建设法规体系的内容。例如，技术法规是国家制定或认可的，在全国范围内有效的规程、规范、标准、定额、方法等技术文件。它是建筑业工程技术人员从事经济技术作业，建设管理监测的依据，包括设计规范、施工规范、验收规范、预算定额等。

2. 建设工程法规体系的横向构成

建设工程法规的横向体系应包括建设活动的各主要方面。根据建设部 1991 年颁发的《建设法律体系规划方案》，我国目前的工程建设法规体系中设置了以下八项法律。

1) 城市规划法

城市规划法是调整人们在制定和实施城市规划及其在城市规划区内进行各项建设过程中发生社会关系的法律规范的总称。它的立法目的在于确定城市的规模和发展方向，实现城市的经济和社会发展目标，合理地制定城市规划和进行城市建设。

2) 市政公用事业法

市政公用事业法是调整城市市政设施公用事业，市容环境卫生、园林绿化等建设、管理活动及其社会关系的法律规范的总称。它的立法目的是为加强市政公用事业的统一管理，保证市政建设和管理工作的顺利进行，发挥城市的多功能作用，适用我国建设事业的需要。

3) 城市房地产管理法

城市房地产管理法是调整城市房地产业和各项房地产经营活动及其与社会相关的法律

规范的总和。其立法目的在于保障城市房地产所有人、经营人、使用人的合法权益,促进房地产业的发展。

4) 村镇建设法

村镇建设法立法目的在于加强村镇建设管理,不断改善村镇建设环境,促进城乡经济和社会协调发展,推动社会主义初级阶段的新村镇建设和发展。它的调整范围包括村庄和集镇的规划、建设、设计、施工、公用基础设施、住宅和环境管理等各项活动及其社会关系。

5) 住宅法

住宅法是调整城乡住宅的所有权、建设、资金与融通、优惠、买卖与租借、管理与维修等活动及其社会关系的法律规范的总和。它的立法目的是为了保障公民享有住房的权利,保证住宅所有者和使用者的合法权益,促进住宅建设发展,不断改善公民住宅条件和提高居住水平。

6) 建筑法

建筑法立法的目的在于加强对建筑业的管理,维护建筑市场秩序。保证建筑工程的质量和安全,保障建筑活动当事人的合法权益,促进建筑业的发展。

7) 风景名胜区法

风景名胜区法立法目的是为了加强风景名胜区的管理、保护、利用和开发风景名胜区资源。它的调整范围包括保护、开发、利用和管理风景名胜区资源各项活动中产生的各种社会关系。

8) 工程设计法

工程设计法是调整工程设计的资质管理、质量管理、技术管理,以及制定设计文件的全过程活动及其社会关系的法律规范的总和。它的立法目的是为了加强工程设计的管理,提高工程设计水平。

▶▶ 归纳小结

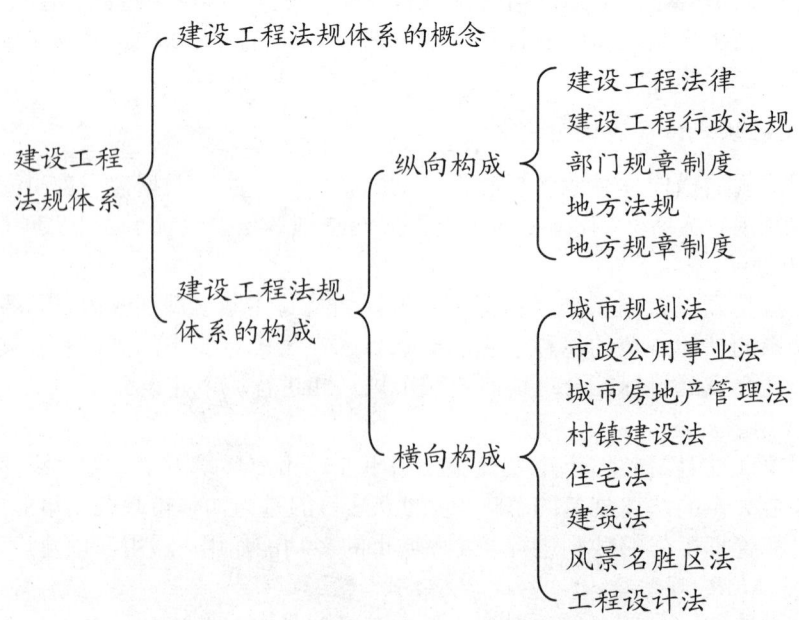

▶▶ 引例 1.2 小结

可依照《中华人民共和国立法法》(以下简称《立法法》)第八十三条的规定处理，即"同一机关制定的法律、行政法规、地方性法规、自治条例和单行条例、规章，特别规定与一般规定不一致的，适用特别规定；新的规定与旧的规定不一致的，适用新的规定"来进行处理和选择法律法规。

本 章 小 结

1. 建设工程法规是国家法律体系的重要组成部分，是指国家立法机关或其授权的行政机关制定的旨在调整国家及其有关机构、企事业单位、社会团体、公民之间，在建设活动中或建设行政管理活动中发生的各种社会关系的法律规范的总称。其具有行政隶属性、经济性、政策性和技术性。

2. 建设工程法规是调整发生在建设活动中的各种社会关系，即调整国家管理机关、企业、事业单位、经济组织、社会团体以及公民在建设活动中所发生的社会关系。建设工程法规的调整范围主要体现在三个方面：一是建设管理关系，二是建设协作关系，三是从事建设活动过程中的其他民事关系。

3. 建设法律关系是法律关系的一种，是指建设工程法律规范所确认和调整的，在建设管理和协作过程中产生的权利义务关系。建设法律关系具有综合性、复杂性和协同性特征。

4. 建设法律关系是由主体、客体和内容三要素构成的。主体是法律关系的参与者，也是权利和义务的承担者；客体是主体权利和义务共同指向的对象；内容即是法律关系主体所享有的权利和承担的义务。由于三要素的内涵不同，则组成了不同的法律关系，如建设民事法律关系、建设行政法律关系、建设劳动法律关系、建设经济法律关系等。

5. 建设法律关系只有在一定的情况下才能产生，这种法律关系的变更和消灭也是由一定的情况决定的。这种引起建设法律关系产生、变更和消灭的情况就是法律事实。法律事实即是建设法律关系产生、变更和消灭的原因。

6. 建设工程法规体系是指我国全部现行的建设法律规范，按照一定的标准和原则，划分为不同的法律部门而形成的内部和谐一致、有机联系的整体。广义的建设法规体系，还应包括地方性的建设法规和规章。

复习思考题

一、简答题

1. 举例说明建设法律关系的构成要素。
2. 试述建设工程法规的特征与作用。
3. 建设工程法规的调整对象有哪些？

4. 建设法律关系的变更可能会引起哪些变化？
5. 什么是法律事实？试通过具体案例说明。
6. 简述我国建设工程法规体系的构成。

二、案例题

张某家住某市市区。2008年张某未经城市规划部门的批准，擅自在自己居住的楼房东北侧便道上搭建简易房屋用于经营。该市城市管理监察大队在监察中发现后，认为张某违反了《城乡规划法》的相关规定，遂依法通知其限期改正。张某不服，向人民法院提起行政诉讼，认为其所搭建的简易房屋虽系违法建筑，但其周围还有其他的违法建筑，被告不应仅对其违法建筑进行查处，故诉请法院撤销被告所做的决定。请问：法院是否会支持张某的诉讼请求？

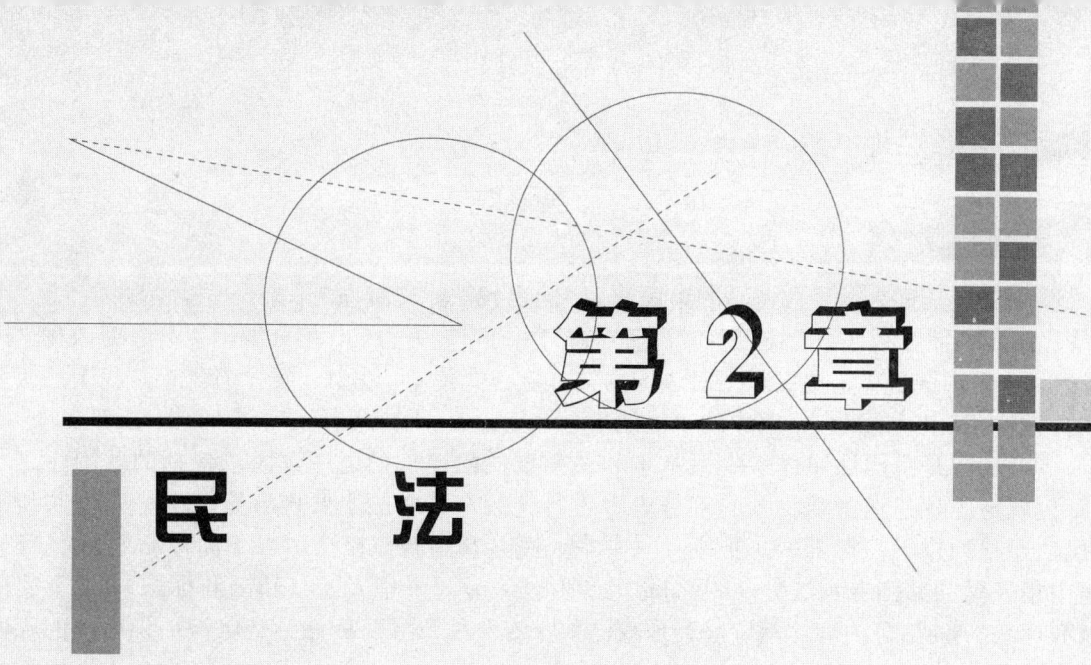

第 2 章

民 法

教学目标

通过学习本章应重点掌握民事法律关系的构成,民事法律行为的成立条件以及代理的概念和特征。理解代理制度和诉讼时效,了解财产权的基本内容。

教学要求

知 识 要 点	能 力 要 求	相 关 知 识	所占分值 (100分)	自评 分数
民事法律关系	1. 掌握民事法律关系的构成 2. 理解民事法律关系的产生、变更与终止	民事法律关系	20	
民事法律行为的成立要件	1. 了解民事法律行为的分类 2. 掌握民事法律行为的成立条件	民事法律行为	20	
代理制度	1. 掌握代理的概念和特征 2. 知道区分代理的种类	委托代理、法定代理和指定代理	20	
债权制度	了解债的概念和发生根据	债权	10	
物权制度	了解物权制度	所有权、用益物权和担保物权	10	
知识产权制度	了解知识产权制度	著作权、专利权、商标权	10	
诉讼时效制度	知道诉讼时效制度	诉讼时效及诉讼时效的中止和中断	10	

> **章节导读**

"民法"一词来源于古罗马的市民法。中国古代法律文献原无民法一词,清朝末年至"中华民国"时期曾制订"民律"草案,后经修订并于1929—1930年分编陆续公布时改称"民法",这是中国法律历史文献上对该词的第一次正式使用。另外,据学者考察,我国法律上的"民法"一词是来自日语中的"民法"。

民法,是我国法律体系中最基本和最重要的法律部门之一。民法包括的范围广,本章仅就与工程建设密切相关的部分内容进行介绍,其中的主要内容有《中华人民共和国民法通则》(以下简称《民法通则》),《中华人民共和国著作权法》(以下简称《著作权法》),《中华人民共和国专利法》(以下简称《专利法》),《中华人民共和国商标法》(以下简称《商标法》)的部分内容。其中《著作权法》、《专利法》、《商标法》是保护知识产权的三部主要法律。

2.1 民事法律关系

▶▶ 引例2.1

某建筑公司(施工单位)与某房地产开发公司(建设单位)签订了一个施工承包合同,即由建筑公司承建一栋20层的办公楼。合同的约定内容:开工日期为2008年7月1日,竣工日期为2010年5月1日;每月27日,按照当月完成的工程量,开发公司向建筑公司支付工程进度款。该事件法律关系的构成要素有哪些?

2.1.1 民事法律关系的构成要素

民事法律关系是由民法规范调整的以权利和义务为内容的社会关系。它包括人身关系和财产关系。法律关系是由主体、客体和内容三要素构成。

> **特别提示**
>
> 法律关系三要素中缺少任意一个就不能构成法律关系。这三要素统一存在于某个特定的法律关系中,其中任何一个要素发生了变化,就必然导致这个特定的法律关系发生变化。

1. 民事法律关系主体

法律关系主体是指民事法律关系中享有权利、承担义务的当事人和参与者,包括自然人、法人或其他组织。

1) 自然人

自然人是基于出生而依法成为民事法律关系主体的人。自然人包括公民、外国人和无国籍人。《民法通则》在民事主体中使用的是"公民"一词,公民是指取得一国国籍并根据该国法律规定享有权利和承担义务的自然人。

作为法律关系主体的自然人必须具备相应的民事权利能力和民事行为能力。民事权利能力是民事主体依法享有民事权利能力和承担民事义务的资格。自然人的民事权利能力始于出生，终于死亡。民事行为能力是指民事主体通过自己的行为取得民事权利、承担民事义务的资格。

> **知识链接**
>
> 民事行为能力分为完全民事行为能力、限制民事行为能力、无民事行为能力 3 种。
> (1) 完全民事行为能力。
> ① 18 周岁以上的公民是成年人，具有完全民事行为能力，可以独立进行民事活动，是完全民事行为能力人。
> ② 16 周岁以上，不满 18 周岁的公民，以自己的劳动收入为主要生活来源的，视为完全民事行为能力人。
> (2) 限制民事行为能力。
> ① 10 周岁以上的未成年人是限制民事行为能力人，可以进行与其年龄、智力相适应的民事活动；其他民事活动由其法定代理人代理，或者征得其法定代理人的同意。
> ② 不能完全辨认自己行为的精神病人，可以进行与其精神状况相适应的民事活动，其他民事活动由其法定代理人代理，或者征得其法定代理人同意。
> (3) 无民事行为能力。
> ① 不满 10 周岁的未成年人，由其法定代理人代理民事活动。
> ② 不能辨认自己行为的精神病人，由其法定代理人代理民事活动。

2) 法人

法人是指具有民事权利能力和民事行为能力，依法独立享有民事权利和承担民事义务的组织。

> **特别提示**
>
> 法人应当具备以下 4 个条件。
> (1) 必须依法成立。
> (2) 有必要的财产或者经费。
> (3) 有自己的名称、组织机构和场所。
> (4) 能够独立承担民事责任。

法人的法定代表人是自然人，并依照法律或者法人组织章程的规定，代表法人行使职权。法人以其主要办事机构所在地为住所。

法人可分为企业法人和非企业法人两大类。企业法人是以赢利为目的的，是法人中数量最多的一种。非企业法人是指不直接从事生产和经营活动的，并且以国家管理和非经营性社会活动为内容的法人。非企业法人又可分为国家机关法人、事业单位法人、社会团体法人，如建设行政主管部门、学校、消费者协会等。

3) 其他组织

法人以外的其他组织也可以成为民事法律关系的主体，称为非法人组织。这些组织应当是依法成立、有一定的组织机构和财产，但又不具备法人资格的组织。在实践中，较为常见的组织主要包括以下几方面。

(1) 法人依法成立并领取营业执照的分支机构。

(2) 依法登记领取营业执照的私营独资企业、合伙组织。

(3) 依法登记领取营业执照的合伙型联营企业。

(4) 依法登记领取我国营业执照的中外合作经营企业、外资企业。

2. 民事法律关系客体

法律关系客体是指民事法律关系的主体享受的权利和承担的义务所共同指向的对象。法律关系客体的种类主要包括财、物、行为和智力成果。

1) 财

财一般指资金及各种有价证券。在法律关系中表现为财的客体主要是建设资金。如工程建设贷款合同的标的，即一定数量的货币。

2) 物

法律意义上的物是指法律关系主体支配的、在生产和生活上需要的客观实体。例如，施工中使用的各种材料、机械设备建筑物等都属于物的范围。

3) 行为

作为法律关系客体的行为是指义务人所要完成的能满足权利人要求的结果。这种结果表现为两种：物化结果和非物化结果。

物化结果是指义务人的行为凝结于一定的物体，产生一定的物化产品，如房屋、道路等建设工程。

非物化结果是指义务人的行为没有转化为物化实体，仅表现为一定的行为过程，最终产生了权利人所期望的法律效果，如企业对员工的培训行为。

4) 智力成果

智力成果是指人们脑力劳动的成果或智力方面的创作。例如，文学作品就是这种智力成果。智力成果属于非物质财富，也称为精神产品。

上述各种客体并不孤立存在于法律关系中，而是在一个特定的法律关系中往往会同时存在不同的客体。

3. 法律关系的内容

民事法律关系的内容是指民事主体之间基于民事法律关系客体所形成的民事权利和民事义务。它可分为法定权利、义务，约定权利、义务。

1) 权利

权利是指合同法律关系人主体在法定范围内，按照合同的约定有权按照自己的意志做出某种行为。权利主体也可要求义务主体做出一定的行为或不做出一定的行为，以实现自己的有关权利。当权利受到侵害时，有权得到法律保护。

2) 义务

义务是指法律关系主体必须按规定或约定承担应负的责任。义务和权利是相互对应的，相应主体应自觉履行相对应的义务。

▶▶ 归纳小结

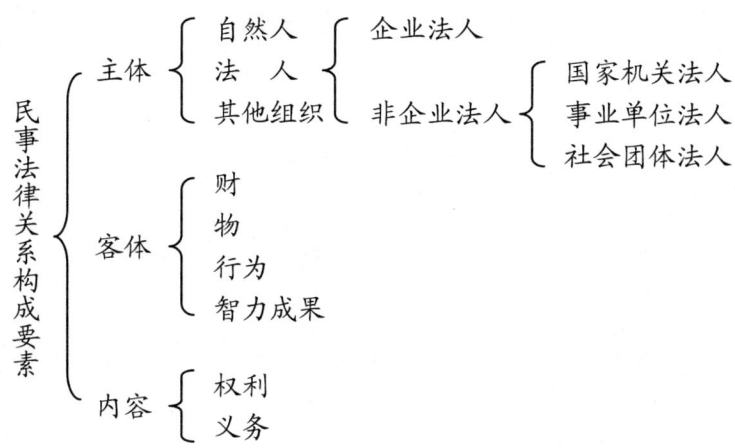

2.1.2 民事法律关系的产生、变更与终止

1. 民事法律关系的产生

民事法律关系的产生是指民事法律关系的主体之间形成了一定的权利和义务关系。如某单位与其他单位签订了合同，主体双方产生了相应的权利和义务。此时，受民事法律规定调整的民事法律关系即产生。

2. 民事法律关系的变更

民事法律关系的变更是指构成民事法律关系的三要素发生变化。

(1) 主体变更。主体变更可以表现为民事法律关系主体数目增多或减少，也可以表现为主体改变。在民事合同中，客体不变，相应的权利和义务也不变，此时主体改变也称为合同转让。

(2) 客体变更。客体变更是指民事法律关系中权利和义务所指向的事物发生变化。客体变更可以是其范围变更，也可以是其性质变更。

(3) 内容变更。民事法律关系主体与客体的变更，将会导致相应的权利和义务，即内容的变更。民事法律关系主体与客体不变，内容也可以变更，它表现为双方权利或义务的增加或减少。

3. 民事法律关系的终止

民事法律关系的终止是指民事法律主体之间的权利和义务不复存在，彼此丧失了约束力。

(1) 自然终止。民事法律关系自然终止是指某类民事法律关系的权利和义务顺利得到履行，取得了各自的利益，从而使该法律关系达到完结。

(2) 协议终止。民事法律关系协议终止是指民事法律关系主体之间协商解除某类法律关系所规范的权利和义务，致使该法律关系归于消灭。

(3) 违约终止。民事法律关系违约终止是指民事法律关系主体一方违约，或发生不可抗力，致使某民事法律关系规范的权利不能实现。

4. 法律事实

民事法律关系只有在一定的情况下才产生，而这种法律关系的变更和终止也由一定情况决定。这种引起民事法律关系产生、变更和终止的情况，即人们通常说的法律事实。法律事实是民事法律关系产生、变更和终止的原因。

> **知识链接**
>
> 法律事实可分为事件和行为。
> (1) 事件。事件是指不以当事人意志为转移而产生的自然现象、社会现象等。它可分为3种情况：①自然事件，如地震、水灾等；②社会事件，如战争、暴乱、政府禁令等；③意外事件，如失火、爆炸等。
> (2) 行为。行为是指法律关系主体有意识的、能够引起法律关系发生变更和消灭的活动。它可分为民事法律行为，违法行为，行政行为，立法行为，司法行为。

▶▶ 引例2.1 小结

这个法律关系的构成要素如下。
(1) 主体：建筑公司、开发公司。
(2) 客体：办公楼、工程款。
(3) 内容：建筑公司按期开工、按期竣工并提交合格工程，开发公司按合同约定支付工程进度款。

2.2 民事法律行为的成立要件

▶▶ 引例2.2

某房地产开发公司于2007年2月1日将一个居民小区的设计任务直接发包给了某设计院。但是，双方并没有签订书面合同。2007年7月10日，该设计院完成了该居民住宅小区的工程设计。该开发公司以没有书面，合同不符合《合同法》中关于"建设工程合同应当采用书面形式"为由，拒绝支付工程设计费。该开发公司的做法正确吗？

2.2.1 民事法律行为的概念

民事法律行为是指公民或者法人设立、变更、终止民事权利和民事义务的合法行为。

> **特别提示**
>
> 民事法律行为不同于民事行为。民事行为指民事主体以发生一定的法律后果为目的而进行的行为。民事行为如果符合法律规定的生效条件，就发生法律效力，构成民事法律行为；如果不具备法律规定的生效条件，将不发生法律效力，即不能转化为民事法律行为。

2.2.2 民事法律行为的分类

民事法律行为有多种分类方法，现仅介绍两种常见的分类。

1. 单方法律行为和双方法律行为

根据民事法律行为所需的意思表示的构成，民事法律行为可分为以下两种。

1) 单方法律行为

单方法律行为是指基于当事人一方的意思表示就可以发生法律效力的民事法律行为。例如，合同当事人一方就可变更、可撤销合同依法行使变更、撤销权的行为，不需要经过对方当事人同意就可以发生法律效力。

2) 双方法律行为

双方法律行为是指基于双方当事人意思表示一致才能够发生法律效力的民事法律行为。在实践中，民事法律行为绝大多数都是双方法律行为，而双方法律行为则更多地表现为合同的设立、变更、终止等行为。

2. 要式法律行为和不要式法律行为

根据民事法律行为的成立是否必须采用特定形式，民事法律行为可分为以下两种。

1) 要式法律行为

要式法律行为指法律规定应当采用特定形式的民事法律行为。《民法通则》第五十六条规定："民事法律行为可以采取书面形式、口头形式或者其他形式。法律规定是特定形式的，应当依照法律规定。"例如，《合同法》第二百七十条规定："建设工程合同应当采用书面形式"。因此，订立建设工程合同的行为，属于要式法律行为。

2) 不要式法律行为

不要式法律行为指法律没有规定特定形式，当事人选择采用书面、口头或其他任何形式均可成立的民事法律行为。例如，《合同法》第一百九十七条第一款规定"借款合同采用书面形式，但自然人之间借款另有约定的除外"，这个条款规定了自然人之间的借款属于不要式法律行为，有没有书面形式的合同均可。而非自然人之间的借款则属于要式法律行为，必须采用书面形式。

2.2.3 民事法律行为的成立条件概述

民事法律行为应当具备下列条件。

1. 法律行为主体具有相应的民事权利能力和民事行为能力

民事权利能力是法律确认的自然人享有民事权利、承担民事义务的资格。自然人只有具备了民事权利能力，才能参加民事活动。

民事行为能力是指民事主体通过自己的行为取得民事权利、承担民事义务的资格。

> **特别提示**
>
> 《民法通则》第九条规定："公民从出生时起到死亡时止，具有民事权利能力，依法享有民事权利，

承担民事义务。"

具有民事权利能力,是自然人获得参与民事活动的资格,但能不能运用这一资格,还受自然人的理智、认识能力等主观条件制约。有民事权利能力者,不一定具有民事行为能力。

2. 行为人的意思表示真实

意思表示真实指的是行为人内心的效果意思与表示意思一致,即不存在认识错误、欺诈、胁迫等外在因素而使得表示意思与效果意思不一致。

但是,意思表示不真实的行为也不是必然的无效行为,因其导致意思不真实的原因不同,所以可能会发生无效或者被撤销的法律后果。

3. 行为内容合法

根据《民法通则》的规定,行为内容合法表现为不违反法律和社会公共利益、社会公德。行为内容合法首先不得与法律、行政法规的强制性或禁止规范相抵触。其次,行为内容合法还包括行为人实施的民事行为不得违背公德,不得损害社会公共利益。

4. 行为形式合法

民事法律行为的形式也就是行为人进行意思表示的形式。凡属于要式民事法律行为,必须采用法律规定的特定形式才为合法;而属于不要式民事法律行为,则当事人在法律允许范围选择口头形式、书面形式或其他形式作为民事法律行为的形式皆为合法。

▶▶归纳小结

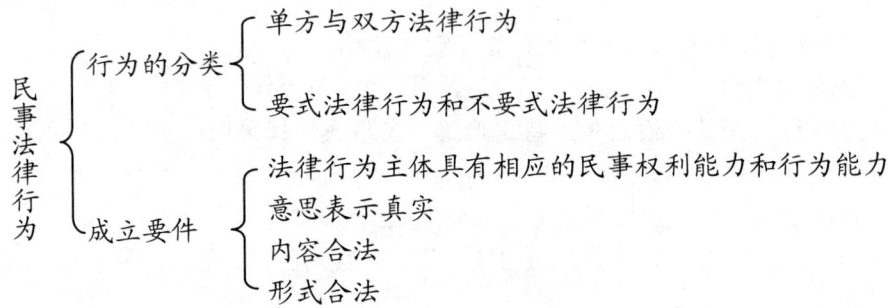

▶▶引例2.2小结

开发公司的做法是不正确的。因为法律规定应当采用书面形式订立合同,或者双方当事人约定采用书面形式订立合同,当事人未采用书面形式,但一方已经履行主要义务,对方接受的,该合同成立。

2.3 代理制度

▶▶引例2.3

王某注册了一家公司,主营业务是对外租赁建筑机械。2007年3月8日,王某委托李某去购买一台压路机。于是，李某启程去压路机的生产厂家。王某在等待中由于心脏病突发而死亡。由于王某去世的时候身边没有人，3天后，在外工作的儿子回家才发现父亲已经去世。此时，李某已经购买了王某委托购买的压路机。

李某回到王某的家中，向王某的儿子说明了购买压路机的事宜。但是，王某的儿子以父亲已经于签订购买压路机的合同之前去世为由，认为父亲与李某的委托代理终止，李某要自行为购买压路机承担责任。王某的儿子的说法正确吗？

2.3.1 代理的概念和特征

1. 代理的概念

代理是指代理人以被代理人的名义，在代理权限范围内与第三人为法律行为，其法律后果；直接由被代理人承受的民事法律制度。

公民、法人可以通过代理人实施民事法律行为。自然人和法人均可成为代理人，但法律对代理人资格有特别规定的除外。例如，《中华人民共和国招标投标法》(以下简称《招标投标法》)中规定，招标投标活动中的招标代理机构应当依法设立，并具有法律规定的条件。

依照法律规定或者按照双方当事人约定，应当由本人实施的民事法律行为，不得代理。代理涉及三方当事人，分别是被代理人、代理人和代理关系所涉及的第三人。

2. 代理的特征

代理人在代理权限内，以被代理人的名义实施民事法律行为；被代理人对代理人的代理行为，承担民事责任。

(1) 代理人必须在代理权限范围内实施代理行为。无论代理权的产生是基于何种法律事实，代理人都不得擅自变更或扩大代理权限，代理人超越代理权限的行为不属于代理行为，被代理人对此不承担责任。在代理关系中，委托代理中的代理人应根据被代理人的授权范围进行代理，法定代理的指定代理中的代理人也应在法律规定或指定的权限范围内实施代理行为。

(2) 代理人以被代理人的名义实施代理行为。代理人只有以被代理人的名义实施代理行为，才能为被代理人取得权利和设定义务。如果代理人是以自己的名义为法律行为，这种行为是代理人自己的行为而非代理行为。这种行为所设定的权利与义务只能由代理人自己承担。

(3) 代理人在被代理人的授权范围内独立地表现自己的意志。在被代理的授权范围内，代理人以自己的意志去积极地为实现被代理人的利益和意愿进行具有法律意义的活动。它具体表现为代理人有权自行解决他如何向第三人作出意思表示，或者是否接受第三人的意思表示。

(4) 被代理人对代理行为承担民事责任。代理是代理人以被代理人的名义实施代理行为，所以在代理关系中所设定的权利和义务，应当直接归被代理人享受和承担。被代理人对代理人的代理行为应承担的责任，既包括对代理人在执行代理任务的合法行为承担民事责任，也包括对代理人的不当代理行为承担民事责任。

2.3.2 代理的种类

代理包括委托代理、法定代理和指定代理。

1. 委托代理

委托代理是代理人根据被代理人授权而进行的代理。在工程建设领域,通过委托代理实施民事法律行为的情形较为常见。

> **特别提示**
>
> 民事法律行为的委托代理,可以用书面形式,也可以用口头形式。法律规定用书面形式的,应当用书面形式。
> 书面委托代理的授权委托书应当载明下列事项。
> (1) 代理人的姓名或者名称。
> (2) 代理事项、权限和期间。
> (3) 委托人签字或者盖章。

2. 法定代理

法定代理是根据法律的直接规定而产生的代理。法定代理主要是为了维护限制民事行为能力人或者无民事行为能力人的合法权益而设计的。法定代理不同于委托代理,属于全权代理。法定代理人原则上应代理被代理人的有关财产方面的一切民事法律行为和其他允许代理的行为。

> **特别提示**
>
> 无民事行为能力人、限制民事行为能力人的监护人是其法定代理人。

3. 指定代理

指定代理是根据人民法院或者有关机关的指定而产生的代理。例如,根据《最高人民法院关于适用〈中华人民共和国民事诉讼法〉若干问题的意见》第 67 条的规定:"在诉讼中,无民事行为能力人、限制民事行为能力人的监护人是他的法定代理人。事先没有确定监护人的,可以由有监护资格的人协商确定,协商不成的,由人民法院在他们之间指定诉讼中的法定代理人。"

2.3.3 代理人与被代理人的责任承担

1. 授权不明确的责任承担

委托书授权不明的,被代理人应当向第三人承担民事责任,代理人负连带责任。

2. 无权代理的责任承担

无权代理是指行为人没有代理权而以他人名义进行民事、经济活动。无权代理包括以下几种情况。

(1) 没有代理权而为代理行为。
(2) 超越代理权限为代理行为。
(3) 代理权终止为代理行为。

对于无权代理行为，被代理人可以根据无权代理行为的后果对自己有利或不利的原则，行使"追认权"或"拒绝权"。

没有代理权、超越代理权或者代理权终止后的行为，只有经过被代理人的追认，被代理人才承担民事责任。未经追认的行为，由行为人承担民事责任。本人知道他人以本人名义实施民事行为而不作否认表示的，视为同意。

第三人知道行为人没有代理权、超越代理权或者代理权已终止还与行为人实施民事行为给他人造成损害的，由第三人和行为人负连带责任。

3. 代理人不履行职责的责任承担

代理人不履行职责而给被代理人造成损害的，应当承担民事责任。代理人和第三人串通，损害被代理人的利益的，由代理人和第三人负连带责任。

4. 代理事项违法的责任承担

代理人知道被委托代理的事项违法仍然进行代理活动的，或者被代理人知道代理人的代理行为违法不表示反对的，由被代理人和代理人负连带责任。

5. 转托他人代理的责任承担

委托代理人为了被代理人的利益需要而转托他人代理的，应当事先取得被代理人的同意。事先没有取得被代理人同意的，应当在事后及时告诉被代理人；如果被代理人不同意，由代理人对自己所转托的人的行为负民事责任；但在紧急情况下，为了保护被代理人的利益而转托他人代理的除外。

2.3.4 表见代理

表见代理是指善意相对人通过被代理人的行为足以相信无权代理人具有代理权的代理。基于此项信赖，该代理行为有效。善意第三人与无权代理人进行的交易行为(订立合同)，其后果由被代理人承担。表见代理的规定，其目的是保护善意的第三人。在现实生活中，较为常见的表见代理是采购员或者推销员拿着盖有单位公章的空白合同文本，超越授权范围与其他单位订立合同。此时其他单位如果不知采购员或者推销员的授权范围，即为善意的第三人。此时订立的合同有效。

特别提示

表见代理一般应当具备以下条件。
(1) 表见代理人并未获得被代理人的书面明确授权，是无权代理。
(2) 客观上存在让相对人相信行为人具备代理权的理由。
(3) 相对人善意且无过失。

2.3.5 代理的终止

1. 委托代理的终止

有下列情形之一的,委托代理终止。
(1) 代理期间届满或者代理事务完成。
(2) 被代理人取消委托或者代理人辞去委托。
(3) 代理人死亡。
(4) 代理人丧失民事行为能力。
(5) 作为被代理人或者代理人的法人终止。

2. 法定代理或指定代理的终止

有下列情形之一的,法定代理或者指定代理终止。
(1) 被代理人取得或者恢复民事行为能力。
(2) 被代理人或者代理人死亡。
(3) 代理人丧失民事行为能力。
(4) 指定代理的人民法院或者指定单位取消指定。
(5) 由其他原因引起的被代理人和代理人之间的监护关系消灭。

▶▶归纳小结

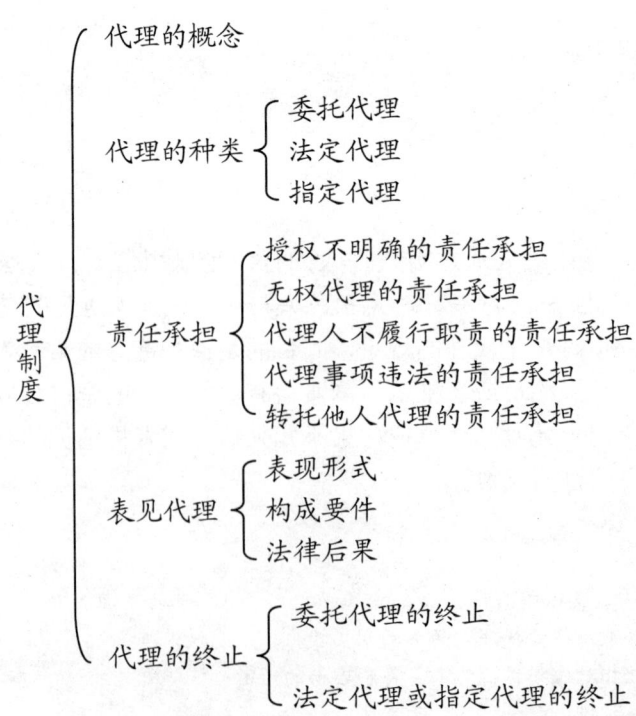

▶▶引例 2.3 小结

这种说法是不正确的。

《民法通则》中仅仅规定了代理人死亡会导致委托代理的终止,而没有规定被代理人死亡也会导致委托代理的终止。事实上,被代理人死亡不一定导致委托代理的终止。《最高人民法院关于贯彻执行〈中华人民共和国民法通则〉若干问题的意见(试行)》第82条规定了在下列4种情况下,被代理人死亡的,委托代理人实施的代理行为有效。

(1) 代理人不知道被代理人死亡的。
(2) 被代理人的继承人均予承认的。
(3) 被代理人与代理人约定到代理事项完成时代理权终止的。
(4) 在被代理人死亡前已经进行,而在被代理人死亡后为了被代理人的继承人的利益继续完成的。

因此,李某在外购买压路机,并不知道王某已经死亡,所以其代理行为依然是有效的,其发生的费用由王某所遗留的遗产支付。

2.4 债权制度

▶▶引例 2.4

某采石场专门生产建筑用石料。2006年7月5日,该采石场将应该发给某建筑公司的5000m^3碎石发给了某路桥公司。2006年7月20日,该采石场向该路桥公司索取这批石料,但是该路桥公司却以该采石场要支付这些天的保管费用为归还石料的前提。该路桥公司的要求合理吗?

2.4.1 债的概念

根据《民法通则》的规定,债是按照合同的约定或者依照法律的规定,在当事人之间产生的特定的权利和义务关系。例如,在建设工程施工合同关系中,承包人有请求发包人按照合同的约定支付工程价款的权利,而发包人则相应按照合同约定履行向承包人支付工程价款的义务。

2.4.2 债的发生根据

能够引起债的发生的法律事实,即债的发生根据,主要包括以下几种。

1. 合同

合同是平等主体的自然人、法人和其他组织之间,设立、变更、终止民事权利义务关系的协议。当事人之间通过订立合同而设立的以债权、债务为内容的民事法律关系,称为合同之债。

2. 不当得利

不当得利是指没有合法根据，取得不当利益，造成他人损失。当发生不当得利时，由于一方取得的利益没有法律或合同根据且给他人造成损害，在这种情况下，受损失一方依法有请求不当得利人返还其所得利益的权利，而不当得利人则有依法负责返还的义务。这样，在当事人之间即发生债权、债务关系。这种因不当得利所发生的债，称为不当得利之债。

3. 无因管理

无因管理是指没有法定的或者约定的义务，为避免他人利益受损失而进行管理或者服务的行为。无因管理发生后，管理人依法有权要求受益人偿付因其实施无因管理而支付的必要费用。这种由于无因管理而产生的债，称为无因管理之债。

4. 侵权行为

侵权行为是指侵害他人财产或人身权利的违法行为。在民事活动中，一方实施侵权行为时，根据法律规定，受害人有权要求侵害人承担赔偿损失等责任，而侵害人则有负责赔偿的义务。因此，侵权行为会引起侵害人和受害人之间的债权、债务关系。这种因侵权行为而产生的债，称为侵权行为之债。

2.4.3 债的常见分类方式

债的分类方式有很多种，最常见的分类方式主要有以下几种。

1. 意定之债与法定之债

按照债的设定及其内容是否允许当事人以自由意思决定，债可以分为意定之债与法定之债。

意定之债是指债的发生及其内容由当事人依其意思决定的债。最常见到的债就是合同之债，另外单方允诺之债也属于意定之债。

法定之债是指债的发生及其内容均由法律予以规定的债。不当得利之债、无因管理之债、侵权行为之债都属于法定之债。

2. 按份之债和连带之债

根据多数债权人或多数债务人之间对债权或债务的承受情况，可将债分为按份之债和连带之债。这是对多数人之债的进一步分类。

1）按份之债

按份之债是指债的一方主体为多数人，各自按照一定的份额享有权利或者承担义务的债。债权人为两人以上的，按照确定的份额分享权利。债务人为两人以上的，按照确定的份额分担义务。

2）连带之债

连带之债是指债的具有多数人的主体一方之间有连带关系的债，包括连带债权和连带债务(或连带责任)。债权人或者债务人一方人数为两人以上的，依照法律的规定或者当事人的约定，享有连带权利的每个债权人，都有权要求债务人履行义务；负有连带义务的每个债务人，都负有清偿全部债务的义务，履行了义务的人，有权要求其他负有连带义务的人偿付其应当承担的份额。

> **知识链接**
>
> 连带之债既可因法律的直接规定而产生，也可因当事人之间的约定而产生。多数人之债中不分份额地承担债务，其中每一个人都有义务向债权人履行全部债务的多数债务人称为连带债务人。
>
> 连带责任具有如下特点。
> (1) 连带债务人的每一方都负有清偿全部债务的义务。
> (2) 债权人可以向其中任何一个或者多个债务人请求履行任何比例债务，债务人不得以债务人之间对债务分担比例有约定而拒绝履行。
> (3) 连带债务人一人或多人履行了全部债务后，其他债务人对债权人的债务即行解除。
> (4) 履行债务超过其应承担份额的债务人，有权向其他债务人追偿。

2.4.4 债的消灭

债因一定的法律事实的出现而使即存的债权债务关系在客观上不复存在，称为债的消灭。债因以下事实而消灭。

1. 债因履行而消灭

债务人履行了债务，债权人的利益得到了实现，当事人间设立债的目的已达到，债的关系也就自然消灭了。

2. 债因抵销而消灭

抵销是指同类已到履行期限的对等债务，因当事人相互抵充其债务而同时消灭。

> **特别提示**
>
> 用抵销方法消灭债务应符合下列条件。
> (1) 必须是对等债务。
> (2) 必须是同一种类的给付之债。
> (3) 同类的对等之债都已到履行期限。

3. 债因提存而消灭

提存是指债权人无正当理由拒绝接受履行或其下落不明，或数人就同一债权主张权利，债权人一时无法确定，致使债务人一时难以履行债务，经公证机关证明或人民法院的裁决，债务人可以将履行的标的物提交有关部门保存的行为。

> **特别提示**
>
> 提存是债务履行的一种方式。如果超过法律规定的期限，债权人仍不领取提存标的物的，应收归国库所有。

4. 债因混同而消灭

混同是指某一具体之债的债权人和债务人合为一体,如两个相互订有合同的企业合并,则产生混同的法律效果。

5. 债因免除而消灭

免除是指债权人放弃债权,从而免除债务人所承担的义务。债务人的债务一经债权人解除,债的关系自行解除。

6. 债因当事人死亡而解除

债因当事人死亡而解除,仅指具有人身性质的合同之债,因为人身关系是不可继承和转让的,所以,凡属委托合同的受托人、出版合同的约稿人等死亡,其所签订的合同也随之解除。

▶▶ 归纳小结

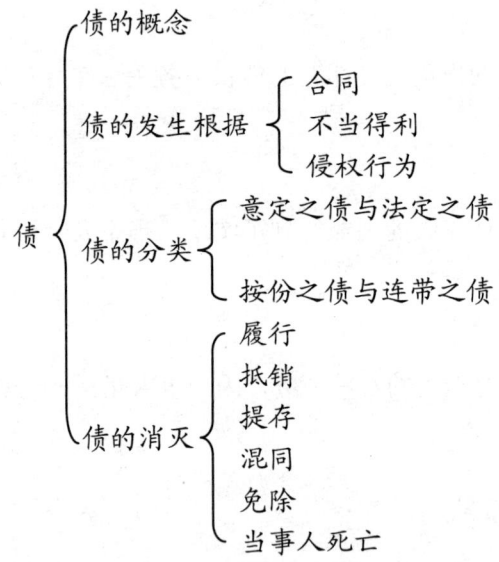

▶▶ 引例2.4 小结

合理。本案例中路桥公司与采石场都负有债务,路桥公司的债是基于不当得利的债,应该将所得的石料归还给采石场。采石场所负的债是基于无因管理的债,应该向路桥公司支付这批石料的保管费用。

2.5 物权制度

▶▶ 引例2.5

甲与某房地产开发商签订一份《商品房买卖合同》,约定甲以总价人民币 100 万元从房地产开发商处购买商品房一套，甲方支付定金 10 万元。后因房价上涨，该开发商又将该房以总价 150 万元卖给某乙，双方签订合同，并办理所有权变更登记。该房所有权归谁所有？

2.5.1 物权的概念

物权是指权利人依法对特定的物享有直接支配和排他的权利，包括所有权、用益物权和担保物权。

物权具有以下法律特征。

1. 物权是权利人直接支配物并享受物的利益的权利

所谓直接支配物，指的是物权人可以依自己的意思对标的物直接行使其权利，无需他人的意思或义务人行为的介入。例如，施工单位可以直接使用本单位所有的施工机械用于生产而不需要征得其他人的同意。

2. 物权是排他权利

既然权利人享有直接支配物的权利，就必然会享有排他性权利，否则直接支配物的权力就不能得到保证，所以，物权人有权排除他人对自己行使物权的干涉。

物主要包括动产和不动产，相应地，物权主要包括动产物权和不动产物权。

2.5.2 物权的种类

1. 所有权

所有权是指所有权人对自己的不动产或者动产，依法享有占有、使用、收益和处分的权利。所有权是物权体系的核心。与其他物权相比，所有权是最完善、最充分的物权。

> **特别提示**
>
> 财产所有权的取得，不得违反法律规定。按照合同或者其他合法方式取得财产的，财产所有权从财产交付时起转移，法律另有规定或者当事人另有约定的除外。

2. 用益物权

用益物权是指用益物权人对他人所有的不动产或者动产，享有占有、使用和收益的权利。

> **知识链接**
>
> 用益物权主要包括土地承包经营权、建设用地使用权、宅基地使用权、地役权、居住权等。
> (1) 土地承包经营权是指土地承包经营权人依法享有的对其承包经营的耕地、林地、草地等占有、使用和收益的权利，承包经营人有权自主从事种植业、林业、畜牧业等农业生产。
> (2) 建设用地使用权是指建设用地使用权人依法对国家所有的土地享有占有、使用和收益的权利，有权利用该土地建造建筑物、构筑物及其附属设施。
> (3) 宅基地使用权是指宅基地使用权人在依法取得的集体所有的宅基地上建筑房屋并享有居住使用的权利。

(4) 地役权是指因通行、取水、排水等需要，通过签订合同，利用他人的不动产，以提高自己不动产效益的权利。例如，甲工厂原有东门可以出入，后想开西门，借用乙工厂的道路通行，甲工厂与乙工厂约定，甲工厂向乙工厂适当支付使用费，乙工厂允许甲工厂的人员通行。这时甲工厂即取得了"地役权"。

(5) 居住权是指对他人所有的住房及其附属设施占有、使用的权利。

3. 担保物权

担保物权是指担保物权人在债务人不履行到期债务或者发生当事人约定的实现担保物权的情形，依法享有就担保财产优先受偿的权利。担保物权包括抵押权、质权和留置权。

2.5.3 物权的保护

物权受到侵害的，权利人可以通过和解、调解、仲裁、诉讼等途径解决。

> **知识链接**
>
> 物权保护的主要方式如下。
> (1) 因物权的归属、内容发生争议的，利害关系人可以请求确认权利。
> (2) 无权占有不动产或者动产的，权利人可以请求返还原物；不能返还原物或者返还原物后仍有损失的，可以请求损害赔偿。
> (3) 造成不动产或者动产毁损的，权利人可以请求恢复原状；不能恢复原状或者恢复原状后仍有损失的，可以请求损害赔偿。
> (4) 妨害物权或者可能妨害物权的，权利人可以请求消除危险。
> (5) 有可能危及行使物权的，权利人可以请求消除危险。
> (6) 侵害物权，造成权利人损害的，权利人可以请求损害赔偿。
> 这里的物权保护方式，可以单独适用，也可以根据权利被侵害的情形合并适用。

▶▶ 归纳小结

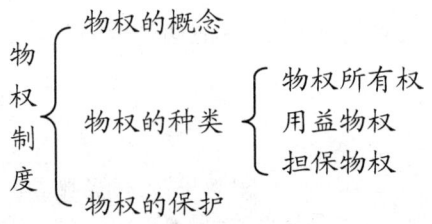

▶▶ 引例 2.5 小结

不动产转移以登记为要件。所以甲与房地产商虽然有有效合同在先，但是并未取得房屋的所有权。而乙则完成了登记，故所有权属乙。甲可以请求让房地产商承担违约责任。

2.6　知识产权制度

▶▶引例 2.6

现甲建设单位委托乙设计单位编制工程设计图纸，但未约定该设计著作权的归属。乙设计单位注册建筑师王某被指派负责该工程设计，则该工程设计图纸的许可使用权归甲建设单位、乙设计单位还是注册建筑师王某享有呢？

2.6.1　知识产权概述

知识产权是指民事主体对智力成果依法享有的专有权利。《建筑法》第四条规定："国家扶持建筑业的发展，支持建筑科学技术研究，提高房屋建筑设计水平，鼓励节约能源和保护环境，提倡采用先进技术、先进设备、先进工艺、新型建筑材料和现代管理方式。"

知识产权具有如下特征。

1. 具有人身权和财产权的双重性质

人身权是指与民事主体的人身不可分离的，不具有直接财产内容的民事权利。人身权是财产权的对称。财产权是指民事主体所享有的具有一定物质内容并直接体现为经济利益的权利。例如，图书作者的署名权即是人身权，而获得稿费报酬的权利即是财产权。

知识产权的客体是不具有物质形态的智力成果，这是知识产权与物权、债权等其他民事权利相区别的首要特征。

2. 专有性

知识产权的权利主体依法享有独占使用智力成果的权利，他人不得侵犯。在这一点上，知识产权与物权相同，与债权不同。

3. 地域性

知识产权只有在特定国家或地区的地域范围内有效，一国的知识产权要获得他国的法律保护，必须依照有关国际条约、双边协议或按互惠原则办理。

4. 时间性

通常情况下，依法成立的知识产权只有在法律规定的期限内有效，超过法定保护期后，该知识产权消灭。例如，著作权中的发表权和财产权以及专利权都受到保护期的限制。但是，知识产权的时间性并不是绝对的。例如，著作人身权中的署名权、修改权和保护作品完整权的保护期不受限制；商标权可通过续展依法延长保护期；商业秘密则没有时间限制。

受我国法律保护的知识产权的种类有许多种。其中相对比较常见的主要包括著作权、专利权、商标权和商业秘密等 4 种。

2.6.2 著作权

著作权又称版权,是指文学、艺术和科学作品的作者及其相关主体依法对作品所享有的人身权利和财产权利。著作权主要受到《著作权法》的调整。

1. 著作权的保护对象

著作权法保护的对象是作品,即文学、艺术和科学领域内具有独创性,并能以某种有形形式复制的智力成果。

> **知识链接**
>
> 在工程建设领域较为常见的作品,除文字作品外,还主要包括以下几种。
> (1) 美术作品。它是指绘画、书法、雕塑等以线条、色彩或者其他方式构成的有审美意义的平面或者立体的造型艺术作品。
> (2) 建筑作品。它是指以建筑物或者构筑物形式表现的有审美意义的作品。
> (3) 图形作品。它是指为施工、生产绘制的工程设计图、产品设计图,以及反映地理现象、说明事物原理或者结构的地图、示意图等作品。
> (4) 模型作品。它是指为展示、试验或者观测等用途,根据物体的形式和结构,按照一定比例制成的立体作品。

2. 著作权的内容

根据《著作权法》第十条的规定,著作权包括著作人身权和著作财产权。

1) 著作人身权

(1) 发表权,即作者决定作品是否公之于众的权利。
(2) 署名权,即作者为表明其身份而在作品上署名的权利。
(3) 修改权,即作者修改或者授权他人修改作品的权利。
(4) 保护作品完整权,即指作者保护其作品不受歪曲、篡改的权利。

2) 著作财产权

(1) 使用权,即以复制、发行、出租、展览、表演、放映、广播、信息网络传播、摄制、改编、翻译、汇编以及其他方式使用作品的权利。
(2) 许可使用权,即著作权人可以许可他人使用著作财产权,并依法获得报酬的权利。
(3) 转让权,即著作权人可以全部或者部分转让著作财产权,并依法获得报酬的权利。
(4) 获得报酬权,即著作权人依法享有的因作品的使用或转让而获得报酬的权利。

3. 著作权的侵权及保护

著作权的侵权行为,指既未取得著作权人同意,又无法律根据,违法使用他人作品或行使著作权人专有权的行为,包括但不限于的内容是未经著作权人许可发表其作品;歪曲、窜改、剽窃他人作品;使用他人作品,应当支付报酬而未支付等。

有著作权侵权行为的,应当根据具体情况承担停止侵害、消除影响、赔礼道歉、赔偿损失等民事责任;对于损害公共利益或情节严重的侵权行为,可以由著作权行政管理部门依法追究其行政责任;构成犯罪的,依法追究刑事责任。

2.6.3 专利权

1. 专利权的主体

专利权主体即专利权人，是指依法享有专利权并承担相应义务的人。根据《专利法》及其实施细则，专利权主体主要包括以下几种。

1) 发明人或设计人

发明人或设计人是指对发明创造的实质性特点做出创造性贡献的人。在完成发明创造的过程中，只负责组织工作的人、为物质技术条件的利用提供方便的人或者从事其他辅助工作的人，不是发明人或者设计人。

> **特别提示**
> 根据《专利法》第六条第二款的规定，非职务发明创造，申请专利的权利属于发明人或者设计人；申请被批准后，该发明人或者设计人为专利权人。

2) 发明人或者设计人的单位

对于职务发明创造，专利权的主体是发明人或者设计人所在的单位。根据《专利法》第六条第一款的规定，执行本单位的任务或者主要是利用本单位的物质技术条件所完成的发明创造为职务发明创造。职务发明创造申请专利的权利属于该单位；申请被批准后，该单位为专利权人。

但是，根据《专利法》第六条第三款的规定，利用本单位的物质技术条件所完成的发明创造，单位与发明人或者设计人订有合同，对申请专利的权利和专利权的归属作出约定的，从其约定。

3) 受让人

受让人是指依法通过合同或其他合法方式而取得专利权的单位或个人。

2. 专利权的客体

专利权的客体即专利权的保护对象，是指依法应授予专利的发明创造。根据《专利法》及其实施细则的规定，发明创造包括发明、实用新型和外观设计。

(1) 发明，即对产品、方法或者其改进所提出的新的技术方案。

(2) 实用新型，即对产品的形状、构造或者其结合所提出的适于使用的新的技术方案。

(3) 外观设计，即对产品的形状、图案或者其结合以及色彩与形状、图案的结合所做出的富有美感并适于工业应用的新设计。

发明专利权的期限是 20 年，实用新型和外观设计专利权的期限是 10 年，均自申请之日起计算。专利权期限届满后，专利权终止。

3. 专利权的侵权及保护

根据《专利法》及其实施细则的有关规定，专利权的侵权行为主要表现为以下几方面。

(1) 未经专利权人许可，实施其专利。

(2) 假冒他人专利。

(3) 以非专利产品冒充专利产品。

(4) 侵夺发明人或者设计人的非职务发明创造专利申请权和其他相关的合法权益。

发生专利权侵权行为的，行为人应当依法承担相应的民事责任、行政责任或刑事责任。

2.6.4 商标权

根据《商标法》第三条第一款的规定，经商标局核准注册的商标为注册商标；商标注册人享有商标专用权，受法律保护。

根据《商标法》的规定，注册商标的有效期为 10 年，自核准注册之日起计算。注册有效期满，需要继续使用的，应当依法办理续展注册。注册商标可以转让，转让人和受让人应当签订转让协议并共同向商标局提出申请。商标注册人可以通过签订商标使用许可合同，许可他人使用其注册商标，但许可人和被许可人应当履行法律规定的相应义务。

> **知识链接**
>
> 有下列行为之一的，均属侵犯注册商标专用权。
> (1) 未经商标注册人的许可，在同一种商品或者类似商品上使用与其注册商标相同或者近似的商标的。
> (2) 销售侵犯注册商标专用权的商品的。
> (3) 伪造、擅自制造他人注册商标标志，或者销售伪造、擅自制造的注册商标标志的。
> (4) 未经商标注册人同意，更换其注册商标并将该更换商标的商品又投入市场的。
> (5) 给他人的注册商标专用权造成其他损害的。
> 发生侵犯注册商标专用权的行为人应当依法承担相应的民事责任、行政责任或刑事责任。

▶▶归纳小结

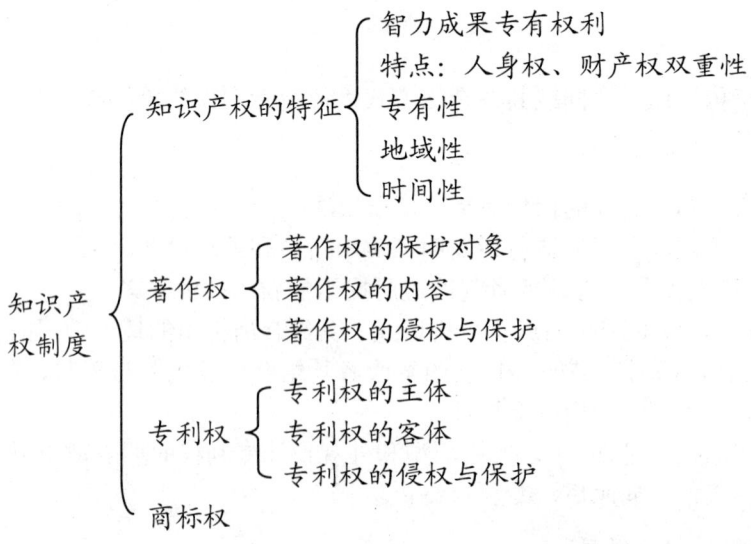

▶▶引例 2.6 小结

甲建设单位与乙设计单位之间属于委托关系，委托作品无约定的著作权属受托人即乙设计单位。乙设计单位与王某之间的关系属于第二类职务作品，权利归乙单位。

2.7 诉讼时效制度

▶▶ 引例 2.7

2007年12月，胡某欲出国学习两年，因办理出国手续一时钱不够用，遂向朋友张某借款3万元，并立字据约定胡某在出国前将钱还清。但胡某直到2008年7月27日出国，都一直没有还钱。此前张某虽然经常来看望胡某，但也对钱的事只字未提。胡某在国外2年与张某也有过联系，但都没有说钱的事。2010年8月，胡某回国。2010年10月张某因买房急需钱，找到胡某，胡某当即表示，全部钱款月底还清，朋友文某在场见证。11月5日，当张某再次来找胡某要钱时，胡某却称，他的一个律师朋友说他们之间的债务已超过2年的诉讼时效，可以不用还了！张某气愤不已，第2天就向法院提起了诉讼，要求胡某偿还3万元的本金和利息。胡某能不能讨回自己的钱呢？

2.7.1 诉讼时效的概念

诉讼时效是指权利人在法定期间内，未向人民法院提起诉讼请求保护其权利时，法律规定消灭其胜诉权的制度。

不行使权利即丧失请求人民法院保护的权利。超过诉讼时效期间，在法律上发生的效力是权利人的胜诉权消灭，即丧失请求法院保护的权利。超过诉讼时效期间权利人起诉，如果符合民事诉讼法规定的起诉条件，法院仍然应当受理。但是，如果法院经受理后查明无中止、中断、延长事由的，判决驳回诉讼请求。

超过诉讼时效期间，权利人丧失胜诉权，但当事人自愿履行的，不受诉讼时效限制。

2.7.2 诉讼时效期间的种类

诉讼时效期间通常可划分为四类。

(1) 普通诉讼时效，即向人民法院请求保护民事权利的期间。普通诉讼时效期间通常为2年。

(2) 短期诉讼时效。下列诉讼时效期间为1年。
① 身体受到伤害要求赔偿的。
② 延付或拒付租金的。
③ 出售质量不合格的商品未声明的。
④ 寄存财物被丢失或损毁的。

(3) 特殊诉讼时效。特殊诉讼时效不是由民法规定的，而是由特别法规定的诉讼时效。例如，《合同法》第一百二十九条规定："因国际货物买卖合同和技术进出口合同争议提起诉讼或者申请仲裁的期限为四年。"《中华人民共和国海商法》(以下简称《海商法》)第二百五十七条规定："就海上货物运输向承运人要求赔偿的请求权，时效期间为一年。"

(4) 权利的最长保护期限。诉讼时效期间从知道或应当知道权利被侵害时起计算。但是,从权利被侵害之日起超过 20 年的,人民法院不予保护。

2.7.3 诉讼时效期间的起算

《民法通则》第一百三十七条规定:"诉讼时效期间从知道或者应当知道权利被侵害时起计算。"在下列情况中,诉讼时效期间的计算方法如下所述。

(1) 对于人身伤害而发生的损害赔偿请求权,伤害明显的,从受伤害之日起算;伤害当时未曾发现,后经检查确诊并能证明是由侵害引起的,从伤势确诊之日起算。

(2) 当事人约定一方债务分期履行的,诉讼时效期间从最后一起履行届满之日起计算。

(3) 未约定履行期限的合同,依照《合同法》的有关规定,可以确定履行期限的,诉讼时效期间从履行期限届满之日起计算;不能确定履行期限的,诉讼时效期间从债权人要求债务人履行义务的宽限期届满之日起计算,但债务人在债权人第一次向其主张权利之时明确表示不履行义务的,诉讼时效期间从债务人明确表示不履行义务之日起计算。

(4) 享有撤销权的当事人一方请求撤销合同的,应使用《合同法》第五十五条关于撤销权的规定。对方当事人对撤销合同请求权提出诉讼时效抗辩的,人民法院不予支持。合同被撤销,返还财产、赔偿损失请求权的诉讼时效期间从合同被撤销之日起计算。

(5) 返还不当得利请求权的诉讼时效期间,从当事人一方知道或者应当知道不当得利事实及对方当事人之日起计算。

(6) 管理人因无因管理行为产生的给付必要管理费用、赔偿损失请求权的诉讼时效期间,从无因管理行为结束并且管理人知道或者应当知道本人之日起计算。本人因不当无因管理行为产生的赔偿损失请求权的诉讼时效期间,从其知道或者应当知道管理人及损害事实之日起计算。

2.7.4 诉讼时效的中止和中断

1. 诉讼时效中止

《民法通则》第一百三十九条规定:"在诉讼时效期间的最后六个月内,因不可抗力或者其他障碍不能行使请求权的,诉讼时效中止。从中止时效的原因消除之日起,诉讼时效期间继续计算。"

诉讼时效中止,应当同时满足以下两个条件。
(1) 权利人由于不可抗力或者其他障碍,不能行使请求权。
(2) 导致权利人不能行使请求权的事由发生在诉讼时效期间的最后 6 个月内。

如果发生在诉讼时效期间截止之前 6 个月前的时间内,则不发生诉讼时效中止的效力。如果虽然有关事由开始时,诉讼时效还有 6 个月以上的时间,但是事由延续到了 6 个月以内,则从诉讼时效期间的最后 6 个月的开始时刻,发生诉讼时效中止。

若符合上述两个条件,则诉讼时效中止,即诉讼时效期间暂时停止计算。等到导致诉讼时效中止的原因消除后,也就是权利人开始可以行使请求权时起,诉讼时效期间继续计算。

> **知识链接**
>
> 不可抗力是指不能预见、不能避免和不能克服的客观情况。
>
> 不可抗力主要包括以下几种情形。
>
> (1) 自然灾害,如台风、洪水、冰雹。
>
> (2) 政府行为,如征收、征用。
>
> (3) 社会异常事件,如罢工、骚乱。
>
> 其他障碍是指以下几方面。
>
> (1) 权利被侵害的无民事行为能力人、限制民事行为能力人没有法定代理人,或者法定代理人死亡、丧失代理权、丧失行为能力。
>
> (2) 继承开始后未确定继承人或者遗产管理人。
>
> (3) 权利人被义务人或者其他人控制无法主张权利。
>
> (4) 其他导致权利人不能主张权利的客观情形。

2. 诉讼时效中断

《民法通则》第一百四十条规定:"诉讼时效因提起诉讼、当事人一方提出要求或者同意履行义务而中断。从中断时起,诉讼时效期间重新计算。"

重新计算的时间点可以按下列不同的情形确定。

(1) 因提起诉讼而中断的情形。因提起诉讼或仲裁中断时效的,应于诉讼终结或法院作出裁判时重新计算;权利人申请执行程序的,应以执行完毕之时重新计算。

(2) 因提出要求而中断的情形。提出要求即债权人表达出了请求债务人履行义务的要求。书面通知的,应以书面通知到达相对人时重新开始;口头通知的,应以相对人了解通知内容时重新开始。请求的相对人包括义务人、义务人的代理、主债务的保证人。

(3) 同意履行义务而中断的情形。同意履行义务是指义务人向权利人表示同意履行义务的意思。对于同意的方式,法律没有限制。同意履行义务而导致诉讼时效中断的,若书面形式同意的,则应以书面通知到达债权人时重新开始;若口头形式同意的,则应以债权人了解通知内容时重新开始。同意的相对人包括权利人、权利人的代理。

▶▶ 归纳小结

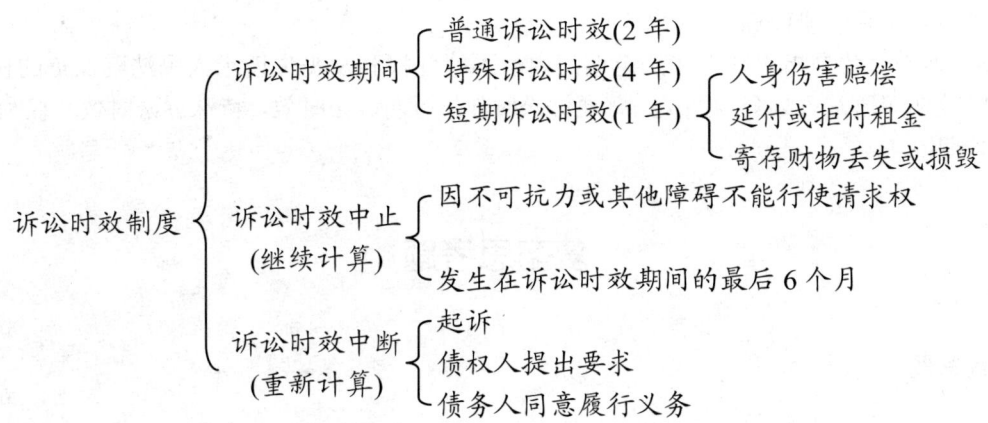

▶▶引例2.7 小结

(1) 《民法通则》第一百三十五条规定:"向人民法院请求保护民事权利的诉讼时效期间为二年,法律另有规定的除外。"根据该规定,民事权利一般在2年后法院不再予以保护,权利人将丧失胜诉权。本案中,胡某于2007年12月向张某借的钱,约定胡某出国前还清,诉讼时效应自2008年7月27日胡某出国时起算,直到2010年10月张某才第一次向胡某要钱,其间已过了2年多,胡某债务的诉讼时效实际上早已届满。因此,当时胡某如果表示不愿偿还此款,张某将无法通过诉讼实现他的债权。

(2) 根据最高人民法院《民通意见》第一百七十一条规定:"过了诉讼时效期间,义务人不履行义务后,又以超过诉讼时效为由反悔的,不予支持。"此处义务人履行义务应当指义务人实际履行义务,不包括义务人对履行义务重新做出承诺。本案中,胡某2010年10月当朋友文某之面做出了月底还款的承诺没有强制约束力。

(3) 所以,张某要求法院判决胡某还款的请求无法得到法院的支持。

本 章 小 结

1. 法律关系都是由法律关系主体(自然人、法人和其他组织)、法律关系客体(财、物、行为、智力成果)、法律关系内容(法律权利、法律义务)构成,缺一不可。

2. 代理是代理人于代理权限内,以被代理人的名义向第三人为意思表示或受领意思表示,该意思表示是直接对本人生效的民事法律行为。代理涉及三方当事人,分别是被代理人、代理人和代理关系的第三人。代理的种类有委托代理(口头或书面)、法定代理和指定代理(后面两项只对无行为能力或限制行为能力的人适用)。

3. 债是按照合同的约定或者依照法律的规定,在当事人之间产生的特定的权利和义务关系。债的发生根据主要有合同、侵权行为、不当得利、无因管理和债的其他发生根据。

4. 物权是指权利人依法对特定的物享有直接支配和排他的权利,包括所有权、用益物权和担保物权。

5. 知识产权是指民事主体对智力成果依法享有的专有权利。著作权法保护的对象是作品;人身权包括发表权、署名权、修改权,专利权包括发明、实用新型、外观设计,商标权保护的对象是注册商标。

6. 诉讼时效是指权利人在法定期间内,不行使权利及丧失请求人民法院保护的权利。诉讼时效期间通常可划分为四类:普通诉讼时效,短期诉讼时效,特殊诉讼时效和权利的最长保护期限。

复习思考题

一、简答题

1. 民事法律关系的构成要素有哪些?

2. 民事法律关系的产生、变更与终止的内容是什么？
3. 民事法律行为的成立条件有哪些？
4. 代理的种类有哪些？
5. 债消灭事实有哪些？
6. 物权的种类有哪些？
7. 常见的知识产权有哪几种？
8. 诉讼时效有哪四类？

二、案例题

A 房地产公司(下称 A 公司)与 B 建筑公司(下称 B 公司)达成一项协议,由 B 公司为 A 公司承建一栋商品房。合同签订后,为筹集工程建设资金,A 公司用其建设用地使用权作抵押向甲银行贷款 3000 万元,乙公司为此笔贷款承担保证责任,但双方对保证方式未作约定。

B 公司未经 A 公司同意,将部分施工任务交给丙建筑公司施工,该公司由张某、李某、王某三人合伙出资组成。施工中,工人刘某不慎掉落手中的砖头,将路过工地的行人陈某砸成重伤,花去医药费 5000 元。

A 公司在施工开始后即进行商品房预售。丁某购买了 1 号楼 101 号房屋,预交了 5 万元房款,约定该笔款项作为定金。但不久,A 公司又与汪某签订了一份合同,将上述房屋卖给了汪某,并在房屋竣工后将该房的产权证办理给了汪某。汪某不知该房已经卖给丁某的事实。

汪某入住后,全家人出现皮肤瘙痒、流泪、头晕目眩等不适。经检测,发现室内甲醛等化学指标严重超标。但购房合同中未对化学指标作明确约定。

因 A 公司不能偿还甲银行贷款,甲银行欲对 A 公司开发的商品房行使抵押权。问题如下。

1. 对于陈某的损失,应由谁承担责任？如何承担责任？为什么？
2. 对于陈某的赔偿,应当适用何种归责原则？依据是什么？
3. 对于乙公司的保证责任,其性质应如何认定？理由是什么？
4. 若甲银行行使抵押权,其权利标的是什么？甲银行如何实现自己的抵押权？
5. 丁某在得知房屋卖给汪某后,向法院提起诉讼,要求 A 公司履行合同交付房屋,其主张能否得到支持？为什么？
6. 汪某现欲退还房屋,要回房款。如果你作为汪某的代理人,拟提出何种请求维护汪某的利益？依据是什么？
7. 如果 A 公司不能向 B 公司支付工程款,B 公司可对 A 公司提出什么请求？

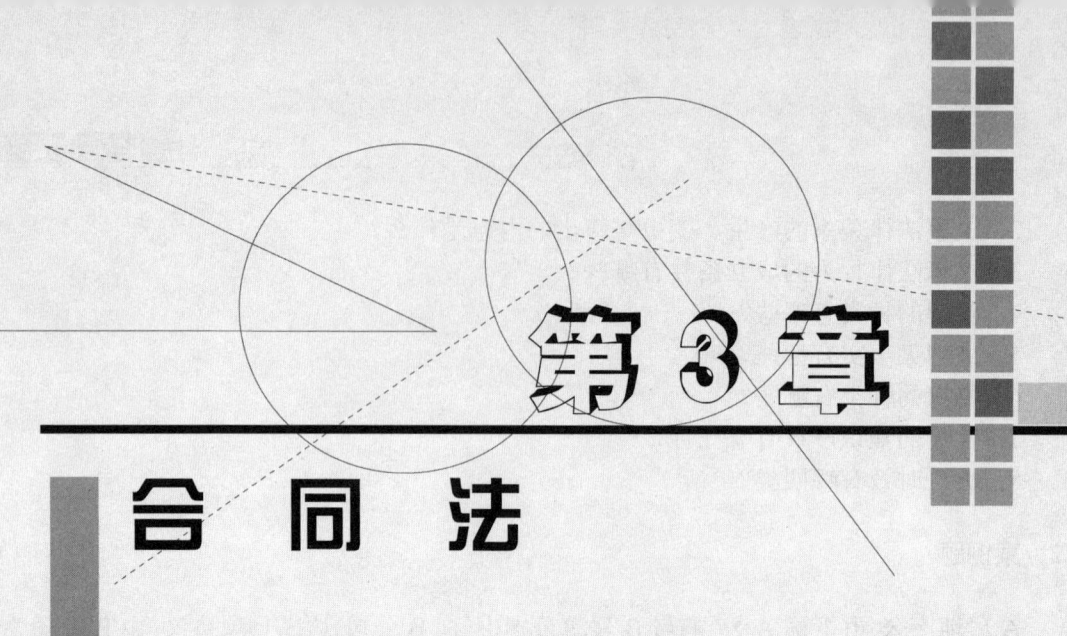

第 3 章 合 同 法

教学目标

通过学习本章应重点掌握民事法律关系的构成,民事法律行为的成立条件以及代理的概念和特征。理解代理制度和诉讼时效,了解财产权的基本内容。

教学要求

知识要点	能力要求	相关知识	所占分值(100分)	自评分数
合同法概述	1. 知道合同的概念 2. 掌握《合同法》的基本原则 3. 理解合同的分类	《合同法》的相关知识	10	
合同的订立	1. 熟悉缔约过失责任 2. 掌握要约与承诺	合同的订立过程	15	
合同的效力	1. 掌握合同的生效 2. 熟悉无效合同,可变更或可撤销的合同	合同的生效时间、效力待定的合同、无效合同	15	
合同的履行、变更和转让	掌握合同的履行、变更和转让	合同履行的原则,合同不当履行的处理,债权转让和债务转移	20	
合同的终止	掌握合同的终止	合同终止、合同解除	15	
违约责任	掌握违约责任	违约责任的条件和原则,违约责任方式	10	
合同的担保	掌握合同的担保	担保的方式及应用	15	

合同法 第3章

> **章节导读**
>
> 合同也称为契约,是一种合意或者协议。我国《民法通则》给出了合同的定义,即"合同是当事人之间设立、变更、终止民事法律关系的协议"。合同通常包括民法上的合同、行政法上的合同、劳动法上的合同。在合同主体之间的关系方面,民法上的合同主体是平等的,而行政法和劳动法上的主体则是不平等的。按照《合同法》的规定,婚姻、收养、监护等有关身份关系的协议不适用《合同法》,而适用其他相关法律的规定。《合同法》是调整平等主体之间交易(即合同)关系的法律规范。以法律的形式确保合同行为的有序,体现了国家规范交易行为的意志,具有重要意义。

3.1 合同法概述

▶▶ 引例 3.1

建设工程合同在订立时应遵守什么样的原则?

3.1.1 合同的概念

合同是指具有平等民事主体资格的当事人,为了达到一定目的,经过自愿、平等、协商一致、设立、变更、终止民事权利和义务关系达成的协议。

《合同法》第二条第二款还明确规定:"婚姻、收养、监护等有关身份关系的协议,适用其他法律的规定。"

在市场经济中,财产的流转主要依靠合同。特别是工程项目,因为标的大、履行时间长、协调关系多,所以合同尤为重要。因此,建筑市场中的各方主体,包括建设单位、勘察设计单位、施工单位、咨询单位、监理单位、材料设备供应单位等都要依靠合同确立相互之间的关系。

合同作为一种协议,其本质是一种合意,必须是两个以上意思表示一致的民事法律行为。因此,合同的缔结必须由双方当事人协商一致才能成立。合同当事人作出的意思表示必须合法,这样才能具有法律约束力。

合同中所确立的权利义务,必须是当事人依法可以享有的权利和能够承担的义务,这是合同具有法律效力的前提。

> **知识链接**
>
> 民法中的合同有广义和狭义之分。
>
> (1) 广义的合同,即两个以上的民事主体之间设立、变更、终止民事权利义务关系的协议。广义的合同除了民法中债权合同之外,还包括物权合同、身份合同,以及行政法中的行政合同和劳动法中的劳动合同等。
>
> (2) 狭义的合同,即债权合同,是指两个以上的民事主体之间设立、变更、终止债权关系的协议。我国《合同法》中所称的合同,是指狭义上的合同。

3.1.2 《合同法》的基本原则

(1) 平等原则。该原则是指合同人的法律地位平等，即享有民事权利和承担民事义务的资格是平等的，一方不得将自己的意志强加给另一方。

(2) 自愿原则。合同当事人依法享有自愿订立合同的权利，不受任何单位和个人的非法干预。《合同法》对自愿原则有以下含义：第一，合同当事人有订立或不订立合同的自由；第二，当事人有权选择合同相对人；第三，合同当事人有权决定合同的内容；第四，合同当事人有权决定合同形式的自由。

(3) 公平原则。合同人应当遵循公平原则以确定各方的权利和义务。在合同的订立和履行中，合同当事人应当正当行使合同权利和履行合同义务，兼顾他人利益，使当事人的利益能够均衡。在双务合同中，一方当事人在享有权利的同时，也要承担相应义务，取得的利益要与付出的代价相适应。建设工程合同作为双务合同也不例外，如果建设工程合同显失公平，则属于可变更或者可撤销的合同。

(4) 诚实信用原则。建设工程合同当事人行使权利、履行义务应当遵循诚实信用原则。这是市场经济中形成的道德准则，要求人们在交易活动(订立和履行合同)中讲究信用，恪守诺言，诚实不欺。该原则具体包括的内容：在合同订立阶段，如招标投标时，在招标文件和投标文件中应当如实说明自己和项目的情况；在合同履行阶段应当相互协作，如发生不可抗力时，应当相互告知，并尽量减少损失。合同当事人行使权利、履行义务应当遵循诚实信用的原则。

(5) 遵守法律法规和公序良俗的原则。建设工程合同的订立和履行，应当遵守法律法规和公序良俗原则。建设工程合同的当事人应当遵守《民法通则》、《建筑法》、《合同法》、《招标投标法》等法律法规，只有将建设工程合同的订立和履行纳入法律的轨道，才能保障建设工程的正常秩序。从词意上理解，公序良俗就是公共秩序和善良风俗。善良风俗应当是以道德为核心的，是某一特定社会应有的准则。

3.1.3 《合同法》内容简介

《合同法》是调整平等主体的自然人、法人、其他组织之间，在设立、变更、终止合同时所发生的社会关系的法律规范总称。1999 年 3 月 15 日，第九届全国人民代表大会第二次会议通过了《中华人民共和国合同法》，并于 1999 年 10 月 1 起施行。《合同法》由总则、分则和附则三部分组成，总则八章，分则将合同分为十五类，共有四百二十八条，它取代了原来的《中华人民共和国经济合同法》、《中华人民共和国技术合同法》、《中华人民共和国涉外经济合同法》，是工程人员必须掌握的一部大法。

3.1.4 合同的分类

1. 合同的基本分类

《合同法》分则部分将合同分为十五类：买卖合同，供用电、水、气、热力合同，赠与合同，借款合同，租赁合同，融资租赁合同，承揽合同，建设工程合同，运输合同，技术合同，保管合同，仓储合同，委托合同，行纪合同，居间合同。这可以认为是《合同法》对合同的基本分类。《合同法》对每一类合同都做了较为详细的规定。

2. 其他分类

1) 计划与非计划合同

计划合同是依据国家有关计划签订的合同，非计划合同则是当事人根据市场需求和自己的意愿订立的合同。

2) 双务合同与单务合同

双务合同是当事人双方相互享有权利和相互负有义务的合同。单务合同是指仅有一方负担给付义务的合同，即合同当事人双方并不互相享有权利和负担义务，而主要由一方承担义务，另一方并不负有相对义务的合同。

3) 诺成合同与实践合同

诺成合同是当事人意思表示一致即可成立的合同。实践合同则要求在当事人意思表示一致的基础上，还必须交付标的物或者其他给付义务的合同。这种合同分类的目的在于确立合同的生效时间。

4) 主合同与从合同

主合同是指不依赖其他合同而独立存在的合同。从合同是以主合同的存在为存在前提的合同。主合同的无效与终止将相应地导致从合同的无效、终止，但从合同的无效、终止不能影响主合同。

5) 有偿合同与无偿合同

有偿合同是指合同当事人双方中的任何一方均须给予另一方相应权益方能取得自己利益的合同。而无偿合同的当事人一方无须给予相应权益即可从另一方取得利益。

6) 要式合同与不要式合同

如果法律要求必须具备一定形式和手续的合同，称为要式合同。反之，法律不要求具备一定形式和手续的合同，称为不要式合同。

▶▶归纳小结

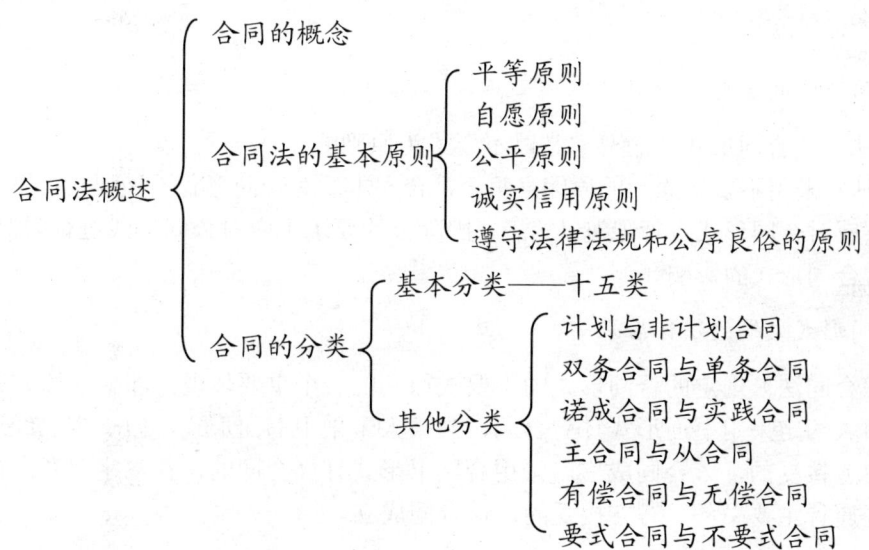

▶▶ **引例 3.1 小结**

建设工程合同订立时应遵守《合同法》的基本原则，即平等原则，自愿原则，公平原则，诚实信用原则和遵守法律法规和公序良俗的原则。

3.2 合同的订立

▶▶ **引例 3.2**

乙公司向甲公司发出要约，旋又发出一份"要约作废"的函件。甲公司的董事长助理收到乙公司"要约作废"的函件后，忘了交给董事长。第三天甲公司董事长发函给乙公司，提出只要将交货日期推迟两个星期，其他条件都可接受。后甲、乙公司未能缔约，双方缔约没能成功的原因是什么？

3.2.1 合同的形式和内容

1. 合同形式的概念和分类

合同形式是当事人意思表示一致的外在表现形式。

合同的形式可分为书面形式、口头形式和其他形式。书面形式是指合同书、信件和数据电文(包括电报、电传、传真、电子数据交换和电子邮件)等可以有形地表现所载内容的形式。口头形式是以口头语言形式表现合同内容的合同。其他形式则包括公证、审批、登记等形式。

根据合同形式的产生依据可划分为法定形式和约定形式。

> **特别提示**
> 建设工程合同属于法定形式。

2. 合同形式的原则

《合同法》在合同形式上的要求是以不要式为原则的。

《合同法》采用不要式原则的原因：第一，合同本质对合同形式不做要求；第二，市场经济要求不应对合同形式进行限制；第三，国际公约要求不应对合同形式进行限制；第四，电子技术对合同形式的影响。

3. 合同形式欠缺的法律后果

我国《合同法》规定的合同形式的不要式原则的一个重要体现：即使法律、行政法规规定或当事人约定采用书面形式订立合同，当事人未采用书面形式，但一方已经履行了主要义务，对方接受的，该合同成立。采用合同书形式订立合同的，在签字盖章之前，当事人一方已经履行主要义务，对方接受的，该合同成立。

4. 合同的内容

《合同法》规定了合同一般应当包括以下条款。

1) 当事人的名称或者姓名和住所

该条款主要反映合同当事人基本情况，明确合同主体。合同主体包括自然人、法人或其他组织。确定合同主体，对了解合同当事人的基本情况，合同义务的履行以及确定诉讼管辖具有重要意义。

确定名称的方法：法人或其他组织应当以营业执照或者登记册上的名称为准；自然人应当以身份证载明的姓名为准。

确定住所的办法：法人或者其他组织的主要办事机构所在地或者主要营业地为住所地，通过营业执照或者登记册上载明信息来判断其住所是较安全的办法；自然人的户口所在地为住所地，若其经常居住地与户口所在地不一致的，以其经常居住地作为住所地。

2) 标的

标的是合同当事人双方权利和义务共同指向的对象。标的的表现形式为物、劳务、行为、智力成果、工程项目等。没有标的合同是空的，当事人的权利义务无所依托；标的的不明确的合同无法履行，合同也不能成立。所以，标的是合同的首要条款，签订合同时，标的必须明确、具体，必须符合国家法律和行政法规的规定。法律禁止的行为或者禁止流通物不得作为合同标的。

3) 数量

数量是衡量合同标的多少的尺度，以数字和计量单位表示。没有数量或数量的规定不明确，当事人双方权利义务的多少，合同是否完全履行都无法确定。数量必须严格按照国家规定的法定计量单位填写，以免当事人产生不同的理解。施工合同中的数量主要体现的是工程量的大小。建设工程合同的数量条款应当注意遵守法定计量规则。

4) 质量

质量是标的的内在品质和外观形态的综合指标。签订合同时，必须明确质量标准。合同对质量标准的约定应当是准确而具体，对于技术上较为复杂的和容易引起歧义的词语、标准，应当加以说明和解释。对于强制性的标准，当事人必须执行，合同约定的质量不得低于该强制性标准。对于推荐性的标准，国家鼓励采用。当事人没有约定质量标准，如果有国家标准，则依国家标准执行；如果没有国家标准，则依行业标准执行；如果没有行业标准，则依地方标准执行；如果没有地方标准，则依企业标准执行。在建设工程合同中，质量条款是多方面构成的，分布于合同的各个部分，如适用的标准或者规范要求、图纸标示或者描述、合同条款的界定。由于建设工程中的质量标准大多是强制性的质量标准，当事人的约定不能低于这些强制性的标准。

5) 价款或者报酬

价款或者报酬是当事人一方向交付标的的另一方支付的货币。标的物的价款由当事人双方协商，但必须符合国家的物价政策，劳务酬金也是如此。合同条款中应写明有关银行结算和支付方法的条款。价款或者报酬在勘察和设计合同中表现为勘察和设计费，在监理合同则体现为监理费，在施工合同中则体现为工程款。在建设工程合同中，价款或者酬金的条款通常涉及金额、计价模式、计价规则、调价安排、支付安排等内容。

6) 履行的期限、地点和方式

履行的期限是当事人各方依照合同规定全面完成各自义务的时间。在建设工程合同中，履行期限条款是约定施工期或者提交成果的条款。

履行的地点是指当事人交付标的和支付价款或酬金的地点。其包括标的的交付、提取地点，服务、劳务或工程项目建设的地点，价款或劳务的结算地点。施工合同的履行地点是工程所在地。

履行的方式是指当事人完成合同规定义务的具体方法。其包括标的的交付方式和价款或酬金的结算方式。建设工程施工合同中有关施工组织设计的条款，即为履行方式条款。

履行的期限、地点和方式是确定合同当事人是否适当履行合同的依据。

7) 违约责任

违约责任是任何一方当事人不履行或者不适当履行合同规定的义务而应当承担的法律责任。违约责任条款设定的意义在于督促当事人自觉适当地履行合同，保护非违约方的合法权利。当事人可以在合同中约定，一方当事人违反合同时，向另一方当事人支付一定数额的违约金；或者约定违约损害赔偿的计算方法。

8) 解决争议的方法

在合同履行过程中不可避免地会产生争议。为使争议发生后能够有一个双方都能接受的解决办法，应当在合同条款中对此做出规定。约定争议解决方式，主要是在仲裁与诉讼之间做选择。和解与调解并非争议解决的必经阶段。如果当事人希望通过仲裁作为解决争议的最终方式，则必须在合同中约定仲裁条款，因为仲裁是以自愿为原则的。

> **特别提示**
>
> 具备这些条款不是合同成立的必要条件。合同的成立需要经过要约和承诺两个阶段

▶▶ 归纳小结

合同的内容
- 当事人的名称或者姓名和住所
- 标的
- 数量
- 质量
- 价款或者报酬
- 履行期限、地点和方式
- 违约责任
- 解决争议的方法

3.2.2 要约与承诺

当事人订立合同，采用要约、承诺方式。合同的成立需要经过要约和承诺两个阶段。

1. 要约

1) 要约的概念和条件

要约是希望和他人订立合同的意思表示。提出要约的一方为要约人，接受要约的一方为被要约人。

要约应当具有以下条件：第一，内容具体确定；第二，表明经受要约人承诺。要约人即受该意思表示约束。具体地讲，要约必须是特定人的意思表示，必须是以缔结合同为目的。要约必须是对相对人发出的行为，必须由相对人承诺，虽然相对人的人数可能为不特定的多数人。另外，要约必须具备合同的一般条款。

2) 要约邀请

要约邀请是希望他人向自己发出要约的意思表示。要约邀请并不是合同成立过程中的必经过程，它是当事人订立合同的预备行为，在法律上无须承担责任。这种意思表示的内容往往不确定，原因是不含有合同得以成立的主要内容，也不含相对人同意后受其约束的表示。例如，价目表的寄送、招标公告、商业广告、招股说明书等，即是要约邀请。商业广告的内容符合要约规定的视为要约。

3) 要约的撤回和撤销

要约撤回是指要约在发生法律效力之前，欲使其不发生法律效力而取消要约的意思表示。要约人可以撤回要约，撤回要约的通知应当在要约到达受要约人之前或同时到达受要约人。

要约撤销是要约在发生法律效力之后，要约人欲使其丧失法律效力而取消该项要约的意思表示。要约可以撤销，撤销要约的通知应当在受要约人发出承诺通知之前到达受要约人。

但是，有下列情形之一的，要约不得撤销：第一，要约人确定承诺期限或者以其他形式明示要约不可撤销；第二，受要约人有理由认为要约是不可撤销，并已经为履行合同做了准备工作。要约的撤回是一种特殊情况，且必须在受要约人发出承诺通知之前到达要约人。

2. 承诺

1) 承诺的概念和条件

承诺是受要约人做出的同意要约的意思表示。

承诺具有以下条件。

(1) 承诺必须由受要约人做出。非受要约人向要约人做出的接受要约的意思表示是一种要约而非承诺。

(2) 承诺只能向要约人作出。非要约对象向要约人做出的完全接受要约的意思表示也不是承诺，因为要约人根本没有与其订立合同的意愿。

(3) 承诺的内容应当与要约的内容一致。受要约人对要约的内容做出实质性变更的，视为新要约。有关合同标的、数量、质量、价款和报酬、履行期限、履行地点与方式、违约责任和解决争议方法等的变更，是对要约内容的实质性变更。承诺对要约的内容做出非实质性变更的，除要约人及时反对或者要约表明不得对要约内容做任何变更以外，该承诺有效，合同以承诺的内容为准。

(4) 承诺必须在承诺期限内发出。超过期限，除要约人及时通知受要约人该承诺有效外，为新要约。

在建设工程合同订立过程中，招标人发出中标通知书的行为是承诺。因此，作为中标通知书必须由招标人向投标人发出，并且其内容应当与招标文件、投标文件的内容一致。

2) 承诺的期限

承诺必须以明示的方式，在要约规定的期限内做出。要约没有规定承诺期限的，视要约的方式而定。

(1) 要约以对话方式作出的，应当即时做出承诺，但当事人另有约定的除外。

(2) 要约以非对话方式作出的，承诺应当在合理期限内到达。

这样的规定主要是表明承诺的期限应当与要约相对应。依据《合同法》，要约以信件或者电报作出的，承诺期限自信件载明的日期或者电报交发之日开始计算。信件未载明日期的，自投寄该信件的邮戳日期开始计算。要约以电话、传真等快速通信方式作出的，承诺期限自要约到达受要约人时开始计算。

受要约人在承诺期限内发出承诺，按照通常情形能够及时到达要约人，但因其他原因承诺到达要约人时超过承诺期限的，除要约人及时通知受要约人因承诺超过期限不接受该承诺的以外，该承诺有效。

3) 迟到的承诺

超过承诺期限到达要约人的承诺，按照迟到的原因不同，《合同法》对承诺的有效性做出了不同的区分。

(1) 受要约人超过承诺期限发出的承诺。除非要约人及时通知受要约人该承诺有效，否则该超期的承诺视为新要约，对要约人不具备法律效力。

(2) 非受要约人责任原因延误到达的承诺。受要约人在承诺期限内发出承诺，按照通常情况能够及时到达要约人，但因其他原因承诺到达要约人时超过了承诺期限。对于这种情况，除非要约人及时通知受要约人因承诺超过期限不接受该承诺，否则承诺有效。

4) 承诺的撤回

承诺的撤回是承诺人阻止或者消灭承诺发生法律效力的意思表示。承诺可以撤回，撤回承诺的通知应当在承诺通知到达要约人之前或者与承诺通知同时到达要约人。

3. 要约和承诺的生效

我国《合同法》规定，要约到达受要约人时生效。到达是要求要约、承诺到达受要约人、要约人时生效。

生效的情形具体可表现为以下几方面。

(1) 口头形式的要约自受要约人了解要约内容时发生效力。

(2) 书面形式的要约自到达受要约人时发生效力。例如，投标文件送达。

(3) 采用数据电子文件形式的要约，当收件人指定特定系统接收电文的，自该数据电文进入该特定系统的时间(视为到达时间)，该要约发生效力；若收件人未指定特定系统接收电文的，该数据电文进入收件人任何系统的首次时间(视为到达时间)，该要约发生效力。

4. 合同的成立

合同成立是指当事人经由要约、承诺完成了签订合同过程，并对合同的标的、数量等内容协商一致。

1) 不要式合同的成立

如果法律法规、当事人对合同的形式、程序没有特殊的要求，则承诺生效时合同成立。承诺生效的地点为合同成立的地点。采用数据电文形式订立合同的，收件人的主营业地为合同成立的地点；没有主营业地的，其经常居住地为合同成立的地点。当事人另有约定的，按照其约定。

2) 要式合同的成立

当事人采用合同书形式订立合同的，自双方当事人签字或者盖章时合同成立。需要注意的是，合同书的表现形式是多样的。在很多情况下双方签字、盖章只要具备其中的一项即可。双方签字或者盖章的地点为合同成立的地点。在建设工程施工合同履行中，有合法授权的一方代表签字确认的内容也可作为合同的内容。

当事人采用信件、数据电文等形式订立合同的，可以在合同成立之前要求签订确认书。签订确认书时合同成立。

> **特别提示**
>
> 合同成立不同于合同生效。合同生效是法律认可合同效力，强调合同内容合法性。因此，合同成立体现了当事人的意志，而合同生效体现国家意志。

▶▶归纳小结

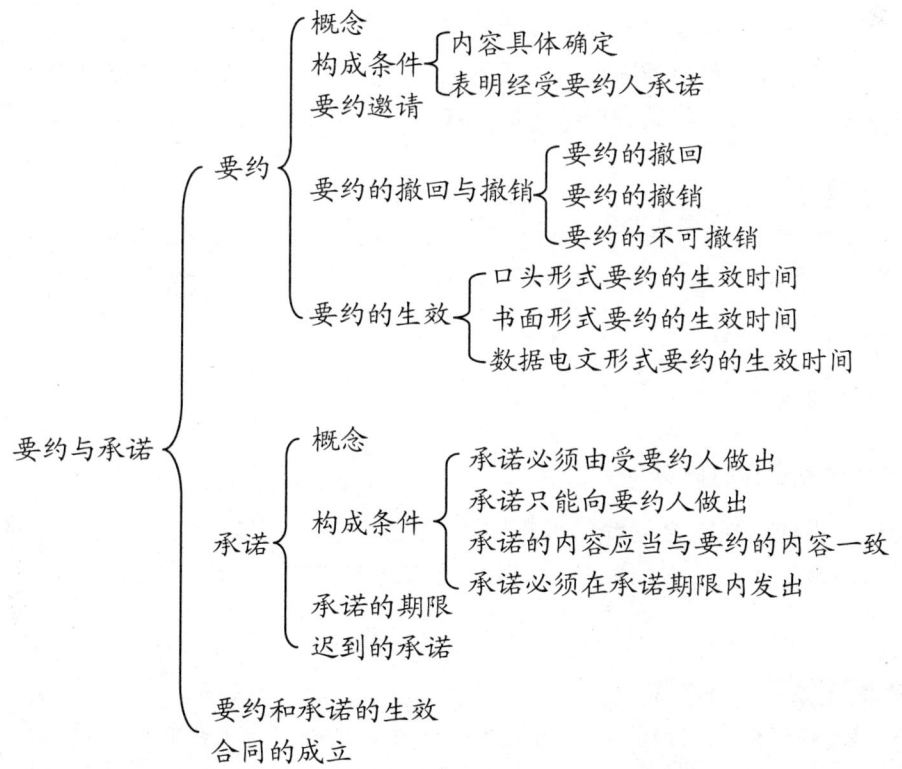

3.2.3 合同示范文本

《合同法》第十二条第二款规定："当事人可以参照各类合同的示范文本订立合同。"合同示范文本不是法律法规，它是将各类合同的主要条款、式样等制定出规范的、指导性的文本，在全国范围内积极宣传和推广，引导当事人采用示范文本签订合同，以实现合同签订的规范化。推行合同示范文本的实践证明，示范文本使当事人订立合同更加认真、更加规范，对于当事人在订立合同时明确各自的权利义务、减少合同约定缺款少项、防止合同纠纷，起到了积极作用。

1999年10月1日实施《合同法》后，由建设部和国家工商行政管理总局联合颁布了《建设工程施工合同(示范文本)》、《建设工程勘察合同(示范文本)》、《建设工程设计合同(示范文本)》、《建设工程监理合同(示范文本)》，它们对完善建设工程合同管理制度起到了极大的推动作用。

3.2.4 格式条款

格式条款是指当事人为了重复使用而预先拟定，并在订立合同时未与对方协商即采用的条款。格式条款又被称为标准条款，提供格式条款的相对人只能在接受格式条款和拒绝合同两者之间进行选择。格式条款既可以是合同的部分条款为格式条款，也可以是合同的所有条款为格式条款。在现代经济生活中，格式条款适应了社会化大生产的需要，提高了交易效率，在日常工作和生活中随处可见。

提供格式条款的一方应当遵循公平的原则确定当事人之间的权利义务关系，并采取合理的方式提请对方注意免除或限制其责任的条款，按照对方的要求，对该条款予以说明。对于提供格式条款一方免除其责任、加重对方责任、排除对方主要权利的，该条款无效。

> **特别提示**
>
> 对格式条款的理解发生争议的，应当按照通常的理解予以解释。对格式条款有两种以上解释的，应当作出不利于提供格式条款的一方的解释。在格式条款与非格式条款不一致时，应当采用非格式条款。

3.2.5 缔约过失责任

1. 缔约过失责任的概念

缔约过失责任是指在合同缔结过程中，当事人一方或双方因自己的过失而致合同不成立、无效或被撤销，应对信赖其合同为有效成立的相对人赔偿基于此项信赖而发生的损害。

> **特别提示**
>
> 缔约过失责任既不同于违约责任，也有别于侵权责任，是一种独立的责任。

2. 缔约过失责任的构成

缔约过失责任是针对合同尚未成立而应当承担的责任，其成立必须具备一定的要件。

1) 缔约一方受有损失

损害事实是构成民事赔偿责任的首要条件，如果没有损害事实的存在，也就不存在损害赔偿责任。缔约过失责任的损失是一种信赖利益的损失，即缔约人信赖合同有效成立，但因法定事由发生，致使合同不成立、无效或被撤销等而造成的损失。

2) 缔约当事人有过错

承担缔约过失责任一方应当有过错，包括故意行为和过失行为导致的后果责任。这种过错主要表现为违反先合同义务。所谓"先合同义务"，是指自缔约人双方为签订合同而互相接触磋商开始但合同尚未成立，逐渐产生的注意义务(或称附随义务)，包括协助、通知、照顾、保护、保密等义务。它自要约生效开始产生。

3) 合同尚未成立

这是缔约过失责任有别于违约责任的最重要原因。合同一旦成立，当事人应当承担的是违约责任或者合同无效的法律责任。

4) 缔约当事人的过错行为与该损失之间有因果关系

缔约当事人的过错行为与该损失之间有因果关系，即该损失是由违反先合同义务引起的。

3. 承担缔约过失的情形

(1) 假借订立合同，恶意进行磋商。恶意磋商是在缺乏订立合同真实意愿情况下以订立合同为名目与他人磋商。其真实目的可能是破坏对方与第三方订立合同，也可能是贻误竞争对手商机等。例如甲施工企业知悉自己的竞争对手在协商与乙企业联合投标，为了与对手竞争，遂与乙企业谈判联合投标事宜，在谈判中故意拖延时间，使竞争对手失去与乙企业联合的机会，之后宣布谈判终止，致使乙企业遭受重大损失。

(2) 故意隐瞒与订立合同有关的重要事实或提供虚假情况。依诚实信用原则，缔约当事人负有如实告知义务，主要包括告知自身财务状况和履约能力，告知标的物真实状况(包括瑕疵、性能、使用方法等)。若违反此项义务，即构成欺诈；若因此致对方受到损害，应负缔约过失责任。

(3) 有其他违背诚实信用原则的行为。其他违背诚实信用原则的行为主要指当事人对于附随义务的违反，即违反了通知、保护、说明等义务。

(4) 违反缔约中的保密义务。当事人在订立合同过程中知悉的商业秘密，无论合同是否成立，都不得泄露或者不正当使用。泄露或者不正当使用该商业秘密给对方造成损失的，应当承担损害赔偿责任。

▶▶归纳小结

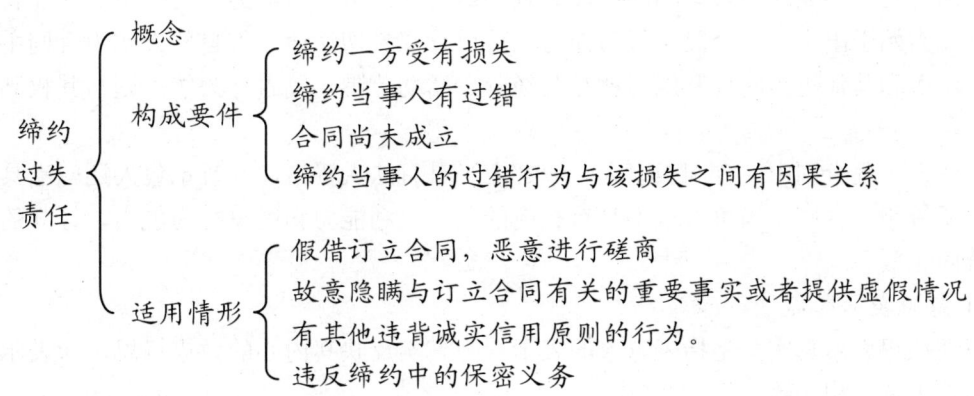

▶▶ 引例 3.2 小结

要约的撤销是指要约人在要约到达受要约人并生效,但受要约人尚未做出承诺之前取消要约而使要约失效的行为。而要约的撤回则是撤销要约的通知在要约到达受要约人之前或与之同时到达受要约人。应当注意的一点是,承诺只有撤回,但无撤销之说,如"撤销"便是违约了。本案例中虽未明确交代要约何时到达甲公司,但依据题意推测,甲公司在收到"要约作废"函件之前收到了要约。至于董事长的发函行为确实是对乙公司的要约做了实质性的改变,但不为承诺,应为新要约,承诺的内容必须与要约的内容一致。本案例中双方缔约没能成功的原因是甲公司对要约做了实质性的改变。

3.3 合同的效力

▶▶ 引例 3.3

装修公司甲在完成一项工程后,将剩余的木地板、厨卫用具等卖给了物业管理公司乙。但甲营业执照上的核准经营范围并无销售木地板、厨卫用具等业务。甲乙的买卖行为有没有法律效力?

3.3.1 合同的生效

合同生效是指合同具备生效条件而产生法律效力。所谓产生法律效力,是指合同对当事人各方产生法律拘束力,即当事人的合同权利受法律保护,当事人的合同义务具有法律上的强制性。

1. 合同生效应当具备的条件

合同成立后,必须具备相应的法律条件才能生效。合同生效应当具备下列条件。

1) 当事人具有相应的民事权利能力和民事行为能力

订立合同的人必须具备一定的独立表达自己的意思和理解自己的行为的性质和后果的能力,即合同当事人应当具有相应的民事权利能力和民事行为能力。对于自然人而言,民事权利能力始于出生,完全民事行为能力人可以订立一切法律允许自然人作为合同主体的合同。法人和其他组织的权利能力就是其经营、活动范围,民事行为能力则与其权利能力相一致。

在建设工程合同中,合同当事人一般都应当具有法人资格,并且承包人还应当具备相应的资质等级。否则,当事人就不具有相应的民事权利能力和民事行为能力,订立的建设工程合同无效。

2) 意思表示真实

所谓意思表示真实,是指表意人的表示行为真实反映其内心的效果意思,即表示行为应当与效果意思相一致。

> **知识链接**
>
> 意思表示真实是合同的生效条件而非合同的成立条件。意思表示不真实包括意思与表示不一致、不自由的意思表示两种。在意思表示不真实的情况下,合同可能无效,如在被欺诈、胁迫致使行为人表示于外的意思与其内心真意不符,且涉及国家利益受损的情况;合同也可能被撤销或者变更,如在被欺诈、胁迫致使行为人表示于外的意思与其内心真意不符。但未违反法律和行政法规强制性规定及社会公共利益的情况。

3) 不违反法律或者社会公共利益

不违反法律或者社会公共利益,是合同有效的重要条件。所谓不违反法律和社会公共利益,是就合同的目的和内容而言的。合同的目的是指当事人订立合同的直接内心原因,合同的内容是指合同中的权利义务及其指向的对象。不违反法律或者社会公共利益。实际是对合同自由的限制。

2. 合同的生效时间

1) 合同生效时间的一般规定

依法成立的合同,自成立时生效。具体地讲,口头合同自受要约人承诺时生效;书面合同自当事人双方签字或者盖章时生效;法律规定应当采用书面形式的合同,当事人虽然未采用书面形式但已经履行全部或者主要义务的,可以视为合同有效。合同中有违反法律或社会公共利益条款的,当事人取消或改正后,不影响合同中其他条款的效力。

法律、行政法规规定应当办理批准、登记等手续生效的,依照其规定。

2) 附条件和期限合同的生效时间

当事人可以对合同生效约定附条件或者约定附期限。附条件的合同包括附生效条件的合同和附解除条件的合同两类。附生效条件的合同,自条件成就时生效;附解除条件的合同,自条件成就时失效。当事人为了自己的利益而不正当阻止条件成就的,视为条件已经成就;不正当促成条件成就的,视为条件不成就。附生效期限的合同,自期限届至时生效;附终止期限合同,自期限届满时失效。

附条件合同的成立与生效不是同一时间,合同成立后虽然并未开始履行,但任何一方不得撤销要约和承诺,否则应承担缔约过失责任,赔偿对方因此而受到的损失。合同生效后,当事人双方必须忠实履行合同约定的义务。如果不履行或未正确履行义务,应按违约责任条款的约定追究责任。一方不正当地阻止条件成就,视为合同已生效,同样要追究其违约责任。

3. 合同效力与仲裁条款

合同成立后,合同中的仲裁条款是独立存在的,合同的无效、变更、解除、终止,不影响仲裁协议的效力。如果当事人在施工合同中约定通过仲裁解决争议,不能认为合同无效将导致仲裁条款无效。若因一方的违约行为,另一方按约定的程序终止合同而发生了争议,仍然应当由双方选定的仲裁委员会裁定施工合同是否有效及对争议的处理。

4. 效力待定的合同

有些合同的效力较为复杂,不能直接判断是否生效,而与合同的一些后续行为有关。这类合同即为效力待定的合同。

1) 限制民事行为能力人订立的合同

无民事行为能力人不能订立合同,限制行为能力人一般情况下也不能独立订立合同。限制民事行为能力人订立的合同,经法定代理人追认以后,合同有效。限制民事行为能力人的监护人是其法定代理人。相对人可以催告法定代理人在一个月内予以追认。法定代理人未作表示的,视为拒绝追认。合同被追认之前,善意相对人有撤销的权利。撤销应当以通知的方式作出。

2) 无代理权人订立的合同

行为人没有代理权、超越代理权或者代理权终止后以被代理人的名义订立的合同,未经被代理人追认,对被代理人不发生效力,由行为人承担责任。相对人可以催告被代理人在一个月内予以追认。被代理人未作表示的,视为拒绝追认。合同被追认之前,善意相对人有撤销的权利,撤销应当以通知的方式作出。行为人没有代理权、超越代理权或者代理权终止后以被代理人的名义订立的合同,相对人有理由相信行为人有代理权的,该代理行为有效。

3) 表见代理人订立的合同

表见代理是善意相对人通过被代理人的行为足以相信无权代理人具有代理权的代理。基于此项信赖,该代理行为有效。善意第三人与无权代理人进行的交易行为(订立合同),其后果由被代理人承担。表见代理的规定的目的是保护善意的第三人。在现实生活中,较为常见的表见代理是采购员或者推销员拿着盖有单位公章的空白合同文本,超越授权范围与其他单位订立合同。此时其他单位如果不知采购员或者推销员的授权范围,即为善意的第三人。此时订立的合同有效。

> **知识链接**
>
> 表见代理应当具备以下条件。
> (1) 表见代理人并未获得被代理人的书面明确授权,是无权代理。
> (2) 客观上存在让相对人相信行为人具备代理权的理由。
> (3) 相对人善意且无过失。

4) 法定代表人、负责人越权订立的合同

法人或其他组织的法定代表人、负责人超越权限订立的合同,除相对人知道或应当知道其超越权限以外,该代理行为有效。

5) 无处分权人处分他人财产订立的合同

无处分权人处分他人财产订立的合同,一般情况下是无效的。但是,在下列两种情况下合同有效:第一,无处分权人处分他人财产,经权利人追认,订立的合同有效;第二,无处分权人通过订立合同取得处分权的合同有效。例如,在房地产开发项目施工中,施工企业对房地产是没有处分权的,如果施工企业将施工的商品房卖给他人,则该买卖合同无效。但是,如果房地产开发商追认该买卖行为,则买卖合同有效;或者事后施工企业与房地产开发商达成该商品房折抵工程款,则该买卖合同也有效。

归纳小结

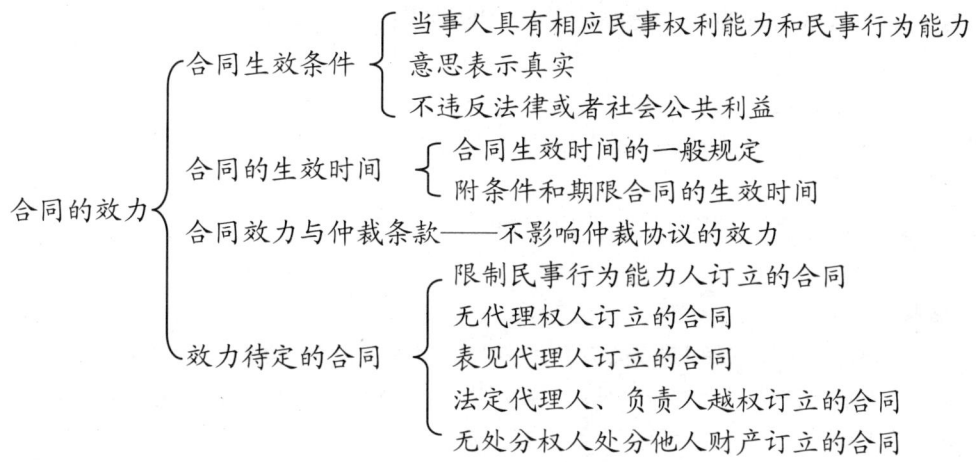

3.3.2 无效合同

1. 无效合同的概念

无效合同是指当事人违反了法律规定的条件而订立的,国家不承认其效力,不给予法律保护的合同。

> **特别提示**
>
> 无效合同从订立之时起就没有法律效力,不论合同履行到什么阶段,合同被确认无效后,这种无效的确认要溯及合同订立时。

2. 合同无效的情形

(1) 一方以欺诈、胁迫的手段订立,损害国家利益的合同。"欺诈"是指一方当事人故意告知对方虚假情况,或者故意隐瞒真实情况,诱使对方当事人做出错误意思表示的行为。例如,施工企业仿造资质等级证书与发包人签订施工合同。"胁迫"是指以给公民及其亲友的生命健康、荣誉、名誉、财产等造成损害,或者以给法人的荣誉、名誉、财产等造成损害为要挟,迫使对方作出违背真实的意思表示的行为。例如,材料供应商以败坏施工企业名誉为要挟,迫使施工企业与其订立材料买卖合同。

并非所有通过欺诈、胁迫的手段订立的合同都是无效合同,只有合同损害了国家利益才能导致合同无效。没有损害国家利益的合同是可撤销合同。

(2) 恶意串通,损害国家、集体或第三人利益的合同。"恶意"是指行为人明知或者应知某种行为将造成对国家或者第三者的损害而故意为之。恶意串通的合同是指当事人同谋,共同订立某种合同,造成国家、集体或者第三人利益损害的合同。这种情况在建设工程领域中较为常见的是投标人串通投标,或者招标人与投标人串通,损害国家、集体或第三人利益。投标人、招标人通过这样的方式订立的合同是无效的。

(3) 以合法形式掩盖非法目的的合同。以合法形式掩盖非法目的是指当事人实施的行为在形式上是合法的，但在内容上或者目的上是非法的。以合法形式掩盖非法目的的合同并不要求造成损害后果，即无论造成损害与否，只要符合上述特征，即可构成。例如，企业之间为了达到借款的目的，即使设计了合法的形式也属于无效合同。

(4) 损害社会公共利益的合同。如果合同违反公共秩序和善良风俗(即公序良俗)，就会损害社会公共利益，这样的合同也是无效的。例如，施工单位在劳动合同中规定雇员应当接受搜身检查的条款，或者在施工合同的履行中规定以债务人的个人作为担保的约定，都属于无效的合同条款。

(5) 违反法律、行政法规的强制性规定的合同。

> **知识链接**
>
> 合同无效，应当以全国人民代表大会及其常务委员会制定的法律和国务院制定的行政法规为依据，不得以地方性法规、行政规章为依据。同时，必须是违反了法律、行政法规的强制性规范才导致合同无效，违反其中任意性规范并不导致合同无效。任意性规范是指当事人可以通过约定排除其适用的规范，即任意性规范赋予当事人依法进行意思自治。例如，建设工程的质量标准是《中华人民共和国标准化法》(以下简称《标准化法》)、《建筑法》规定的强制性标准，如果建设工程合同当事人约定的质量标准低于国家标准，则该合同是无效的。

3. 无效合同的免责条款

合同免责条款是指当事人约定免除或者限制其未来责任的合同条款。当然，并不是所有的免责条款都无效，合同中的下列免责条款无效。

(1) 造成对方人身伤害的。

(2) 因故意或者重大过失造成对方财产损失的。

上述两种免责条款具有一定的社会危害性。造成对方人身伤害是侵犯了对方的人身权，造成对方财产损失是侵犯了对方的财产权。人身权和财产权是法律赋予公民的权利，如果合同中的免责条款对此权利予以了侵犯，则该条款就是违法的条款。这样的免责条款自然就是无效的。

4. 无效合同的确认

无效合同的确认权归人民法院或者仲裁机构，合同当事人或其他任何机构均无权认定合同无效。

5. 无效合同的法律后果

合同被确认无效后，合同规定的权利义务即为无效。履行中的合同应当终止履行，尚未履行的不得继续履行。对因履行无效合同而产生的财产后果应当依法进行处理。

(1) 返还财产。由于无效合同自始没有法律约束力，因此，退还财产是处理无效合同的主要方式。合同被确认无效后，当事人依据该合同所取得的财产，应当返还对方；不能返还的，应当作价补偿。建设工程合同如果无效一般都无法返还财产，因为无论是勘察设计成果还是工程施工，承包人的付出都是无法返还的。因此，一般应当采用作价补偿的方法处理。

(2) 赔偿损失。合同被确认无效后，有过错的一方应赔偿对方因此而受到的损失。如果双方都有过错，应当根据过错的大小各自承担相应的责任。

(3) 追缴财产，收归国有。双方恶意串通，损害国家或者第三人利益的，国家采取强制性措施将双方取得的财产收归国库或者返还第三人。无效合同不影响善意第三人取得合法权益。

▶▶归纳小结

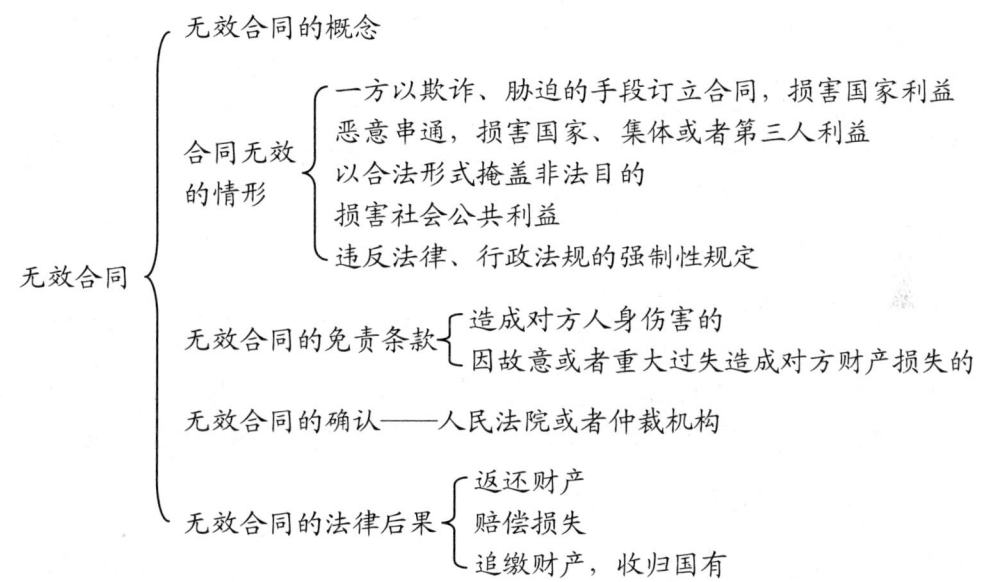

3.3.3 可变更或可撤销的合同

1. 可变更或可撤销合同的概念和种类

可变更或可撤销的合同是指欠缺生效条件，但一方当事人可依照自己的意思使合同的内容变更或者使合同的效力归于消灭的合同。

> **特别提示**
> 如果合同当事人对合同的可变更或可撤销发生争议，只有人民法院或者仲裁机构有权变更或者撤销合同。可变更或可撤销的合同不同于无效合同，当事人提出请求是合同被变更、撤销的前提，人民法院或者仲裁机构不得主动变更或者撤销合同。当事人如果只要求变更，人民法院或者仲裁机构不得撤销其合同。

有下列情形之一的，当事人一方有权请求人民法院或者仲裁机构变更或者撤销其合同。

(1) 因重大误解而订立的合同。在合同实践中，误解是指合同当事人因自己过失(如误认或者不知情等)而对合同的内容发生错误而订立了合同。重大误解是指由于合同当事人一方本身的原因，对行为的性质、对方当事人、标的物的品种、质量、规格和数量等的错误认识，使行为的后果与自己的意思相悖，并造成较大损失的，可以认定为重大误解。这里的重大误解必须是当事人在订立合同时已经发生的误解，如果是合同订立后发生的事实，且一方当事人订立时由于自己的原因而没有预见到，则不属于重大误解。

(2) 在订立合同时显失公平的合同。显失公平合同是指合同当事人的权利义务明显不对等，使某方遭受重大不利，而其他方获得不平衡的重大利益。一方当事人利用优势或者利用对方没有经验，致使双方的权利与义务明显违反公平原则的，可以认定为显失公平。最高人民法院的司法解释认为，民间借贷(包括公民与企业之间的借贷)约定的利息高于银行同期同种贷款的 4 倍，为显失公平，超过的部分不受法律保护。但在其他方面，显失公平尚无定量的规定。

(3) 以欺诈、胁迫等手段或者乘人之危，使对方在违背真实意思的情况下订立的合同。根据我国《合同法》，因欺诈、胁迫而订立的合同应区分为两类：一类是以欺诈、胁迫的手段订立合同而损害同家利益的，应作为无效合同对待；另一类是以欺诈、胁迫的手段订立合同但未损害国家利益的，应作为可变更、可撤销合同处理，即被欺诈人、被胁迫人有权请求人民法院或者仲裁机构将合同变更或撤销。

2. 合同撤销权的消灭

由于可撤销的合同只是涉及当事人意思表示不真实的问题，因此法律对撤销权的行使有一定的限制。有下列情形之一的，撤销权消灭。

(1) 具有撤销权的当事人自知道或者应当知道撤销事由之日起一年内没有行使撤销权。

(2) 具有撤销权的当事人知道撤销事由后明确表示或者以自己的行为放弃撤销权。

3. 合同被撤销后的法律后果

合同被撤销后的法律后果与合同无效的法律后果相同，也是返还财产，赔偿损失，追缴财产、收归国有三种。

▶▶ 引例 3.3 小结

首先民事法律行为的生效条件是，行为人具有相应的民事行为能力、意思表示真实、不违反法律或者社会公共利益；其次当事人超越经营范围订立合同，人民法院不认定合同无效。但违反国家限制经营、特许经营以及法律、行政法规禁止经营规定的除外。因此甲、乙的买卖行为是有效法律行为。

3.4 合同的履行、变更和转让

▶▶ 引例 3.4

甲公司为开发新项目，急需资金。2005 年 3 月 12 日，甲公司向乙公司借钱 150 万元。双方谈妥，乙公司借给甲公司 150 万元，借期 6 个月，月息为银行贷款利息的 1.5 倍，至同年 9 月 12 日本息一起付清，甲公司为乙公司出具了借据。甲公司因新项目开发不顺利，未盈利，到了 9 月 12 日无法偿还欠乙公司的借款。某日，乙公司向甲公司催促还款无果，但得到一信息，某单位曾向甲公司借款 200 万元，现已到还款期，某单位正准备还款，但甲公司让某单位不用还款。于是,乙公司向法院起诉,请求甲公司以某单位的还款来偿还债务,甲公司辩称该债权已放弃,无法清偿债务。

请问:
(1) 甲公司的行为是否构成违约?为什么?
(2) 乙公司是否可针对甲公司的行为行使撤销权?
(3) 乙公司是否可以行使代位权?

3.4.1 合同的履行

1. 合同履行的概念

合同履行是指合同各方当事人按照合同的规定,全面履行各自的义务,实现各自的权利,使各方的目的得以实现的行为。合同的履行,就其实质来说,是合同当事人在合同生效后,全面地、适当地完成合同义务的行为。

合同的履行以有效的合同为前提和依据。因此,无效合同不存在履行问题。

2. 合同履行的原则

1) 全面履行的原则

全面履行是指合同当事人双方应当按照合同约定全面履行自己的义务,包括履行义务的主体、标的、数量、质量、价款或者报酬,以及履行的方式、地点、期限等,都应当按照合同的约定全面履行。

全面履行的原则如下。

(1) 合同有明确约定的,按照约定履行。但是,合同约定不明确并不意味着合同无须全面履行或约定不明确部分可以不履行。

(2) 合同没有明确约定的,按照以下方式履行。

① 可以协议补充。

② 不能达成补充协议的,按照合同有关条款或者交易习惯确定。

(3) 合同内容不明确,又不能达成补充协议时适用下列规定。

① 质量要求不明确的,按照国家标准、行业标准履行;没有国家标准、行业标准的,按照通常标准或者符合合同目的的特定标准履行。

② 价款或者报酬不明确的,按照订立合同时所处履行地点的市场价格履行;依法应当执行政府定价或者政府指导价的,按照规定履行。

③ 履行地点不明确,给付货币的,在接受货币一方所在地履行;交付不动产的,在不动产所在地履行;其他标的,在履行义务一方所在地履行。

④ 履行期限不明确的,债务人可以随时履行,债权人也可以随时要求履行,但应当给对方必要的准备时间。

⑤ 履行方式不明确的,按照有利于实现合同目的的方式履行。

⑥ 履行费用的负担不明确的,由履行义务一方负担。

(4) 执行政府定价或政府指导价的合同履行。

《合同法》规定:"执行政府定价或者政府指导价的,在合同约定的交付期限内政府价格调整时,按照交付时的价格计价。逾期交付标的物的,遇价格上涨时,按照原价格执行;

价格下降时，按照新价格执行。逾期提取标的物或者逾期付款的，遇价格上涨时，按照新价格执行；价格下降时，按照原价格执行。"

2) 诚实信用原则

诚实信用原则是我国《民法通则》的基本原则，也是《合同法》的一项十分重要的原则，它贯穿于合同的订立、履行、变更、终止等全过程。因此，当事人在订立合同时，要讲诚实、守信用、态度善意，当事人双方要互相协作，合同才能圆满地履行。

诚实信用原则，要求当事人根据合同的性质、目的和交易习惯善意地履行通知、协助、保密等义务。当事人首先要保证自己全面履行合同约定的义务，并为对方履行义务创造必要的条件。当事人双方应关心合同履行情况，发现问题应及时协商解决。一方当事人在履行过程中发生困难，另一方当事人应在法律允许的范围内给予帮助。在合同履行过程中应信守商业道德，保守商业秘密。

3. 合同履行中的抗辩权

抗辩权是指在双务合同的履行中，双方都应当履行自己的债务，一方不履行或者有可能不履行时，另一方可以据此拒绝对方的履行要求。抗辩权包括同时履行抗辩权、后履行抗辩权和后抗辩权。

双务合同中的抗辩权是对抗辩权人的一种保护措施，免除抗辩权人履行后得不到对方对应履行的风险；使对方当事人产生及时履行合同的压力；是重要的债权保障制度。行使抗辩权是正当的权利，而非违约，应受到法律保护，而不应当使行使抗辩权人承担违约责任等不利后果。

抗辩权的行使只能暂时拒绝对方的履行请求，即中止履行，而不能消灭对方的履行请求权。一旦抗辩权事由消失，原抗辩权人仍应当履行其债务。

1) 同时履行抗辩权

合同订立后，在合同有效期限内，当事人互负债务，双方没有先后履行顺序的，应当同时履行。

同时履行抗辩权是指在没有规定履行顺序的双务合同中，当事人一方在当事人另一方未为对方给付以前，有权拒绝先为给付的权利。

同时履行抗辩权包括的内容：一方在对方履行债务不符合约定时，有权拒绝其相应的履行要求；一方在对方履行债务不符合约定时，有权拒绝其相应的履行要求。例如，在施工合同中期付款时，对承包人施工质量不合格的部分，发包人有权拒付该部分的工程款；如果发包人拖欠工程款，则承包人可以放慢施工进度，甚至停止施工。产生的后果由违约方承担。

同时履行抗辩权的适用条件：①由同一双务合同产生互负的对价给付债务；②合同中未约定履行的顺序；③对方当事人没有履行债务或者没有正确履行债务；④对方的对价给付是可能履行的义务。对价给付是指一方履行的义务和对方履行的义务之间具有有互为条件、互为牵连的关系并且在价格上基本相等。

2) 后履行抗辩权

后履行抗辩权是指当事人互负债务，有先后履行顺序的，先履行一方未履行债务或者履行债务不符合约定，后履行一方有权拒绝先履行一方的履行的请求。

后履行抗辩权包括的内容：当事人互负债务，有先后履行顺序，先履行一方未履行的，后履行一方有权拒绝其履行要求。先履行一方履行债务不符合约定的,后履行一方有权拒绝其相应的履行要求。例如,材料供应合同按照约定应由供货方先行交付订购的材料后,采购方再行付款结算,若合同履行过程中供货方交付的材料质量不符合约定的标准,采购方有权拒付货款。

后履行抗辩权的适用条件:①由同一双务合同产生互负的对价给付债务;②合同中约定了履行的顺序;③应当先履行合同的当事人没有履行债务或者没有正确履行债务;④应当先履行的对价给付是可能履行的义务。

3) 先履行抗辩权

先履行抗辩权(又称不安抗辩权)是指合同中约定了履行的顺序,合同成立后发生了应当后履行合同一方财务状况恶化的情况,应当先履行合同一方在对方未履行或者提供担保前有权拒绝先行履行。设立不安抗变辩权的目的在于,预防合同成立后情况发生变化而损害合同另一方的利益。

先履行抗辩权的适用条件:①双方当事人基于同一双务合同而互负债务;②债务履行有先后顺序;③履行顺序在后的一方履行能力明显下降,有丧失或者可能丧失履行债务能力的情形;④履行顺序在后的当事人未提供适当担保。

> **特别提示**
>
> 应当先履行债务的当事人,有确切证据证明对方有下列情形之一的,可以中止履行。
> (1) 经营状况严重恶化。
> (2) 转移财产、抽逃资金,以逃避债务。
> (3) 丧失商业信誉。
> (4) 有丧失或者可能丧失履行债务能力的其他情形。
> 当事人中止履行的,应当及时通知对方。对方提供适当担保时,应当恢复履行。中止履行后,对方在合理期限内未恢复履行能力并且未提供适当担保的,中止履行的一方可以解除合同。当事人没有确切证据就中止履行合同的,应承担违约责任。

4. 合同不当履行的处理

1) 因债权人的原因致使债务人履行困难的处理

合同生效后,当事人不得因姓名、名称的变更,或法定代表人、负责人、承办人的变动而不履行合同义务。债权人分立、合并或者变更住所应当通知债务人。如果没有通知债务人,会使债务人不知向谁履行债务或者不知在何地履行债务,致使履行债务发生困难。出现这些情况,债务人可以中止履行或者将标的物提存。

中止履行是指债务人暂时停止合同的履行或者延期履行合同。提存是指由于债权人的原因致使债务人无法向其交付标的物,债务人可以将标的物交给有关机关保存以此消灭合同的制度。

2) 提前或部分履行的处理

提前履行是指债务人在合同规定的履行期限到来之前就开始履行自己的义务。部分履行是指债务人没有按照合同约定履行全部义务而只履行了自己的一部分义务。提前或者部分履行会给债权人行使权利带来困难或者增加费用。

债权人可以拒绝债务人提前或部分履行债务,由此增加的费用由债务人承担。但不损害债权人利益且债权人同意的情况除外。

3) 合同的不当履行中的保全措施

保全措施是指为防止因债务人的财产不当减少而给债权人带来危害时，允许债权人为确保其债权的实现而采取的法律措施。这些措施包括代位权和撤销权两种。

(1) 代位权。代位权是指因债务人怠于行使其到期债权，对债权人造成损害的，债权人可以向人民法院请求以自己的名义代位行使债务人的债权。但该债权专属于债务人时不能行使代位权。代位权的行使范围以债权人的债权为限。债权人行使代位权的必要费用由债务人负担。例如，建设单位拖欠施工单位工程款，施工单位拖欠施工人员工资，而施工单位不向建设单位追讨，同时，也不给施工人员发放工资，则施工人员有权向人民法院请求以自己的名义直接向建设单位追讨。

> **知识链接**
> 专属于债务人的权利是指基于扶养关系、抚养关系、赡养关系、继承关系产生的，给付请求权劳动报酬、退休金、养老金、抚恤金、安置费、人寿保险、人身伤害赔偿请求权等权利。

(2) 撤销权。撤销权是指因债务人放弃其到期债权或者无偿转让财产，对债权人造成损害的，债权人可以请求人民法院撤销债务人的行为。

债务人以明显不合理的低价转让财产，对债权人造成损害，并且受让人知道该情形的，债权人可以请求人民法院撤销债务人的行为。撤销权的行使范围以债权人的债权为限，其发生的费用由债务人承担。

撤销权自债权人知道或者应当知道撤销事由之日起一年内行使。自债务人的行为发生之日起五年内没有行使撤销权的，该撤销权消灭。

▶▶ 归纳小结

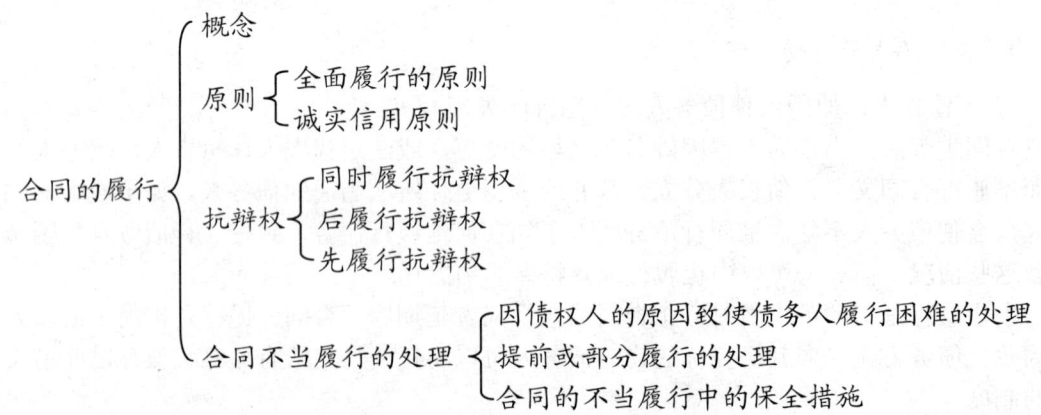

3.4.2 合同的变更

合同变更是指当事人对已经发生法律效力，但尚未履行或尚未完全履行的合同，进行修改或补充所达成的协议。

合同的变更有广义与狭义的区分：狭义的变更是指合同内容的某些变化，是在主体不变的前提下；广义的合同变更是指除包括合同内容的变更外，还包括合同主体的变更。即由新的主体取代原合同的某一主体。这实质上是合同的转让。

合同的变更必须针对有效的合同，协商一致是合同变更的必要条件，任何一方都不得擅自变更合同。由于合同签订的特殊性，有些合同需要有关部门的批准或登记，对于此类合同的变更需要重新登记或审批。合同的变更一般不涉及已履行的内容。

有效的合同变更必须要有明确的合同内容的变更。如果当事人对合同变更的内容约定不明确的，推定为未变更。

合同变更后，原合同债消灭，新合同债产生。因此，合同变更后，当事人不得再按原合同履行，而须按变更后的合同履行。

特别提示

《合同法》规定："当事人协商一致，可以变更合同。法律与行政法规规定变更合同应当办理批准、登记手续的，依照其规定。"

3.4.3 合同履行中的债权转让和债务转移

合同内可以约定，履行过程中由债务人向第三人履行债务或由第三人向债权人履行债务，但合同当事人之间的债权和债务关系并不因此而改变。

1. 债务人向第三人履行债务

合同内可以约定由债务人向第三人履行部分债务。例如，某设备采购合同定购了五台设备，合同约定供货方向定购方交付三台，向另一不是合同当事人单位交付两台。

该法律关系的特点表现为如下几方面。

(1) 债权的转让在合同内有约定，但不改变当事人之间的权利和义务关系。

(2) 在合同履行期限内，第三人可以向债务人请求履行，债务人不得拒绝。

(3) 对第三人履行债务，原则上不能增加履行的难度和履行费用，否则增加费用部分应由合同当事人的债权人给予补偿。

(4) 债务人未向第三人履行债务或履行债务不符合约定，应向合同当事人的债权人承担违约责任，即仍由合同当事人依据合同追究对方的违约责任。第三人没有此项权利的，债务人只能将违约的事实和证据提交给合同的债权人。

2. 由第三人向债权人履行债务

合同内可以约定由第三人向债权人履行部分债务。

例如，施工合同的分包，这种情况的法律关系特点表现为如下几方面。

(1) 部分义务由第三人履行属于合同内的约定，但当事人之间的权利义务关系并不因此而改变。

(2) 在合同履行期限内，债权人可以要求第三人履行债务，但不能强迫第三人履行债务。

(3) 第三人不履行债务或履行债务不符合约定，仍由合同当事人的债务方承担违约责任，即债权人不能直接追究第三人的违约责任。

3.4.4 合同的转让

合同转让是指合同当事人一方依法将合同权利、义务全部或者部分转让给他人。合同转让又称为合同主体的变更,是以新的债权人代替了原合同的债权人,或者以新的债务人代替了原合同的债务人。《民法通则》第九十一条规定:"合同一方将合同的权利、义务全部或者部分转让给第三人的,应当取得合同另一方的同意,并不得牟利。依照法律规定应当由国家批准的合同,需经原批准机关批准。但是,法律另有规定或者原合同另有约定的除外。"合同的权利、义务的转让,除另有约定外,原合同的当事人之间以及转让人与受让人之间应当采用书面形式。转让合同权利、义务约定不明确的,视为未转让。合同的权利、义务转让给第三人后,该第三人取代原当事人在合同中的法律地位。

合同的转让包括债权转让和债务承担两种情况,当事人也可将权利义务一并转让。

1. 债权转让

债权转让是指合同债权人通过协议将其债权全部或者部分转让给第三人的行为。债权人可以将合同的权利全部或者部分转让给第三人。法律与行政法规规定转让权利应当办理批准、登记手续的,应当办理相应的手续。但下列情形债权不可以转让。

(1) 根据合同性质不得转让。
(2) 根据当事人约定不得转让。
(3) 依照法律规定不得转让。

债权人转让权利的,应当通知债务人。未经通知,该转让对债务人不发生效力。债权人转让权利的通知不得撤销,但经受让人同意的除外。受让人取得权利后,同时拥有与此权利相对应的从权利。若从权利与原债权人不可分割,则从权利不随之转让。债务人对债权人的抗辩同样可以针对受让人。

2. 债务承担

债务承担是指债务人将合同的义务全部或者部分转移给第三人的情况。债务转移的法律规定有以下几方面。

(1)《合同法》第八十四条规定:"债务人将合同的义务全部或者部分转移给第三人的,应当经债权人同意。"

债务转移包括债务全部转移和债务部分转移。当债务全部转移时,债务人即脱离了原来的合同关系,则由第三人取代原债务人而承担原合同债务,原债务人不再承担原合同中的义务和责任;当债务部分转移时,原债务人并未完全脱离债的关系,而是由第三人加入原来的债的关系,并与债务人共同向同一债权人承担原合同中的义务和责任。

(2)《合同法》第八十五条规定:"债务人转移义务的,新债务人可以主张原债务人对债权人的抗辩。"

依据法律规定,债务转移发生效力后,债务承担人将全部或部分地取代原债务人的地位而成为合同当事人,即新债务人,这是债务承担的效力表现。为了使新债务人的利益不受损害,基于原债务所产生的抗辩权对于新债务人应当具有法律效力。

3. 权利和义务同时转让

当事人一方经对方同意，可以将自己在合同中的权利和义务一并转让给第三人，即权利和义务同时转让(即概括转让)。

合同权利和义务概括转让包括了全部转让和部分转让。全部转让指合同当事人原来三方将其权利和义务全部转移给第三人。部分转让指合同当事人原来一方将其权利和义务的一部分转移给第三人；此时转让人和承受人应约定各自分得的债权、债务的份额和性质，若没有约定或者约定不明，应视为连带之债。

例如，当事人订立合同后合并的，由合并后的法人或者其他组织行使合同权利，履行合同义务。当事人订立合同后分立的，除债权人和债务人另有约定外，由分立的法人或其他组织对合同的权利和义务享有连带债权，承担连带债务。

▶▶ 引例3.4 小结

(1) 甲公司的行为已构成违约。甲公司与乙公司之间的借贷合同关系，是自愿订立，无违法内容，又有书面借据，是合法有效的。甲公司系债务人，负有按期清偿本息的义务；乙公司为债权人，享有按期收回本金、收取利息的权利。甲公司因新项目开发不顺利，不能如约履行清偿义务，构成违约。

(2) 乙公司可行使撤销权。请求法院撤销甲公司的放弃债权行为。债权人对于自己享有的债权，完全可以根据自己的意思，决定行使或者放弃。但是，当该债权人另外又是其他债权人的债务人时，如果放弃债权的行为使其他债权人的权利无法实现时，其他债权人享有依法救济的权利。本案中，甲公司放弃对某单位享有的债权，表面上是处分自己的权益，但实际上却损害了乙公司的债权。依照我国《合同法》的规定，乙公司可以行使撤销权，撤销甲公司放弃债权的行为。

(3) 乙公司可以行使代位权。根据《合同法》第七十三条的规定，债权人可享有代位权，在债务人怠于行使自己的到期债权，危及债权人的权利时，债权人可以向人民法院请求以自己的名义代位行使债务人的权利，实现自己的债权。乙公司可以直接向某单位行使代位权。

3.5 合同的终止

▶▶ 引例3.5

合同终止与合同中止有何区别？

3.5.1 合同终止概述

合同权利和义务终止也称合同终止，是指当事人之间根据合同确定的权利和义务在客观上不复存在，据此合同不再对双方具有约束力。合同终止是合同效力停止的表现，即合同当事人不再受合同约束。

合同的终止是随着一定法律事实发生的，与合同中止不同之处在于，合同中止只是在法定的特殊情况下，当事人暂时停止履行合同，当这种特殊情况消失以后，当事人仍然承担继续履行的义务；而合同的终止是合同关系的消灭，不可能恢复。

按照《合同法》第九十一条的规定，有下列情形之一的，合同的权利义务终止。

(1) 债务已经按照约定履行。
(2) 合同解除。
(3) 债务相互抵销。
(4) 债务人依法将标的物提存。
(5) 债权人免除债务。
(6) 债权债务同归于一人。
(7) 法律规定或者当事人约定终止的其他情形。

3.5.2 合同已按照约定履行

合同已按照约定履行即清偿。清偿是指通过履行，合同当事人按照合同的约定实现债权。该债权即因达到目的而消灭，相应的合同债务随之消灭，即合同因履行而终止。

其含义与履行相同，但履行侧重于合同动态的过程，而清偿则侧重于合同静态的实现结果。

清偿是合同的权利和义务终止的最主要、最常见的原因。在建设工程合同中，双方当事人按照合同约定，各自完成了自己的义务、实现了自己的权利，就是清偿。清偿一般由债务人为之，也可能由债务人的代理人或者第三人进行合同的清偿。清偿的标的物一般是合同规定的标的物，但是债权人同意，也可用合同规定的标的物以外的物品来清偿其债务。

3.5.3 合同解除

1. 合同解除的概念

合同解除是指对已经发生法律效力，但尚未履行或者未完全履行的合同，因当事人一方的意思表示或者双方的协议而使债权、债务关系提前归于消灭的行为。合同解除包括约定解除、法定解除。

合同一经成立即具有法律的约束力，任何一方都不得擅自解除合同。但是，当事人在订立合同后，由于主观和客观情况的变化，有时会发生原合同的全部履行或部分履行而成为不必要或不可能的情况。在这种情况下，需要解除合同，以减少不必要的经济损失或获得更好的经济效益，以有利于稳定和维护正常的市场经济秩序。因此，在符合法定条件下，允许当事人依照法定程序解除合同。

2. 约定解除合同

约定解除是当事人通过行使约定的解除权或者双方协商决定而进行的合同解除。

(1) 协商解除，即合同当事人双方经协商后，一致同意解除合同，而不是单方行使解除权的解除。

(2) 合同约定解除权的解除，即当事人在合同中约定有解除合同的条件，当合同成立之后，全部履行之前，由当事人一方在某种条件出现后享有解除权，从而终止合同关系。

合同的这两种约定解除有很大的不同。合同的协商解除一般是合同已开始履行后进行的规定，且必然导致合同的解除；而合同约定解除权的解除则是合同履行前的约定，它不一定导致合同的真正解除，因为解除合同的条件不一定。

3．法定解除合同

法定解除是解除条件直接由法律规定的合同解除。当法律规定的解除条件具备时，当事人可以解除合同。它与合同约定解除权的解除都是在具备一定解除条件时，由一方行使解除权；区别则在于解除条件的来源不同。

《合同法》第九十四条规定，有下列情形之一的，当事人可以解除合同。

(1) 因不可抗力致使不能实现合同目的。

(2) 在履行期限届满之前，当事人一方明确表示或者以自己的行为表明不履行主要债务。

(3) 当事人一方迟延履行主要债务，经催告后在合理期限内仍未履行。

(4) 当事人一方迟延履行债务或者有其他违约行为致使不能实现合同目的。

(5) 法律规定的其他情形。

4．合同解除的法律后果

当事人一方依照法定解除的规定主张解除合同的，应当通知对方。合同自通知到达对方时解除。对方有异议的，可以请求人民法院或者仲裁机构确认解除合同的效力。法律、行政法规规定解除合同应当办理批准、登记等手续的，则应在办理完相应的手续后解除。

> **特别提示**
>
> 合同解除后，尚未履行的，终止履行；已经履行的，根据履行情况和合同性质，当事人可以要求恢复原状或采取其他补救措施，并有权要求赔偿损失。合同的权利和义务终止，不影响合同中结算和清理条款的效力。

3.5.4 债务相互抵销

债务相互抵销是指两个人彼此互负债务，各以其债权充当债务的清偿，使双方的债务在等额范围内归于消灭。债务抵销可以分为法定债务抵销和约定债务抵销两类。

1．法定债务抵销

法定债务抵销是指当事人互负到期债务。该债务标的物的种类、品质相同的，任何一方可以将自己的债务与对方的债务抵销。法定债务抵销的条件如下。

(1) 当事人双方互负到期债务。

(2) 债务标的物的种类、品质相同。

符合这些条件的互负债务，除了法律规定或者合同性质决定不能抵销的以外，当事人都可以互相抵销。

当事人主张抵销的，应当通知对方。通知自到达对方时生效。抵销不得附条件或者附期限。

2. 约定债务抵销

约定债务抵销是指当事人经协商一致而发生的抵销。约定债务抵销的债务要求不高，标的物的种类、品质可以不相同，但要求当事人必须协商一致。

▶▶归纳小结

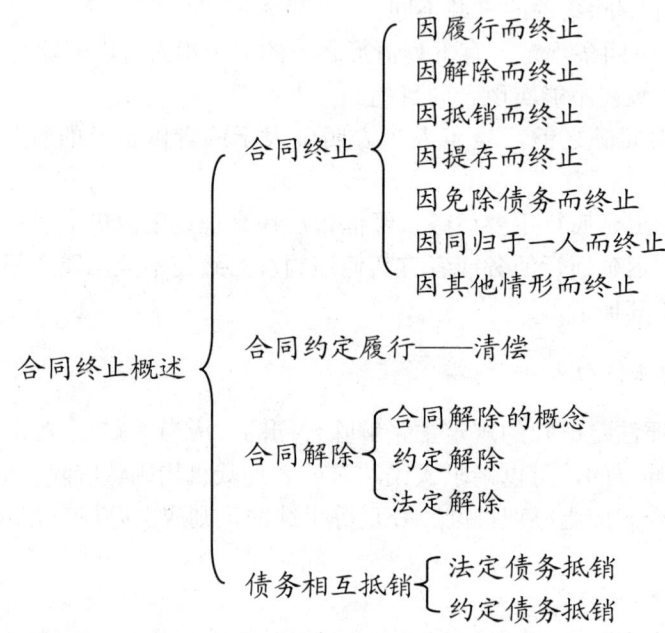

▶▶引例 3.5 小结

合同的终止，即合同的权利和义务终止，是指合同当事人之间的权利、义务关系归于消灭，在客观上不复存在。合同的终止必须符合法律规定。

合同中止履行是指债务人依法行使抗辩权拒绝债权人的履行请求，使合同权利、义务关系暂处于停止状态。在合同中止履行期间，权利、义务关系依然存在，在抗辩权消灭后，合同的权利、义务关系恢复原来的效力。

3.6 违约责任

▶▶引例 3.6

某施工单位与建设单位签订了一个施工承包合同。合同中约定 2005 年 10 月 1 日竣工。2005 年 8 月 1 日，该地区发生了地震，使得在建的工程坍塌，导致施工单位没能按时交付工程。这种情况下，施工单位没能按时交付工程是不是违约？

3.6.1 违约责任的概念

违约责任是指当事人任何一方不履行合同义务或者履行合同义务不符合约定而应当承担的法律责任。

违约行为的表现形式包括不履行和不适当履行。不履行是指当事人不能履行或者拒绝履行合同义务,不适当履行则包括不履行以外的其他所有违约情况。当事人一方不履行合同义务,或履行合同义务不符合约定的,应当承担继续履行、采取补救措施、赔偿损失等违约责任。当事人双方都违反合同的,应各自承担相应的责任。

对于违约产生的后果,并非一定要等到合同义务全部履行后才追究违约方的责任。按照《合同法》的规定对于预期违约的,当事人也应当承担责任。预期违约是指在履行期限届满之前,当事人一方明确表示或者以自己的行为表明不履行合同的义务,对方可以在履行期限届满之前要求其承担违约责任。这是《合同法》严格责任原则的重要体现。

> **知识链接**
>
> 违约责任制度,在合同法律制度中具有重要地位。违约责任制度的规定目的如下。
> (1) 加强合同当事人履行合同的责任心。
> (2) 保护当事人的合法权益。
> (3) 预防和减少违反合同现象的发生。

3.6.2 承担违约责任的条件和原则

1. 承担违约责任的条件

当事人承担违约责任的条件,是指当事人承担违约责任应当具备的要件。按照《合同法》的规定,承担违约责任的条件采用严格责任原则,只要当事人有违约行为,即当事人不履行合同或者履行合同不符合约定的条件,就应当承担违约责任。

严格责任原则还包括,当事人一方因第三人的原因造成违约时,应当向对方承担违约责任。第三方造成的违约行为虽然不是当事人的过错,但客观导致了违约行为,只要不是由不可抗力原因造成的,应属于当事人可能预见的情况。为了严格合同责任,故签订的合同归于当事人应承担的违约责任范围。承担违约责任后,与第三人之间的纠纷再按照法律或当事人与第三人之间的约定解决。例如,施工过程中,承包人因发包人委托设计单位提供的图纸错误而导致损失后,发包人应首先给承包人以相应损失的补偿,然后再依据设计合同追究设计承包人的违约责任。

> **特别提示**
>
> 违反合同而承担的违约责任,是以合同有效为前提的。无效合同从订立之时起就没有法律效力,所以谈不上违约问题。但对部分无效合同中有效条款的不履行,仍应承担违约责任。所以,当事人承担违约责任的前提,必须违反了有效的合同或合同条款的有效部分。

2. 承担违约责任的原则

《合同法》规定的承担违约责任是以补偿性为原则的。补偿性是指违约责任旨在弥补或者弥补因违约行为造成的损失。对于财产损失的赔偿范围,《合同法》规定,赔偿损失额应相当于因违约行为所造成的损失,包括合同履行后可获得的利益。

但是,违约责任在有些情况下也具有惩罚性。例如,合同约定了违约金,违约行为没有造成损失或者损失小于约定的违约金;约定了定金,违约行为没有造成损失或者损失小于约定的定金等。

3.6.3 承担违约责任的方式

1. 继续履行

继续履行是指违反合同的当事人不论是否承担了赔偿金或者承担了其他形式的违约责任,都必须根据对方的要求,在自己能够履行的条件下,对合同未履行的部分继续履行。因为订立合同的目的就是通过履行实现当事人的目的,从立法角度,应当鼓励和要求合同的实际履行。承担赔偿金或者违约金责任不能免除当事人的履约责任。

特别是金钱债务,违约方必须继续履行,因为金钱是一般等价物,没有别的方式可以替代履行。当事人一方未支付价款或者报酬的,对方可以要求其支付价款或者报酬。

当事人一方不履行非金钱债务或者履行非金钱债务不符合约定的,对方可以要求履行。但有下列情形之一的除外。

(1) 法律上或者事实上不能履行。
(2) 债务的标的不适于强制履行或者履行费用过高。
(3) 债权人在合理期限内未要求履行。

当事人就迟延履行约定违约金的,违约方支付违约金后,还应当履行债务。这也是承担继续履行违约责任的方式。例如,施工合同中约定了延期竣工的违约金,承包人没有按照约定期限完成施工任务,承包人应当支付延期竣工的违约金,但发包人仍然有权要求承包人继续施工。

2. 采取补救措施

所谓的补救措施是指在当事人违反合同的事实发生后,为防止损失发生或者扩大,而由违反合同一方依照法律规定或者约定采取的修理、更换、重新制作、退货、减少价格或者报酬等措施,以给权利人弥补或者挽回损失的责任形式。采取补救措施的责任形式,主要发生在质量不符合约定的情况下。建设工程合同中,采取补救措施是施工单位承担违约责任常用的方法。

> **知识链接**
>
> 采取补救措施的违约责任,在应用时应把握以下问题:第一,对于质量不合格的违约责任,有约定的,从其约定;没有约定或约定不明的,双方当事人可再协商确定;如果不能通过协商达成违约责任的补充协议的,则按照合同有关条款或者交易习惯确定。以上方法都不能确定违约责任时,可使用《合同法》的规定,即质量要求不明确的,按照国家标准、行业标准履行;没有国家标准、行业标准的,按照通常标准或者符合合同目的的特定标准履行。但是,由于建设工程中的质量标准往往都是强制性

的，因此，当事人不能约定低于国家标准、行业标准的质量标准。第二，在确定具体的补救措施时，应根据建设项目性质以及损失的大小，选择适当的补救方式。

3. 赔偿损失

当事人一方不履行合同义务或者履行合同义务不符合约定的，在履行义务或者采取补救措施后，对方还有其他损失的，应当赔偿损失。损失赔偿额应相当于因违约所造成的损失，包括合同履行后可以获得的利益，但不得超过违反合同一方订立合同时预见或应当预见的因违反合同可能造成的损失。这种方式是承担违约责任的主要方式。因为违约一般都会给当事人造成损失，赔偿损失是守约者避免损失的有效方式。

当事人一方不履行合同义务或者履行合同义务不符合约定，在履行义务或采取补救措施后，对方还有其他损失的，应承担赔偿责任。当事人一方违约后，对方应当采取适当措施防止损失的扩大，没有采取措施致使损失扩大的，不得就扩大的损失请求赔偿，当事人因防止损失扩大而支出的合理费用，由违约方承担。

4. 支付违约金

当事人可以约定一方违约时，应当根据违约情况向对方支付一定数额的违约金，也可以约定因违约产生的损失额的赔偿办法。约定违约金低于造成损失的，当事人可以请求人民法院或仲裁机构予以增加；约定违约金过分高于造成损失的，当事人可以请求人民法院或仲裁机构予以适当减少。

违约金与赔偿损失不能同时采用。如果当事人约定了违约金，则应当按照支付违约金承担违约责任。

5. 定金罚则

当事人可以约定一方向对方给付定金作为债权的担保。债务人履行债务后，定金应当抵作价款或收回。给付定金的一方不履行约定债务的，无权要求返还定金；收受定金的一方不履行约定债务的，应当双倍返还定金。

当事人既约定违约金，又约定定金的，一方违约时，对方可以选择适用违约金或定金条款。但是，这两种违约责任不能合并使用。

3.6.4 因不可抗力无法履约的责任承担

不可抗力是指不能预见、不能避免并且不能克服的客观情况。不可抗力一般包括如下情况。

(1) 自然事件，如地震、洪水、火山爆发、海啸等。
(2) 社会事件，如战争、暴乱、骚乱等。
(3) 特定的政府行为等。

《合同法》规定，当事人一方因不可抗力不能履行合同的，应当及时通知对方，以减轻可能给对方造成的损失，并应当在合理期限内提供证明。

当事人一方违约后，对方应当采取适当措施防止损失的扩大；没有采取适当措施致使损失扩大的，不得就扩大的损失要求赔偿。

当事人因防止损失扩大而支出的合理费用，由违约方承担。

因不可抗力不能履行合同的，根据不可抗力的影响，部分或全部免除责任。当事人延迟履行后发生的不可抗力，不能免除责任。当事人因不可抗力不能履行合同的，应当及时通知对方，以减轻给对方造成的损失，并应当在合理的期限内提供证明。

当事人可以在合同中约定不可抗力的范围。为了公平的目的，避免当事人滥用不可抗力的免责权，约定不可抗力的范围是必要的。在有些情况下还应当约定不可抗力的风险分担责任。

▶▶归纳小结

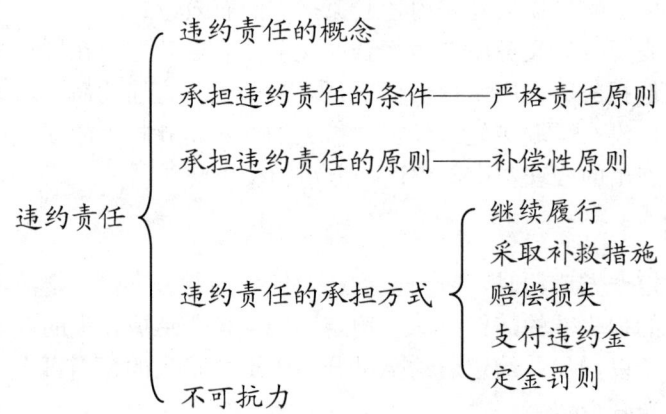

▶▶引例 3.6 小结

这是违约。尽管发生地震不是施工单位的过错，但是由于施工单位没能够按照合同的约定按时交付工程，即客观上存在违约的事实，即构成违约。但由于这个违约行为是由于不可抗力所导致，施工单位可以申请免除责任或者部分免除责任。免除其违约责任并不意味着它没有违约，因为只有先确定为违约，并确定为应该承担违约责任，才能谈得到违约责任的免除问题。

3.7 合同的担保

▶▶引例 3.7

据有关媒体报道，2006 年 6 月 20 日，长春 30 余名老人因所在单位拖欠薪水，将单位抵押给他们的一辆奔驰轿车用绳索拉走，当街叫卖。这些老人有无权利将该车卖出？

3.7.1 担保的概念

担保是指当事人根据法律规定或者双方约定，为促使债务人履行债务实现债权人的权利的法律制度。合同当事人可能会由于对方的违约而无法实现自身的利益。合同担保可以有效保障守约方利益。

担保活动应当遵循平等、自愿、公平、诚实信用的原则。

特别提示

担保通常由当事人双方订立担保合同。担保是伴随着主债务的产生而产生的,担保合同是被担保合同的从合同,被担保合同是主合同,主合同无效,从合同也无效。但担保合同另有约定的按照约定。

3.7.2 担保方式

担保方式有保证、抵押、质押、留置和定金。

1. 保证

1) 保证的概念和方式

保证是指保证人和债权人约定,当债务人不履行债务时,保证人按照约定履行债务或者承担责任的行为。保证法律关系至少有三方参加,即保证人、被保证人(债务人)和债权人。

保证的方式有两种,即一般保证和连带责任保证。

一般保证是指当事人在保证合同中约定,债务人不能履行债务时,由保证人承担责任的保证。一般保证的保证人在主合同纠纷未经审判或者仲裁,并就债务人财产依法强制执行仍不能履行债务前,对债权人可以拒绝承担担保责任。

连带责任保证是指当事人在保证合同中约定保证人与债务人对债务承担连带责任的保证。连带责任保证的债务人在主合同规定的债务履行期届满没有履行债务的,债权人可以要求债务人履行债务,也可以要求保证人在其保证范围内承担保证责任。

特别提示

在具体合同中,担保方式由当事人约定,如果当事人没有约定或者约定不明确的,则按照连带责任保证承担保证责任。这是对债权人权利的有效保护。

2) 保证人的资格

具有代为清偿债务能力的法人、其他组织或者公民,可以作为保证人。但是,以下组织不能作为保证人。

(1) 企业法人的分支机构、职能部门。企业法人的分支机构有法人书面授权的,可以在授权范围内提供保证。

(2) 国家机关。经国务院批准为使用外国政府或者国际经济组织贷款进行转贷的除外。

(3) 学校、幼儿园、医院等以公益为目的的事业单位和社会团体。

3) 保证合同的内容

保证合同应包括以下内容。

(1) 被保证的主债权种类、数额。

(2) 债务人履行债务的期限。

(3) 保证的方式。

(4) 保证担保的范围。

(5) 保证的期间。

(6) 双方认为需要约定的其他事项。

4) 保证责任

保证担保的范围包括主债权及利息、违约金、损害赔偿金及实现债权的费用。保证合同另有约定的，按照约定。当事人对保证担保的范围没有约定或者约定不明确的，保证人应当对全部债务承担责任。一般保证的保证人未约定保证期间的，保证期间为主债务履行期届满之日起 6 个月。

保证期间债权人与债务人协议变更主合同或者债权人许可债务人转让债务的，应当取得保证人的书面同意，否则保证人不再承担保证责任。保证合同另有约定的按照约定。

2. 抵押

1) 抵押的概念

抵押是指债务人或者第三人向债权人以不转移占有的方式提供一定的财产作为抵押物，用以担保债务履行的担保方式。债权人不履行债务时，债权人有权依照法律规定以抵押物折价或者从变卖抵押物的价款中优先受偿。其中债务人或者第三人称为抵押人，债权人称为抵押权人，提供担保的财产为抵押物。

2) 抵押物

债务人或者第三人提供担保的财产为抵押物。由于抵押物是不转移占有的，因此能够成为抵押物的财产必须具备以下条件。

(1) 抵押人所有的房屋和其他地上定着物。

(2) 抵押人所有的机器、交通运输工具和其他财产。

(3) 抵押人依法有权处分的国有土地使用权、房屋和其他地上定着物。

(4) 抵押人依法有权处置的国有机器、交通运输工具和其他财产。

(5) 抵押人依法承包并经发包人同意抵押的荒山、荒沟、荒丘、荒滩等荒地的土地使用权。

(6) 依法可以抵押的其他财产。

下列财产不得抵押。

(1) 土地所有权。

(2) 耕地、宅基地、自留地、自留山等集体所有的土地使用权。

(3) 学校、幼儿园、医院等以公益为目的的事业单位与社会团体的教育设施，医疗卫生设施，以及其他社会公益设施。

(4) 所有权、使用权不明或者有争议的财产。

(5) 依法被查封、扣押、监管的财产。

(6) 依法不得抵押的其他财产。

当事人以土地使用权、城市房地产、林木、航空器、船舶、车辆等财产做抵押的，应当办理抵押物登记，抵押合同自登记之日起生效。当事人以其他财产做抵押的，可以自愿办理抵押物登记，抵押合同自签订之日起生效。当事人未办理抵押物登记的，不得对抗第三人。

办理抵押物登记，应当向登记部门提供主合同、抵押合同、抵押物的所有权或者使用权证书。

3) 抵押的效力

抵押担保的范围包括主债权及利息、违约金、损害赔偿金和实现抵押权的费用。当事人也可以约定抵押担保的范围。

抵押人有义务妥善保管抵押物并保证其价值。抵押期间，抵押人转让已办理登记的抵押物，应当通知抵押权人并告知受让人转让物已经抵押的情况。否则，该转让行为无效。抵押人转让抵押物的价款，应当向抵押权人提前清偿所担保的债权或者向与抵押权人约定的第三人提存。超过债权的部分归抵押人所有，不足部分由债务人清偿。转让抵押物的价款不得明显低于其价值。抵押人的行为足以使抵押物价值减少的，抵押权人有权要求抵押人停止其行为。

抵押权与其担保的债权同时存在，抵押权不得与债权分离而单独转让或者作为其他债权的担保。

4) 抵押权的实现

债务履行期届满抵押权人未受清偿的，可以与抵押人协议以抵押物折价或者以拍卖、变卖该抵押物所得的价款受偿；协议不成的，抵押权人可以向人民法院提起诉讼。抵押物折价或者拍卖、变卖后，其价款超过债权数额的部分归抵押人所有，不足部分由债务人清偿。

同一财产向两个以上债权人抵押的，拍卖、变卖抵押物所得的价款按照以下规定清偿。

(1) 抵押合同已登记生效的，按抵押物登记的先后顺序清偿；顺序相同的，按照债权比例清偿。

(2) 抵押合同自签订之日起生效的，如果抵押物是登记的，按照合同生效的先后顺序清偿；顺序相同的，按照债权比例清偿。抵押物已登记的先于未登记的受偿。

3. 质押

1) 质押的概念

质押是指债务人或者第三人将其动产或权利移交债权人占有，用以担保债权履行的担保。质权是一种约定的担保物权，以转移占有为特征。

2) 质押的分类

质押可分为动产质押和权利质押。

动产质押是指债务人或者第三人将其动产移交债权人占有，将该动产作为债权的担保。能够用做质押的动产没有限制。

权利质押一般是将权利凭证交付质押人的担保。可以质押的权利包括以下几方面。

(1) 汇票、支票、本票、债券、存款单、仓单、提单。

(2) 依法可以转让的股份、股票。

(3) 依法可以转让的商标专用权、专利权、著作权中的财产权。

(4) 依法可以质押的其他权利。

4. 留置

留置是指债权人按照合同约定占有对方(债务人)的财产，当债务人不能按照合同约定期限履行债务时，债权人有权依照法律规定留置该财产并享有处置该财产得到优先受偿的权利。

注意以下几方面。

(1) 留置权以债权人合法占有对方财产为前提，并且债务人的债务已经到了履行期。

例如，在承揽合同中，定作方逾期不领取其定作物的，承揽方有权将该定作物折价、拍卖、变卖，并从中优先受偿。

(2) 由于留置是一种比较强烈的担保方式，必须依法行使，不能通过合同约定产生留置权。依《中华人民共和国担保法》(以下简称《担保法》)规定，能够留置的财产仅限于动产，且只有因保管合同、运输合同、加工承揽合同发生的债权，债权人才有可能实施留置。

5. 定金

定金是指当事人双方为了保证债务的履行，约定由当事人一方先行支付给对方一定数额的货币作为担保。定金的数额由当事人约定，但不得超过主合同标的额的 20%。定金合同要采用书面形式，并在合同中约定交付定金的期限，定金合同从实际交付定金之日生效。债务人履行债务后，定金应当抵作价款或者收回。

> **特别提示**
> 给付定金的一方不履行约定的债务的，无权要求返还定金；收受定金的一方不履行约定的债务的，应当双倍返还定金。

3.7.3 保证在建设工程中的应用

在建设工程中，保证是最常用的担保方式。保证是必须由合同双方当事人以外的第三人作为保证人的担保形式。由于对保证人的信誉要求比较高，建设工程中的保证人往往是银行，也可能是信用较高的其他担保人，如担保公司。这种保证应当是采用书面形式的。在建设工程中习惯把银行出具的保证称为保函，而把其他保证人出具的书面保证称为保证书。

1. 施工投标保证

施工项目的投标担保应当在投标时提供，担保方式可以是由投标人提供一定数额的保证金；也可以提供第三人的信用担保(保证)，一般是由银行或者担保公司向招标人出具投标保函或者投标保证书。在下列情况下可以没收投标保证金或要求承保的担保公司或银行支付投标保证：①投标人在投标有效期内撤销投标书；②投标人在业主已正式通知其投标已接受中标后，在投标有效期内未能或拒绝按"投标人须知"规定，签订合同协议或递交履约保函。

投标保证的有效期一般是从投标截止日起至确定中标人止。若由于评标时间过长，而使保证到期，招标人应当通知投标人延长保函或者保证书有效期。投标保函或者保证书在评标结束之后应退还给投标人，一般在两种情况：①未中标的投标人可向招标人索回投标保函或者保证书，以便向银行或者担保公司办理注销或使押金解冻；②中标的投标人在签订合同时，向业主提交履约担保，招标人即可退回投标保函或者保证书。

2. 施工合同的履约保证

施工合同的履约保证，是为了保证施工合同的顺利履行而要求承包人提供的担保。《招标投标法》第四十六条规定："招标文件要求中标人提交履约保证金的，中标人应当提交。"

在建设项目的施工招标中，履约担保的方式可以是提交一定数额的履约保证金；也可以提供第三人的信用担保(保证)，一般是由银行或者担保公司向招标人出具履约保函或者保证书。

履约保函或者保证书是承包人通过银行或者担保公司向发包人开具的保证，在合同执行期间按合同规定履行其义务的经济担保书。保证金额一般为合同总额的5%～10%。履约保证的担保责任，主要是担保投标人中标后，将按照合同规定，在工程全过程，按期限、按质量履行义务。若发生下列情况，发包人有权凭履约保证向银行或者担保公司索取保证金作为赔偿：施工过程中，承包人中途毁约，或任意中断工程，或不按规定施工；承包人破产、倒闭。

履约保证的有效期限从提交履约保证起，到项目竣工并验收合格止。如果工程拖期，不论何种原因，承包人都应与发包人协商，并通知保证人延长保证有效期，防止发包人借故提款。

3. 施工预付款保证

由于建设工程施工中承包人是不垫资承包的，因此，发包人一般应向承包人支付预付款，帮助承包人解决前期施工资金周转的困难。预付款担保是承包人提交的、为保证返还预付款的担保。预付款担保都是采用由银行出具保函的方式提供。

预付款保证的有效期从预付款支付之日起至发包人向承包人全部收回预付款之日止。担保金额应当与预付金额相同，预付款在工程的进展过程中每次结算工程款(中间支付)分次返还时，经发包人出具相应文件担保金额也应当随之减少。

▶▶ 归纳小结

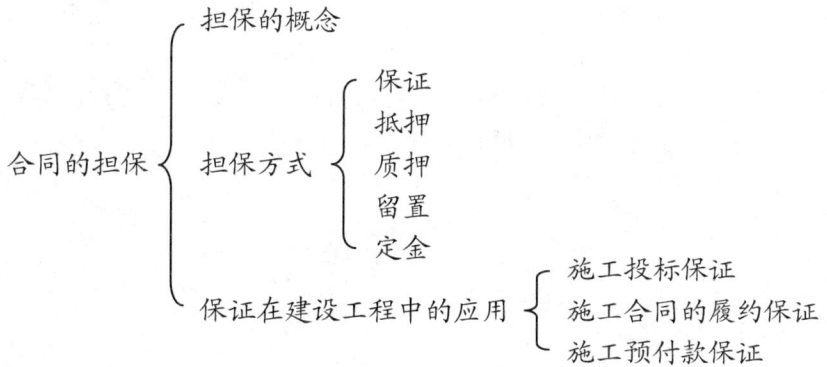

▶▶ 引例3.7 小结

本案涉及抵押权问题。所谓抵押权是指债权人对于债务人或第三人提供的作为债务履行担保的财产，于债务人不履行债务时，享有就其卖得价金优先受偿的权利。在本案中，单位拖欠老人工资，单位是债务人，老人是债权人。单位与老人约定，将单位所有的奔驰车抵押给老人。此时，老人是抵押权人。但老人并没有获得该车的所有权。即使在单位到期不履行债务时，老人也不能获得奔驰车的所有权，仅享有就该车卖得价金优先受偿的权利。所以，单位到期不履行债务时，抵押权人不得自行将该车卖掉。虽然这些老人的处境很令人同情,但是他们私下强行行使抵押权却是违法行为。就本案而言,老人可以依法将该车拍卖、变卖;也可与抵押人协议以抵押物折价,取得该车所有权。

本 章 小 结

1. 合同是平等主体的自然人、法人、其他组织之间设立、变更、终止民事权利义务关系的协议。《合同法》的基本原则:①平等原则;②自愿原则;③公平原则;④诚实信用原则;⑤遵守法律法规和公序良俗原则。《合同法》的基本分类为15类。

2. 按照合同的表现形式,合同可分为书面合同、口头合同及默示合同。当事人订立合同,采用要约、承诺方式。缔约过失责任既不同于违约责任,也有别于侵权责任,是一种独立的责任。

3. 合同生效是指合同具备生效条件而产生法律效力。有些合同的效力较为复杂,不能直接判断是否生效,而与合同的一些后续行为有关。这类合同即为效力待定的合同。它包括限制民事行为能力人订立的合同,无代理权人订立的合同,表见代理人订立的合同,无处分权人处分他人财产订立的合同,法定代表人、负责人越权订立的合同。

4. 合同履行是指合同各方当事人按照合同的规定,全面履行各自的义务,实现各自的权利,使各方的目的得以实现的行为。合同变更是指当事人对已经发生法律效力,但尚未履行或尚未完全履行的合同,进行修改或补充所达成的协议。

5. 合同终止是指当事人之间根据合同确定的权利和义务在客观上不复存在,据此合同不再对双方具有约束力。

6. 违约责任是指当事人任何一方不履行合同义务或者履行合同义务不符合约定而应当承担的法律责任。

7. 担保是指当事人根据法律规定或者双方约定,为促使债务人履行债务实现债权人的权利的法律制度。担保方式有保证、抵押、质押、留置和定金。

复习思考题

一、简答题

1.《合同法》遵守的基本原则有哪些?
2. 合同应具备的主要条款有哪些?
3. 要约撤回和要约撤销有什么区别?
4. 承担缔约过失责任的情况有哪些?
5. 无效合同和可撤销的合同有什么区别?
6. 在履行合同中对合同不完善的补救措施有哪些?
7. 合同履行中的抗辩权有哪些?

8. 合同的终止有哪几种形式?
9. 担保常见方式有哪几种?

二、案例题

1. 某市一家贸易公司因建造一栋大楼急需水泥,基建处遂向本省的甲水泥厂、乙水泥厂及原告丙水泥厂发出函电。函电中称:"我公司急需 $PO_{32.5}$ 级的水泥 100 吨,如贵厂有货,请速来函电,我公司愿派人前往购买。"三家水泥厂在收到函电之后,都先后向该贸易公司回复了函电,并且在函电中告知备有现货以及水泥的价格。而丙水泥厂在发出函电的同时,也派车给贸易公司送去了 50 吨水泥。在该批水泥送达之前,贸易公司得知乙水泥厂所产的水泥质量较好,且价格合理,因此,向乙水泥厂发去函电称:"我公司愿购买贵厂 100 吨 150 型号水泥,盼速发货,运费由我公司负担。"在发出函电后第二天上午,乙水泥厂发函称已准备发货。下午,丙水泥厂将 50 吨水泥送到,贸易公司告知丙水泥厂,他们已决定购买乙水泥厂的水泥,因此不能接收丙水泥厂送来的水泥。丙水泥厂认为,该贸易公司拒收货物已构成违约,双方协商不成,丙水泥厂遂向法院起诉。

请问:(1) 该贸易公司向三家水泥厂分别发函的行为,在合同法上属于什么行为?三家水泥厂回函的行为是什么行为?贸易公司第二次向乙水泥厂发函的行为是什么行为?贸易公司与乙水泥厂之间的买卖合同是否成立?为什么?

(2) 丙水泥厂与贸易公司之间的买卖合同是否成立?

2. 2008 年 8 月 21 日,某机械进出口公司(买方)与国外某机械公司(卖方)签订了一份购销工程机械的合同。合同规定:由卖方供给买方某型号的工程机械 50 台,每台售价 50 万元,共计 2000 万元。交货日期为 2008 年 12 月底,买方应将货款于 2008 年 11 月 20 日前交给卖方在其本国的开户银行。合同订立后不久,买方从当年 11 月 4 日的一张海外报纸上看到一篇报道得知卖方已濒临破产,考虑到如果再汇款给供方,必然会造成重大的经济损失。于是在 11 月 6 日,买方向卖方发出拒付贷款的通知,要求卖方提供担保后再履行于 11 月 20 日前付款的义务。卖方接到买方的函后,立即回函指责买方违约,并要求买方立即履行合同。卖方还在函中称如果买方不尽快汇款,将追究买方的违约责任。

请问:(1) 买方能不能行使不安抗辩权?
(2) 行使不安抗辩权的法律后果是什么?

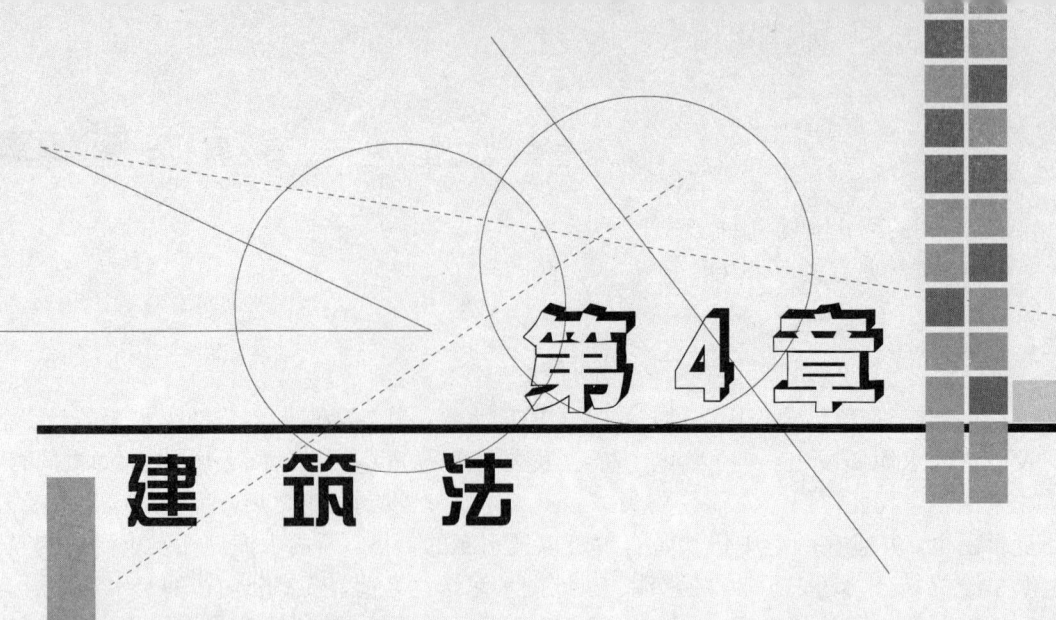

第4章 建筑法

教学目标

通过学习本章重点应掌握工程发包、承包、分包制度。理解施工许可制度、企业资质等级许可制度,了解专业人员执业资格制度。

教学要求

知识要点	能力要求	相关知识	所占分值(100分)	自评分数
施工许可制度	1. 掌握施工许可证申领条件 2. 掌握不需申领施工许可证的工程类型 3. 了解施工许可证管理	施工许可制度	10	
企业资质等级许可制度	1. 了解建筑业企业资质等级划分 2. 了解工程勘察企业资质等级划分 3. 了解工程设计企业资质等级划分 4. 了解工程监理企业资质等级划分	建筑、勘察、设计、监理企业资质等级	15	
专业人员执业资格制度	1. 知道专业人员执业资格种类 2. 专业人员执业资格共同点	专业人员执业资格种类和共同点	10	
工程发包制度	1. 掌握工程发包方式 2. 理解工程总承包含义 3. 理解禁止肢解发包和指定采购	发包方式、总承包、肢解发包	20	
工程承包制度	1. 理解承包商资质等级许可 2. 掌握联合承包 3. 理解禁止转包	承包商资质等级许可、联合承包、转包	15	
工程分包制度	1. 掌握对分包单位的认可 2. 理解违法分包	对分包单位的认可、违法分包	15	
工程监理制度	1. 掌握强制监理工程范围 2. 掌握监理依据、内容、权限	强制监理工程范围、监理依据、内容、权限	15	

建筑法 第4章

章节导读

《建筑法》于1997年11月1日由中华人民共和国第八届全国人民代表大会常务委员会第二十八次会议通过，于1997年11月1日发布，自1998年3月1日起施行。

《建筑法》的立法目的在于加强对建筑活动的监督管理，维护建筑市场秩序，保证建筑工程的质量和安全，促进建筑业健康发展。《建筑法》共包括八十五条，分别从建筑许可、建筑工程发包与承包、建筑工程监理、建筑安全生产管理、建筑工程质量管理等方面做出了规定。

4.1 施工许可制度

▶▶引例 4.1

甲房地产开发公司将一住宅小区工程以施工总承包方式发包给乙建筑公司，乙建筑公司又将其中场地平整及土石方工程分包给丙公司。那么在工程开工前，应由哪个公司申请领取施工许可证？

4.1.1 施工许可制度的概念

施工许可制度，是指由国家授权有关建设行政主管部门，在建筑工程施工前，依建设单位申请，对该项工程是否符合法定的开工条件进行审查，对符合条件的工程发给施工许可证，允许建设单位开工建设的制度。

我国实行建筑工程施工许可制度，一方面有利于确保建筑工程在开工前符合法定条件，进而为其开工后顺利实施奠定基础；另一方面也有利于有关行政主管部门全面掌握建筑工程的基本情况，依法及时有效地实施监督和指导，保证建筑活动依法进行。

4.1.2 建设单位申请领取施工许可证应具备的法定条件

建筑工程开工前，建设单位应当按照国家有关规定向工程所在地县级以上人民政府建设行政主管部门申请领取施工许可证。《建筑法》规定建设单位申请领取施工许可证时，应当具备一系列前提条件，具体如下所述。

1. 已经办理该建筑工程用地批准手续

根据《中华人民共和国土地管理法》的有关规定，任何单位和个人进行建设，需要使用土地的，必须依法申请使用土地。其中需要使用国有建设用地的，应当向有批准权的土地行政主管部门申请，经其审查，报本级人民政府批准。

2. 在城市规划区的建筑工程，已经取得规划许可证

1) 以划拨方式提供国有土地使用权的建设项目用地规划许可证

在城市、镇规划区内以划拨方式提供国有土地使用权的建设项目，经有关部门批准、核准、备案后，建设单位应当向城市、县人民政府城乡规划主管部门提出建设用地规划许可申请，由城市、县人民政府城乡规划主管部门依据控制性详细规划核定建设用地的位置、

面积、允许建设的范围，核发建设用地规划许可证。建设单位在取得建设用地规划许可证后，方可向县级以上地方人民政府土地主管部门申请用地，经县级以上人民政府审批后，由土地主管部门划拨土地。

2) 以出让方式提供国有土地使用权的建设项目用地规划许可证

在城市、镇规划区内以出让方式提供国有土地使用权的，在国有土地使用权出让前，城市、县人民政府城乡规划主管部门应当依据控制性进行详细规划，提出出让地块的位置、使用性质、开发强度等规划条件，作为国有土地使用权出让合同的组成部分。未确定规划条件的地块，不得出让国有土地使用权。以出让方式取得国有土地使用权的建设项目，在签订国有土地使用权出让合同后，建设单位应当持建设项目的批准、核准、备案文件和国有土地使用权出让合同，向城市、县人民政府城乡规划主管部门领取建设用地规划许可证。

3. 需要拆迁的，其拆迁进度符合施工要求

很多工程都涉及拆迁，如果拆迁工作进展不顺利，就意味着后续工作无法进行。因此，开始修建工程之前，必须首先解决拆迁的问题。但是，解决拆迁的问题并不意味着必须要拆迁完毕才能施工，而是只要拆迁的进度能够满足后续施工的要求即可。这样可以形成拆迁与施工的流水作业，从而缩短总工期。

4. 已经确定建筑施工企业

确定建筑施工企业是能够开始施工的前提条件。否则将由于不具有开工的可能性而无法获得施工许可证。

> **特别提示**
>
> 建设单位确定建筑施工企业，若发生以下几种情形，则所确定的施工企业无效。
> (1) 按照规定应该招标的工程没有招标。
> (2) 应该公开招标的工程没有公开招标。
> (3) 肢解发包工程。
> (4) 将工程发包给不具备相应资质条件的企业。

5. 有满足施工需要的施工图纸及技术资料

按照设计深度不同，设计文件可以分为方案设计文件、初步设计文件和施工图设计文件。对以上几类设计文件的要求分别是以下几方面。

(1) 编制方案设计文件，应当满足编制初步设计文件和控制概算的需要。

(2) 编制初步设计文件，应当满足编制招标文件、主要设备材料订货和编制施工图设计文件的需要。

(3) 编制施工图设计文件，应当满足设备材料采购、非标准设备制作和施工的需要，并注明建设工程合理使用年限。

施工图设计文件是进行施工作业的技术依据，是在施工过程中保证建筑工程质量的关键因素。因此，在开工前必须有满足施工需要的施工图纸和技术资料。鉴于施工图设计文件对工程质量的重要性。建设单位应当将施工图设计文件报县级以上人民政府建设行政主管部门或者其他有关部门审查。施工图设计文件未经审查批准的，不得使用。

建设单位在申请领取施工许可证时，除了应当"有满足施工需要的施工图纸及技术资料"，还应满足"施工图设计文件已按规定进行了审查"。

6. 有保证工程质量和安全的具体措施

建设单位在领取施工许可证或者开工报告之前,应当按照国家有关规定办理工程质量监督手续。建设单位在领取施工许可证时,应当提供建设工程有关安全施工措施的资料;建设行政主管部门在审核发放施工许可证时,应当对建设工程是否有安全措施进行审查,对没有安全施工措施的,不得颁发施工许可证。

7. 建设资金已经落实

建筑活动需要较多的资金投入,建设单位在建筑工程施工过程中必须拥有足够的建设资金。根据本条规定,申请领取施工许可证时必须有已经落实的建设资金,这是预防拖欠工程款,保证施工顺利进行的基本经济保障。

(1) 建设工期不足一年的,到位资金原则上不得少于工程合同价的50%,建设工期超过一年的,到位资金原则上不得少于工程合同价的30%。

(2) 建设单位应当提供银行出具的到位资金证明,有条件的可以实行银行付款保函或者其他第三方担保。

8. 法律、行政法规规定的其他条件

建筑工程申请领取施工许可证,除了应当具备以上七项条件外,还应当具备其他法律、行政法规规定的有关建筑工程开工的条件。这样规定的目的是为了同其他法律、行政法规的规定相衔接,避免出现法律的空白点。例如,根据《中华人民共和国消防法》(以下简称《消防法》)规定,依法应当经公安机关消防机构进行消防设计审核的建设工程,未经依法审核或者审核不合格的,负责审批该工程施工许可的部门不得给予施工许可,建设单位、施工单位不得施工;其他建设工程取得施工许可后经依法抽查不合格的,应当停止施工。

建设行政主管部门应当自收到申请之日起15日内,对符合条件的申请颁发施工许可证。

> **知识链接**
>
> 不需要申请施工许可证的工程类型如下。
>
> 1. 国务院建设行政主管部门确定的限额以下的小型工程
>
> 所谓的限额以下的小型工程指的是,工程投资额在30万元以下或者建筑面积在300m^{2}以下的建筑工程。省、自治区、直辖市人民政府建设行政主管部门可以根据当地的实际情况,对限额进行调整,并报国务院建设行政主管部门备案。
>
> 2. 按照国务院规定的权限和程序批准开工报告的建筑工程
>
> 开工报告是建设单位依照国家有关规定向计划行政主管部门申请准予开工的文件。为了避免出现同一项建筑工程的开工由不同的政府行政主管部门多头重复审批的现象,本条规定对实行开工报告审批制度的建筑工程,不再领取施工许可证。至于哪些建筑工程实行开工报告审批制度,有关行政主管部门对开工报告的审批权限和审批程序,则应当按照国务院的有关规定执行。
>
> 3. 抢险救灾工程
>
> 由于此类工程的特殊性,《建筑法》明确规定此类工程开工前不需要申请施工许可证。
>
> 4. 临时性建筑
>
> 工程建设中经常会出现临时性建筑,如工人的宿舍、食堂等。这些临时性建筑由于其生命周期短,此类工程不需要申请施工许可证。
>
> 5. 军用房屋建筑
>
> 由于此类工程涉及军事秘密,不宜过多公开信息,军用房屋建筑工程建筑活动的具体管理办法,由国务院、中央军事委员会依据本法制定。

4.1.3 施工许可证或开工报告的管理

颁发给建设单位施工许可证意味着认可了建设单位的开工条件。当这些条件在面临变化的情况下，就存在不再符合开工条件的可能，因此就要废止施工许可证或者对其重新进行核验。

1. 施工许可证废止的条件

建设单位应当自领取施工许可证之日起 3 个月内开工。因故不能按期开工的，应当向发证机关申请延期；延期以两次为限，每次不超过 3 个月。既不开工又不申请延期或者超过延期时限的，施工许可证自行废止。

2. 重新核验施工许可证的条件

在建的建筑工程因故中止施工的，建设单位应当自中止施工之日起一个月内，向发证机关报告，并按照规定做好建筑工程的维护管理工作。

建筑工程恢复施工时，应当向发证机关报告；中止施工满一年的工程恢复施工前，建设单位应当报发证机关核验施工许可证。

3. 重新办理开工报告的条件

按照国务院有关规定批准开工报告的建筑工程，因故不能按期开工或者中止施工的，应当及时向批准机关报告情况。因故不能按期开工并且超过 6 个月的，应当重新办理开工报告的批准手续。

▶▶归纳小结

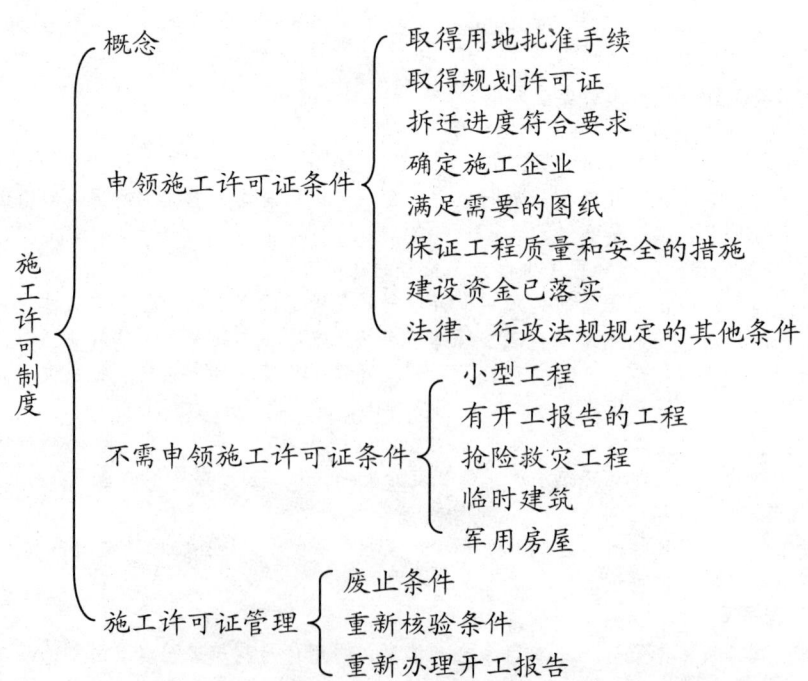

▶▶引例 4.1 小结

根据《建筑法》的规定，建筑工程开工前，建设单位应当按照国家有关规定向工程所在地县级以上人民政府建设行政主管部门申请领取施工许可证。所以施工许可证的申领单位是建设单位，而不是施工单位。在此例中应由甲房地产开发公司申领施工许可证。

4.2 企业资质等级许可制度

▶▶引例 4.2

2001 年 6 月 29 日，建设部第四十四次部常务会议审议通过的《建设工程勘察设计企业资质管理规定》将工程勘察资质划分为哪几类？

4.2.1 建设工程企业的必备条件

从事建筑活动的建筑施工企业、勘察单位、设计单位和工程监理单位，按照其拥有的注册资本、专业技术人员、技术装备和已完成的建筑工程业绩等资质条件，划分为不同的资质等级，经资质审查合格，取得相应等级的资质证书后，方可在其资质等级许可的范围内从事建筑活动。

4.2.2 建设工程企业的资质管理

1. 建设工程企业资质管理机关

国务院建设行政主管部门负责全国建筑业企业资质、建设工程勘察、设计资质、工程监理企业资质的归口管理工作，国务院铁道、交通、水利、信息产业、民航等有关部门配合国务院建设行政主管部门实施相关资质类别和相应行业企业资质的管理工作。

新设立的企业，应到工商行政管理部门登记注册手续并取得企业法人营业执照后，方可到建设行政主管部门办理资质申请手续。任何单位和个人不得涂改、伪造、出借、转让企业资质证书，不得非法扣押、没收资质证书。

2. 建设工程企业资质分类管理

1) 建筑业企业资质管理

建筑业企业是指从事土木工程、建筑工程、线路管道设备安装工程、装修工程的新建、扩建、改建等活动的企业。

建筑业企业资质分为施工总承包、专业承包和劳务分包三个序列。施工总承包资质、专业承包资质、劳务分包资质序列按照工程性质和技术特点分别划分为若干资质类别。各资质类别按照规定的条件划分为若干资质等级。

(1) 施工总承包企业可以承揽的业务范围。取得施工总承包资质的企业(以下简称施工总承包企业)，可以承接施工总承包工程。施工总承包企业可以对所承接的施工总承包工程内各专业工程全部自行施工，也可以将专业工程或劳务作业依法分包给具有相应资质的专业承包企业或劳务分包企业。

(2) 专业承包企业可以承揽的业务范围。取得专业承包资质的企业(以下简称专业承包企业)，可以承接施工总承包企业分包的专业工程和建设单位依法发包的专业工程。专业承包企业可以对所承接的专业工程全部自行施工，也可以将劳务作业依法分包给具有相应资质的劳务分包企业。

(3) 劳务分包企业可以承揽的业务范围。取得劳务分包资质的企业(以下简称劳务分包企业)，可以承接施工总承包企业或专业承包企业分包的劳务作业。

2) 建设工程勘察设计资质管理

(1) 工程勘察资质的分类及可以承揽的业务范围。工程勘察资质分为工程勘察综合资质、工程勘察专业资质、工程勘察劳务资质。

工程勘察综合资质只设甲级；工程勘察专业资质设甲级、乙级，根据工程性质和技术特点，部分专业可以设丙级；工程勘察劳务资质不分等级。

取得工程勘察综合资质的企业，可以承接各专业(海洋工程勘察除外)、各等级工程勘察业务；取得工程勘察专业资质的企业，可以承接相应等级、相应专业的工程勘察业务；取得工程勘察劳务资质的企业，可以承接岩土工程治理、工程钻探、凿井等工程勘察劳务业务。

(2) 工程设计资质的分类及可以承揽的业务范围。工程设计资质分为工程设计综合资质、工程设计行业资质、工程设计专业资质和工程设计专项资质。

工程设计综合资质只设甲级，工程设计行业资质、工程设计专业资质、工程设计专项资质设甲级和乙级。

根据工程性质和技术特点，个别行业、专业、专项资质可以设丙级，建筑工程专业资质可以设丁级。

取得工程设计综合资质的企业，可以承接各行业、各等级的建设工程设计业务；取得工程设计行业资质的企业，可以承接相应行业相应等级的工程设计业务及本行业范围内同级别的相应专业、专项(设计施工一体化资质除外)工程设计业务；取得工程设计专业资质的企业，可以承接本专业相应等级的专业工程设计业务及同级别的相应专项工程设计业务(设计施工一体化资质除外)；取得工程设计专项资质的企业，可以承接本专项相应等级的专项工程设计业务。

3) 工程监理企业资质管理

工程监理企业资质分为综合资质、专业资质和事务所资质。其中，专业资质按照工程性质和技术特点划分为若干工程类别。

综合资质、事务所资质不分级别。专业资质分为甲级、乙级。其中，房屋建筑、水利水电、公路和市政公用专业资质可设立丙级。

工程监理企业可以开展相应类别建设工程的项目管理、技术咨询等业务。

(1) 综合资质可以承揽的业务范围：可以承担所有专业工程类别建设工程项目的工程监理业务。

(2) 专业资质可以承揽的业务范围：专业甲级资质可承担相应专业工程类别建设工程项目的工程监理业务。专业乙级资质可承担相应专业工程类别二级以下(含二级)建设工程项目的工程监理业务。专业丙级资质可承担相应专业工程类别三级建设工程项目的工程监理业务。

(3) 事务所资质可以承揽的业务范围：可承担三级建设工程项目的工程监理业务，但是，国家规定必须实行强制监理的工程除外。

▶▶归纳小结

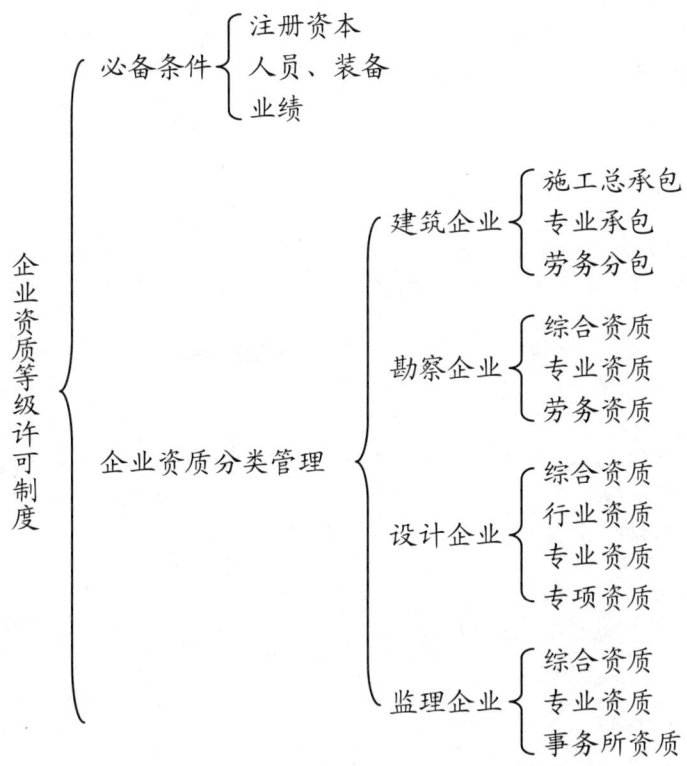

▶▶引例 4.2 小结

工程勘察资质分为工程勘察综合资质、工程勘察专业资质、工程勘察劳务资质。勘查企业与施工企业资质类别比较容易区分，而与设计单位资质类别容易混淆，应特别注意勘查企业与设计单位资质类别的区别。

4.3　专业人员执业资格制度

▶▶引例 4.3

我国建筑业各类专业技术人员是不是均由建设行政主管部门进行管理？

4.3.1 建筑业专业人员执业资格制度的含义

建筑业专业人员执业资格制度指的是我国的建筑业专业人员在各自的专业范围内参加全国或行业组织的统一考试,获得相应的执业资格证书,经注册后在资格许可范围内执业的制度。建筑业专业人员执业资格制度是我国强化市场准入制度、提高项目管理水平的重要举措。

4.3.2 目前我国主要的建筑业专业技术人员执业资格种类

目前,我国在建筑业实行执业资格制度的专业技术人员包括以下几类:①注册建筑师;②注册结构工程师;③注册监理工程师;④注册造价工程师;⑤注册咨询工程师;⑥注册建造师;⑦注册土木(岩土)工程师。

> **知识链接**
> 建筑业专业技术人员执业资格的共同点如下。
> 1. 均需要参加统一考试
> 除依法考核认定取得执业资格证书的从业人员外,跨行业、跨区域执业的,就要参加全国统一考试;只在本行业内部执业的,要参加本行业统一考试;只在本区域内部执业的,要参加本区域统一考试。
> 2. 均需要注册
> 只有经过注册后才能成为注册执业人员。没有注册的,即使通过了统一考试,也不能执业。
> 每个不同的执业资格的注册办法均由相应的法规或者规章所规定。
> 3. 均有各自的执业范围
> 每个执业资格证书都限定了一定的执业范围,其范围也均由相应的法规或者规章所界定。注册执业人员不得超越范围执业。
> 4. 均须接受继续教育
> 由于知识在不断更新,每一位注册执业人员都必须及时更新知识,因此都必须要接受继续教育。接受继续教育的频率和形式由相应的法规或者规章所规定。
> 上面这些相同点是宏观范围上的相同点,它们还有许多微观范围的相同点,如不得同时应聘于两家不同的单位等。

▶▶ 归纳小结

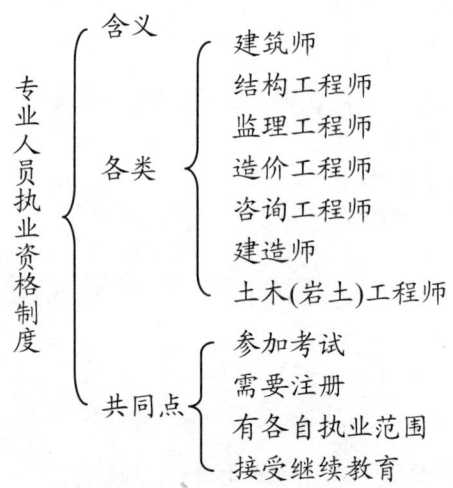

▶▶引例 4.3 小结

建筑业各类专业技术人员不是全部由建设部进行监督管理的。例如,注册咨询工程师是由国家发展改革委员会实行监督管理。

4.4 工程发包制度

▶▶引例 4.4

某工程在施工承包合同中约定由施工单位采购建筑材料。施工期间,建设单位要求施工单位购买某采石场的石料,理由是该石料物美价廉。对此,施工单位可以拒绝吗?

4.4.1 建设工程发包方式

建设工程的发包方式主要有两种:招标发包和直接发包。建筑工程依法实行招标发包,对不适用于招标发包的可以直接发包。

《招标投标法》第三条规定了必须进行招标的工程建设项目范围。在该范围内并且达到国家规定的规模标准的工程建设项目的勘察、设计、施工、监理、重要设备和材料的采购都必须依法进行招标。对于不适于招标发包可以直接发包的建设工程,承包人依然要符合资质的要求。

4.4.2 提倡实行工程总承包

《建筑法》第二十四条第一款规定,"提倡对建筑工程实行总承包"。

《建筑法》第二十四条第二款规定,"建筑工程的发包单位可以将建筑工程的勘察、设计、施工、设备采购一并发包给一个工程总承包单位,也可以将建筑工程勘察、设计、施工、设备采购的一项或者多项发包给一个工程总承包单位"。

1. 禁止发包单位将建设工程肢解发包

肢解发包是指建设单位将应当由一个承包单位完成的建设工程分解成若干部分发包给不同的承包单位的行为。建设单位(发包单位)将应当由一个承包单位整体承包的工程,肢解成若干部分分别发包给几个承包单位,容易导致如下弊端的产生。

1) 肢解发包可能导致发包人变相规避招标

发包人可能会将大的工程项目肢解成若干小的工程项目,使得每一个小的工程项目都不满足关于招标规模和标准的规定,从而达到了变相规避招标的效果。

2) 肢解发包会不利于投资和进度目标的控制

肢解发包意味着本来应该由一家承包商完成的项目,现在由两家或者两家以上的承包商完成了。这就会使得一些岗位出现重复设置的人员,也不利于各工序的协调,难以形成流水作业。这些弊端的结果就是不利于投资和进度目标的控制。

3) 肢解发包也会增加发包的成本

肢解发包必然会使得发包的次数增加，这就必然会导致发包的费用增加。

4) 肢解发包增加了发包人管理的成本

肢解发包会导致合同数增加，这就必然会导致发包人在管理上会增加难度，进一步导致发包人在合同管理上会增加成本。

由于肢解发包存在上述这些弊端，所以，《建筑法》第二十四条规定："禁止将建筑工程肢解发包"，"不得将应当由一个承包单位完成的建筑工程肢解成若干部分发包给几个承包单位"。

2. 发包单位不得指定承包单位采购

按照合同约定，建筑材料、建筑构配件和设备由工程承包单位采购的，发包单位不得指定承包单位购入用于工程的建筑材料、建筑构配件和设备，或者指定生产厂、供应商。

> **知识链接**
>
> 建筑材料、建筑配件和设备的采购主要有3种形式。
> (1) 由建设单位负责采购。
> (2) 由承包商负责采购。
> (3) 由双方约定的供应商供应。
>
> 采用上面的何种采购形式，由当事人自由约定。如果双方约定建筑材料、建筑构配件和设备是由承包商采购的，则建设单位就不得非法干预其采购过程，更不可以直接为承包商指定生产厂、供应商。

▶▶ 归纳小结

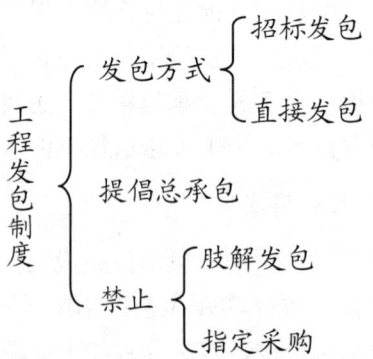

▶▶ 引例4.4 小结

根据《建筑法》，如果双方约定建筑材料、建筑构配件和设备是由承包商采购的，则建设单位就不得非法干预其采购过程，更不可以直接为承包商指定生产厂、供应商。所以施工单位可以拒绝建设单位的要求。

4.5 工程承包制度

▶▶引例 4.5

同专业的甲、乙、丙三家施工单位通过合同的约定实行联合承包。该三个单位的资质等级依次为施工总承包二级、一级和特级。根据相关法律规定,该联合体应当按照哪个单位的资质等级许可范围承揽工程?

4.5.1 工程承包单位的资质等级许可制度

我国对工程承包单位(包括勘察、设计、施工单位)实行资质等级许可制度。承包建筑工程的单位应当持有依法取得的资质证书,并在其资质等级许可的业务范围内承揽工程。

《建筑法》第二十六条第二款对违反资质许可制度的行为做出如下规定。

(1) 禁止建筑施工企业超越本企业资质等级许可的业务范围承揽工程。
(2) 禁止以任何形式用其他建筑施工企业的名义承揽工程。
(3) 禁止建筑施工企业以任何形式允许其他单位或者个人使用本企业的资质证书、营业执照,以本企业的名义承揽工程。

4.5.2 联合承包

大型建筑工程或者结构复杂的建筑工程,可以由两个以上的承包单位联合共同承包。

> **特别提示**
>
> 共同承包的各方对承包合同的履行承担连带责任,两个以上不同资质等级的单位实行联合共同承包的,应当按照资质等级较低的单位的业务许可范围承揽工程。

4.5.3 禁止转包

转包与分包的主要区别在于分包是将一部分工程交由其他单位完成,而转包则是将所有工程全部交由其他单位完成。

《建筑法》第二十八条规定:"禁止承包单位将其承包的全部建筑工程转包给他人,禁止承包单位将其承包的全部建筑工程肢解以后以分包的名义分别转包给他人。"

▶▶归纳小结

$$\text{工程承包制度}\begin{cases}\text{资质管理}\\\text{联合承包}\\\text{禁止转包}\end{cases}$$

▶▶ 引例 4.5 小结

根据《建筑法》，两个以上不同资质等级的单位实行联合共同承包的，应当按照资质等级低的单位的业务许可范围承揽工程。所以应当按照甲施工单位的资质等级许可范围承揽工程。

4.6 工程分包制度

▶▶ 引例 4.6

某工程施工合同履行过程中，经建设单位同意，总承包单位将部分工程的施工交由分包单位完成。就分包工程的施工而言，对建设单位的责任该由谁承担？

4.6.1 分包的含义

分包是指总承包单位将其所承包的工程中的专业工程或者劳务作业发包给其他承包单位完成的活动。

分包分为专业工程分包和劳务作业分包。

专业工程分包是指总承包单位将其所承包工程中的专业工程发包给具有相应资质的其他承包单位完成的活动。

劳务作业分包，是指施工总承包企业或者专业承包企业将其承包工程中的劳务作业发包给劳务分包企业完成的活动。

建筑工程总承包单位可以将承包工程中的部分工程发包给具有相应资质条件的分包单位。

> **知识链接**
>
> 对分包单位的认可制度如下。
>
> 《建筑法》第二十九条进一步规定："除总承包合同中约定的分包外，必须经建设单位认可。"
>
> 这条规定实际上赋予了建设单位对分包商的否决权。即没有经过建设单位认可的分包商是违法的分包商。但是，认可分包单位与指定分包单位是不同的。认可是在总承包单位已经做出选择的基础上进行确认，而指定则是首先由建设单位做出选择。《房屋建筑和市政基础设施工程施工分包管理办法》第七条规定："建设单位不得直接指定分包工程承包人。"《工程建设项目施工招标投标办法》第六十六条也规定："招标人不得直接指定分包人。"

4.6.2 禁止违法分包

《建筑法》禁止违法实施分包。《建设工程质量管理条例》将违法分包的情形界定为以下内容。

(1) 总承包单位将建设工程分包给不具备相应资质条件的单位的。

(2) 建设工程总承包合同中未有约定，又未经建设单位认可，承包单位将其承包的部分建设工程交由其他单位完成的。

(3) 施工总承包单位将建设工程主体结构的施工分包给其他单位的。

(4) 分包单位将其承包的建设工程再分包的。

建筑工程总承包单位按照总承包合同的约定对建设单位负责，分包单位按照分包合同的约定对总承包单位负责。总承包单位和分包单位就分包工程队建设单位承担连带责任。

连带责任既可以依合同约定产生，也可以依法律规定产生。建设单位虽然和分包单位之间没有合同关系，但是当分包工程发生质量、安全、进度等方面问题给建设单位造成损失时，建设单位既可以根据总承包合同向总承包单位追究违约责任，也可以根据法律规定直接要求分包单位承担损害赔偿责任，分包单位不得拒绝。总承包单位和分包单位之间的责任划分，应当根据双方的合同约定或者各自过错大小确定；一方向建设单位承担的责任超过其应承担份额的，有权向另一方追偿。

> **特别提示**
> 总承包单位与分包单位的连带责任。

▶▶归纳小结

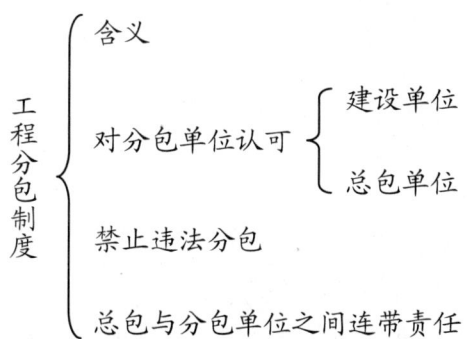

▶▶引例 4.6 小结

根据《建筑法》的规定，建筑工程总承包单位按照总承包合同的约定对建设单位负责，分包单位按照分包合同的约定对总包单位负责。总包单位和分包单位就分包工程对建设单位承担连带责任。

4.7 工程监理制度

▶▶引例 4.7

监理工程师李某在对某工程施工的监理过程中，发现该工程设计存在瑕疵，李某应该如何处理？

4.7.1 工程监理的含义

建设工程监理是指具有相应资质条件的工程监理单位依法接受建设单位的委托,依照法律、法规以及有关技术标准,设计文件和建设工程承包合同,对建设工程质量、建设工期和建设资金使用等实施的专业化监督管理。

《建筑法》第三十条第一款规定:"国家推行建筑工程监理制度"。建设单位与其委托的工程监理单位应当订立书面委托合同。工程监理单位应当根据建设单位的委托,客观、公正地执行监理业务。建设单位和工程监理单位之间是一种委托代理关系。

4.7.2 实行强制监理的建设工程范围

1. 国家重点建设项目

国家重点建设项目是指依据《国家重点建设项目管理办法》所确定的对国民经济和社会发展有重大影响的骨干项目。

2. 大中型公用事业工程

大中型公用事业工程是指项目总投资额在3000万元以上的下列工程项目。
(1) 供水、供电、供气、供热等市政工程项目。
(2) 科技、教育、文化等项目。
(3) 体育、旅游、商业等项目。
(4) 卫生、社会福利等项目。
(5) 其他公用事业项目。

3. 成片开发建设的住宅小区工程

建筑面积在5万平方米以上的住宅建设工程必须实行监理;5万平方米以下的住宅建设工程,可以实行监理。其具体范围和规模标准,由省、自治区、直辖市人民政府建设行政主管部门规定。

4. 利用外国政府或者国际组织贷款、援助资金的工程

利用外国政府或者国际组织贷款、援助奖金的工程包括以下项目。
(1) 使用世界银行、亚洲开发银行等国际组织贷款资金的项目。
(2) 使用国外政府及其机构贷款资金的项目。
(3) 使用国际组织或者国外政府援助资金的项目。

知识链接

国家规定必须实行监理的其他工程如下。
(1) 项目总投资额在3000万元以上关系社会公共利益、公众安全的下列基础设施项目。
① 煤炭、石油、化工、天然气、电力、新能源等项目。
② 铁路、公路、管道、水运、民航以及其他交通运输业等项目。
③ 邮政、电信枢纽、通信、信息网络等项目。
④ 防洪、灌溉、排涝、发电、引(供)水、滩涂治理、水资源保护、水土保持等水利建设项目。

⑤ 道路、桥梁、地铁和轻轨交通、污水排放及处理、垃圾处理、地下管道、公共停车场等城市基础设施项目。
⑥ 生态环境保护项目。
⑦ 其他基础设施项目。
(2) 学校、影剧院、体育场馆项目。

4.7.3 工程监理单位资质等级许可制度

我国对工程监理单位实行资质等级许可制度。《建筑法》第三十一条规定："实行监理的建筑工程，由建设单位委托具有相应资质条件的工程监理单位监理。"

4.7.4 工程监理的依据、内容和权限

1. 工程监理的依据

(1) 法律、法规。工程监理单位执行监理任务，必须符合法律、法规的规定。施工单位的建设行为是受很多法律、法规制约的。例如，不可偷工减料等。工程监理在监理过程中首先就要监督检查施工单位是否存在违法行为，因此法律、法规是工程监理单位的依据之一。

(2) 有关的技术标准。技术标准分为强制性标准和推荐性标准。强制性标准是各参建单位都必须执行的标准，而推荐性标准则是可以自主决定是否采用的标准。通常情况下，建设单位如要求采用推荐性标准，应当与设计单位或施工单位在合同中予以明确约定。经合同约定采用的推荐性标准，对合同当事人同样具有法律约束力，设计或施工未达到该标准，将构成违约行为。

(3) 设计文件。设计文件不仅是施工的依据，也是监理的依据。工程监理人员如果发现施工不符合设计要求，应当到要求施工单位改正，这既是工程监理单位依法享有的权利，同时也是其依法应当履行的义务。同时，工程监理人员如果发现工程设计有瑕疵，有义务依法向建设单位报告要求设计单位改正。

(4) 建设工程承包合同。建设单位和承包单位通过订立建设工程承包合同，明确双方的权利和义务。合同中约定的内容要远远大于设计文件的内容。例如，进度、工程款支付等都不是设计文件所能描述的。而这些内容也是当事人必须履行的义务。工程监理单位有权利也有义务监督、检查承包单位是否按照合同约定履行义务。因此，建设工程承包合同也是工程监理的一个依据。

2. 工程监理的内容

工程监理的内容可以概括为工程监理单位对承包单位在质量、工期和资金使用等方面的监督，即实践中所谓的"三控制"。当然，由于工程监理单位和建设单位之间属委托代理关系，因此，工程监理单位的监理工作内容、监理权限还将取决于双方合同的具体约定，并且该约定要向被监理的承包单位披露。为此，实施建筑工程监理前，建设单位应当将委托的工程监理单位、监理的内容及监理权限，书面通知被监理的建筑施工企业。

在《建设工程安全生产管理条例》实施后，安全管理也被列为工程监理的内容。

3. 工程监理人员的权限

工程监理人员认为工程施工不符合工程设计要求、施工技术标准和合同约定的,有权要求建筑施工企业改正。

工程监理人员发现工程设计不符合建筑工程质量标准或者合同约定的质量要求的,应当报告建设单位要求设计单位改正。

4.7.5 禁止工程监理单位实施的违法行为

工程监理单位还应当遵守如下强制性法律规定。

(1) 监理单位与被监理工程的承包单位,以及建筑材料、建筑构配件和设备供应单位不得有隶属关系或者其他利害关系。

工程监理单位与被监理工程的承包单位、供应单位之间是监理与被监理的关系。工程监理单位应当根据建设单位的委托,客观、公正的执行监理任务。如果工程监理单位与承包单位或供应单位之间有隶属关系或其他利害关系,将很可能影响工程监理单位的客观性和公正性,并最终损害委托方建设单位的利益。

(2) 工程监理单位不得转让监理业务。建设单位之所以将监理工作委托给某个工程监理单位,往往是出于对该单位综合能力的信任,而并不仅仅取决于其监理费报价是否较低。因此,和其他委托代理合同一样,建设工程委托监理合同通常是建立在信赖关系的基础上,具有较强的人身性。工程监理单位接受委托后,应当自行完成工程监理工作,不得转让监理业务。

(3) 工程监理单位不按照委托监理合同的约定履行监理义务,对应当监督检查的项目不检查或者不按照规定检查,给建设单位造成损失的,应当承担相应的赔偿责任。

工程监理单位应当与建设单位签订建设工程委托监理合同,明确双方的权利和义务。工程监理单位不按照委托监理合同的约定履行监理义务,首先是对建设单位的违约,因此要承担相应的违约责任;如果给建设单位造成损失,这种违约责任将主要表现为赔偿损失。当然,工程监理单位不按约定或法律规定履行监理义务的行为,除应当对建设单位承担违约责任以外,还有可能依法承担罚款、降低资质等级等行政责任;构成犯罪的,还要承担刑事责任。

(4) 工程监理单位与承包单位串通,为承包单位谋取非法利益,给建设单位造成损失的,应当与承包单位承担连带赔偿责任。

▶▶归纳小结

工程监理制度
- 含义
- 实行强制监理工程
  - 国家重点建设项目
  - 大中型公用事业工程
  - 成片开发的住宅小区
  - 利用外国政府或国际组织贷款、援助资金的工程
  - 国家规定必须实行监理的其他工程
- 监理单位资质等级许可
- 监理的依据、内容和权限

▶▶ 引例 4.7 小结

根据监理的权限，李某应当报告建设单位要求设计单位修改设计。

本 章 小 结

1．掌握施工许可制度。申请领取施工许可证必须满足建设用地管理、城市规划管理、施工场地、施工单位和监理单位落实，施工技术文件、质量安全措施、建设资金落实等方面的条件。对未取得施工许可证擅自开工的建设项目都将被责令改正；对不符合开工条件的，责令停工，可以处以罚款。当开工条件出现某些变化时，要依据法定条件废止或重新核验施工许可证，或者重新办理开工报告。

2．掌握建筑工程企业资质等级许可制度。建筑施工、勘察、设计和工程监理单位划分为不同资质序列、类别和等级，并按其资质等级许可范围从事建筑活动。

3．掌握建筑业专业人员执业资格制度。目前我国主要的建筑业专业技术人员执业资格均需参加统一考试、注册、接受继续教育，均有各自的执业范围。

4．掌握工程发包制度。

5．建设工程施工合同有违反《建筑法》关于发承包规定的，属于无效合同。对这类合同纠纷，若工程竣工验收合格，承包人请求参照合同约定支付工程价款的，法院应予支持；承包人超越资质等级许可范围签订工程施工合同，在工程竣工前取得相应资质等级，当事人请求按无效合同处理的，法院不予支持。联合共同承包的各方对承包合同的履行承担连带责任，按资质等级较低的成员单位认定联合体资质。非法转包、违法分包的，与他人签订工程施工合同的行为无效。超越资质承揽工程、转让出借资质证书等行为要负担相应的法律责任。

6．掌握工程分包制度。总承包单位将工程分包给不具有相应资质条件的单位，或将其承包的部分工程交由未经建设单位认可的其他单位完成，或将工程主体结构的施工分包给其他单位，或将分包单位将其他承包的工程再分包等均属违法分包。承包单位对因转包或者违法分包的工程部符合规定质量标准造成的规定，承担连带赔偿责任。

7．掌握工程监理制度。有五大类建设工程实行强制监理。工程监理单位不能超越资质许可范围承揽工程，工程监理单位转让工程监理业务或与承包单位串通、弄虚作假、降低工程质量，将承担法律责任。

复习思考题

一、简答题

1．申领施工许可证应满足哪些条件？
2．简述施工总承包企业、专业承包企业、劳务分包企业可以承揽的业务范围。
3．实行强制监理工程有哪些？

二、案例题

甲建设单位将宾馆改建工程直接发包给乙施工单位，约定工期 10 个月，由丙监理公司负责监理。甲指定丁建材公司为供货商，乙施工单位不得从其他供货商处另行采购材料。乙施工单位具有房屋建筑工程总承包资质，为了完成施工任务，招聘了几名具有专业职业资格的人员。在征得甲同意的情况下，乙施工单位将电梯改造工程分包给戊公司。在取得施工许可证后，改建工程顺利开工。

根据上述情况，回答下列问题。

1. 申领施工许可证的条件有哪些？
2. 我国建筑业专业技术人员职业资格种类有哪些？
3. 判断下列说法的正误。
(1) 乙单位与戊单位就电梯改造部分向甲单位承担连带责任。
(2) 建筑工程应该招标发包，对不适应招标发包的可以直接发包。
(3) 乙单位只能从丁公司采购建筑材料，否则构成违约。
(4) 甲单位可以将电梯改造与其他改建工程分别发包。
(5) 该工程合同无效，即使竣工验收合格，甲单位也可拒付工程价款。

第 5 章 招标投标法

教学目标

通过学习本章应重点掌握招标投标活动的原则,招标投标活动的适用范围,招标的程序,招标文件的编制、澄清或修改等内容,联合体投标,投标文件的递交、修改和撤回程序,开标的时间地点、参与人、开标程序,评标委员会的形成,定标的原则,合同签订的时限。熟悉招标的条件、招标方式和组织形式,招标公告和投标邀请书的内容,对投标人资格审查的内容,投标的基本条件和要求,投标文件的内容,评标方法等。

教学要求

知识要点	能力要求	相关知识	所占分值(100分)	自评分数
招标投标活动的原则及适用范围	1. 掌握招标投标活动的原则 2. 掌握招标投标活动的适用范围	招标投标活动的原则和适用范围	10	
招标	1. 掌握招标的程序 2. 熟悉招标的条件、招标方式和组织形式 3. 熟悉招标公告和投标邀请书的内容 4. 熟悉对投标人资格审查的内容 5. 掌握招标文件的编制、澄清或修改等内容	招标人,招标的条件、方式和组织形式,招标文件,招标公告和投标邀请书,投标人资格审查,招标文件	40	
投标	1. 熟悉投标的基本条件和要求 2. 掌握联合体投标 3. 熟悉投标文件的内容 4. 掌握投标文件的递交、修改和撤回程序	投标人,投标的基本条件和要求,联合体投标,投标文件的内容以及投标文件的递交、修改和撤回程序	30	
开标、评标和定标	1. 掌握开标的时间、地点、参与人、开标程序 2. 掌握评标委员会的形成 3. 熟悉评标方法 4. 掌握定标的原则,合同签订的时限	开标的时间、地点、参与人、开标程序,评标委员会、评标方法,定标原则,中标通知书,合同签订	20	

章节导读

《招标投标法》是第九届全国人大常委会于 1999 年 8 月 30 日审议通过的，2000 年 1 月 1 日正式施行。这是我国社会主义市场经济法律体系中一部非常重要的法律，是招投标领域的基本法律。

《招标投标法》共六章，六十八条。第一章——总则，主要规定了《招标投标法》的立法宗旨、适用范围、必须招标的范围、招标投标活动应遵循的基本原则以及对招标投标活动的监督；第二章——招标，具体规定了招标人和投标人的定义，招标项目的条件，招标方式，招标代理机构的地位、成立条件和资格认定，招标公告和投标邀请书的发布，对潜在投标人的资格审查，招标文件的编制、澄清或修改等内容；第三章——投标，具体规定了参加投标的基本条件和要求，投标人编制投标文件应当遵守的原则和要求，联合体投标，以及投标文件的递交、修改和撤回程序等内容；第四章——开标、评标和中标，具体规定了开标、评标和中标环节的行为规则和时限要求等内容；第五章——法律责任，规定了违反招标投标基本程序的行为规则和时限要求应承担的法律责任；第六章——附则，规定了《招标投标法》的例外适用情形以及生效日期。

5.1 招标投标活动的原则及适用范围

▶▶引例 5.1

某工程建设项目招标人在招标文件中规定了只有获得过本省工程质量奖项的潜在投标人才有资格参加该项目的投标。根据《招标投标法》，这个规定合理吗？

5.1.1 招标投标活动的原则

招标投标制度是市场经济的产物，并随着市场经济的发展而逐步推广，必然要遵循市场经济活动的基本原则。《招标投标法》依据国际惯例的普遍规定，在总则第五条明确规定："招标投标活动应当遵循公开、公平、公正和诚实信用的原则。"

> **特别提示**
>
> 招标投标活动应当遵循公开、公平、公正和诚实信用的原则。《招标投标法》通篇以及相关法律法规都充分体现了这些原则。

1. 公开原则

公开原则即"信息透明"，要求招标投标活动必须具有高度的透明度，招标程序、投标人的资格条件、评标标准、评标方法、招标结果等信息都要公开，使每个投标人能够及时获得有关信息，从而平等地参与投标竞争，依法维护自身的合法权益。同时将招标投标活动置于公开透明的环境中，也为当事人和社会各界的监督提供了重要条件。从这个意义上讲，公开是公平、公正的基础和前提。

2. 公平原则

公平原则即"机会均等",要求招标人一视同仁地给予所有投标人平等的机会,使其享有同等的权利并履行相应的义务,不歧视或者排斥任何一个投标人。按照这个原则,招标人不得在招标文件中要求或者标明特定的生产供应者以及含有倾向或者排斥潜在投标人的内容,不得以不合理的条件限制或者排斥潜在投标人,不得对潜在投标人实行歧视待遇。否则,将承担相应的法律责任。

3. 公正原则

公正原则即"程序规范,标准统一",要求所有招标投标活动必须按照规定的时间和程序进行,以尽可能保障招标投标各方的合法权益,做到程序公正;招标评标标准应当具有唯一性,对所有投标人实行同一标准,确保标准公正。按照这个原则,《招标投标法》及其配套规定对招标、投标、开标、评标、中标、签订合同等都规定了具体程序和法定时限,明确了废标和否决投标的情形,评标委员会必须按照招标文件事先确定并公布的评标标准和发放进行评审、打分、推荐中标候选人,招标文件中没有规定的标准和方法不得作为评标和中标的依据。

4. 诚实信用原则

诚实信用原则即"诚信原则",是民事活动的基本原则之一,是市场经济中诚实信用的商业道德准则法制化的产物,是以善意真诚、守信不欺、公平合理为内容的强制性法律原则。招标投标活动本质上是市场主体的民事活动,必须遵循诚信原则,也就是要求招标投标当事人应当以善意的主观心理和诚实、守信的态度来行使权利,履行义务,不能故意隐瞒真相或者弄虚作假,不能言而无信甚至背信弃义,在追求自己利益的同时尽量不损害他人利益和社会利益,维持双方的利益平衡,以及自身利益与社会利益的平衡,遵循平等互利原则,从而保证交易安全,促使交易实现。

5.1.2 适用范围

1. 地域范围

《招标投标法》第二条规定:"在中华人民共和国境内进行招标投标活动,适用本法。"即《招标投标法》适用于在我国境内进行的各类招标投标活动,这是《招标投标法》的空间效力。

> **特别提示**
>
> "我国境内"包括我国全部领域范围,但依据《中华人民共和国香港特别行政区基本法》和《中华人民共和国澳门特别行政区基本法》的规定,并不包括实行"一国两制"的香港、澳门地区。

2. 主体范围

《招标投标法》的适用主体范围很广泛,只要在我国境内进行的招标投标活动,无论是哪类主体都要执行《招标投标法》。

> **知识链接**
>
> 招标投标活动具体包括两类主体：第一类是国内各类主体，既包括各级权力机关、行政机关和司法机关及其所属机构等国家机关，也包括国有企事业单位、外商投资企业、私营企业以及其他各类经济组织，同时还包括允许个人参与招标投标活动的公民和个人；第二类是在我国境内的各类外国主体，即指在外国境内参与招标投标活动的外国企业，或者外国企业在外国境内设立的能够独立承担民事责任的分支机构等。

3. 例外情形

《招标投标法》第六十七条规定，使用国际组织或者外国政府贷款、援助资金的项目进行招标，贷款方、资金提供方对招标投标的具体条件和程序有不同规定的，可以适用其规定，但违背中华人民共和国的社会公共利益的除外。

5.1.3 必须招标项目的范围

《招标投标法》第三条规定，凡在中华人民共和国境内进行下列工程建设项目，包括项目的勘察、设计、施工、监理，以及与工程建设有关的重要设备、材料等的采购，必须进行招标。

(1) 大型基础设施、公用事业等关系社会公共利益、公众安全的项目。
(2) 全部或者部分使用国有资金投资或者国家融资的项目。
(3) 使用国际组织或者外国政府贷款、援助资金的项目。

> **知识链接**
>
> 《工程建设项目招标范围和规模标准规定》第七条规定，在规定范围内的各类建设项目，包括项目的勘察、设计、施工、监理，以及与工程建设有关的重要设备、材料等的采购，达到下列标准之一的，必须进行招标。
> (1) 施工单项合同估算价在200万元人民币以上的。
> (2) 重要设备、材料等货物的采购，单项合同估算价在100万元人民币以上的。
> (3) 勘察、设计、监理等服务的采购，单项合同估算价在50万元人民币以上的。
> (4) 单项合同估算价低于第(1)、(2)、(3)项规定的标准，但项目总投资额在3000万元人民币以上的。
> 《招标投标法》第四条规定："任何单位和个人不得将依法必须进行招标的项目化整为零或者以其他任何方式规避招标。"

5.1.4 可以不进行招标情况的规定

《招标投标法》第六十六条规定："涉及国家安全、国家秘密、抢险救灾或者属于利用扶贫资金实行以工代赈、需要使用农民工等特殊情况，不适宜进行招标的项目，按照国家有关规定可以不进行招标。"

> **知识链接**
>
> 《工程建设项目招标范围和规模标准规定》第八条规定："建设项目的勘察、设计采用特定专利或者专有技术的，或者其建筑艺术造型有特殊要求的，经项目主管部门批准可以不进行招标。"
> 《工程建设项目施工招标投标办法》第十二条规定，需要审批的工程建设项目，有下列情形之一的，

经审批部门批准，可以不进行施工招标。
(1) 涉及国家安全、国家秘密或者抢险救灾而不适宜招标的。
(2) 属于利用扶贫资金实行以工代赈、需要使用农民工的。
(3) 施工主要技术采用特定的专利或者专有技术的。
(4) 施工企业自建自用的工程，且该施工企业资质等级符合工程要求的。
(5) 在建工程追加的附属小型工程或者主体加层工程，原中标人仍具备承包能力的。
(6) 法律、行政法规规定的其他情形。

对不需要审批但属于依法必须招标的工程建设项目，有上述规定情形之一的，可以不进行施工招标。

5.1.5 法律责任

1. 规避招标的法律责任

对必须进行招标的项目而不招标的，将必须进行招标的项目化整为零或者以其他任何方式规避招标的，责令限期改正，可以处项目合同金额 0.5%以上、1%以下的罚款；对全部或者部分使用国有资金的项目，可以暂停项目执行或者暂停资金拨付；对单位直接负责的主管人员和其他直接责任人员依法给予处分。

2. 影响公平竞争的法律责任

(1) 招标人以不合理的条件限制或者排斥潜在投标人的，对潜在投标人实行歧视待遇的，强制要求投标人组成联合体共同投标的，或者限制投标人之间竞争的，责令改正，可以处 1 万元以上、5 万元以下的罚款。

(2) 依法必须进行招标的项目的招标人向他人透露已获取招标文件的潜在投标人的名称、数量，或者可能影响公平竞争的有关招标投标的其他情况的，或者泄露标底的，给予警告，可以并处 1 万元以上、10 万元以下的罚款；对单位直接负责的主管人员和其他直接责任人员依法给予处分；构成犯罪的，依法追究刑事责任。前款所列行为影响中标结果的，中标无效。

▶▶归纳小结

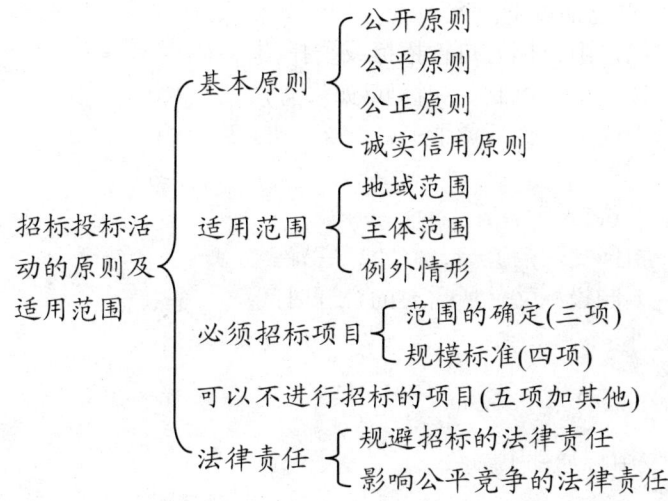

▶▶引例 5.1 小结

这个规定不合理。《招标投标法》第五条明确规定:"招标投标活动应当遵循公开、公平、公正和诚实信用的原则。"此例违背了"公平原则"。公平原则即"机会均等",要求招标人一视同仁地给予所有投标人平等的机会,使其享有同等的权利并履行相应的义务,不歧视或者排斥任何一个投标人。按照这个原则,招标人不得在招标文件中要求或者标明特定的生产供应者以及含有倾向或者排斥潜在投标人的内容,不得以不合理的条件限制或者排斥潜在投标人,不得对潜在投标人实行歧视待遇。否则,将承担相应的法律责任。

5.2 招　　标

▶▶引例 5.2

某建设单位经相关主管部门批准,组织某建设项目总承包的公开招标工作。根据实际情况确定的招标程序如下:①成立招标领导机构;②委托招标代理机构代理招标;③发出投标邀请书;④对报名参加投标者进行审查,并将结果通知合格的申请投标者;⑤对所有获得投标资格的投标者发售招标文件;⑥召开投标预备会;⑦招标文件的澄清、修改、答疑。⑧建立评标组织,指定标底和评标、定标办法;⑨召开开标会议;⑩组织评标;⑪与合格的投标者进行质疑澄清;⑫决定中标单位;⑬发出中标通知书;⑭建设单位与中标单位签订合同。

指出上述招标程序中的不妥和不完善之处。

5.2.1 招标的程序

招标作为招标投标的起始阶段,其程序规范与否,直接关系以后各阶段工作能否顺利进行。工程招标的程序包括以下内容。

(1) 成立招标组织,由招标人自行招标或委托招标。
(2) 编制招标文件、招标控制价和标底(如果有)。
(3) 发布招标公告或发出投标邀请书。
(4) 投标人资格审查。
(5) 招标文件的发售。
(6) 勘察现场,招标文件的澄清、修改、答疑。
(7) 确定投标人编制投标文件所需要的合理时间。
(8) 接受投标文件。
(9) 开标。
(10) 评标。
(11) 定标,签发中标通知书。
(12) 合同签订。

▶▶ 引例 5.2 小结

招标程序中，存在以下不妥和不完善之处。

第③条发出招标邀请书不妥，应为发布招标公告。

第④条将资格预审结果仅通知合格的申请者不妥，资格预审的结果应通知到所有投标者。

第⑥条召开投标预备会前应先组织投标单位勘察现场。

第⑧条制定标底和评标定标办法不妥，该工作不应该安排在此处进行，评标定标办法应在招标文件中明示。

5.2.2 招标的条件、招标方式和组织形式

▶▶ 引例 5.3

某建设工程的建设单位自行办理招标事宜。由于该工程技术复杂，建设单位决定采用邀请招标，共邀请 A、B、C 三家国有特级施工企业参加投标。

(1) 招标人自行组织招标需具有什么条件？

(2) 对应必须招标的项目，在哪些情况下可以采用邀请招标？该例采用邀请招标是否合适？

招标项目必须具备一定条件，方可进行招标。招标人应依法根据项目特点和实际需要确定招标方式和组织形式。

1. 招标人

《招标投标法》第八条规定："招标人是依照本法律规定提出招标项目、进行招标的法人或者其他组织。"

> **知识链接**
>
> 法人是指依法注册登记，具有独立的民事权利能力和民事行为能力，依法享有民事权利和承担民事义务的组织，包括企业法人和机关、事业单位及社会团体法人。其他组织是指合法成立、有一定组织机构和财产，但又不具备法人资格的组织。例如，依法登记领取营业执照的合伙组织、企业的分支机构等。

2. 招标的条件

工程建设项目的招标应当满足法律规定的前提条件方能进行。《招标投标法》第九条对招标项目应当满足的基本条件做出了总体规定。

(1) 招标项目按照国家有关规定需要履行项目审批手续的，应当先履行审批手续，取得批准。

(2) 招标人应当有进行招标项目的相应资金或者资金来源已经落实，并应当在招标文件中如实说明。

> **知识链接**
>
> 《工程建设项目施工招标投标办法》第八条进一步规定,依法必须招标的工程建设项目,应当具备下列条件才能进行施工招标。
> (1) 招标人已经依法成立。
> (2) 初步设计及概算应当履行审批手续的,已经批准。
> (3) 招标范围、招标方式和招标组织形式等应当履行核准手续的,已经核准。
> (4) 有相应资金或者资金来源已经落实。
> (5) 有招标所需的设计图纸及技术资料。

3. 招标方式

《招标投标法》第十条规定:"招标分为公开招标和邀请招标。公开招标,是指招标人以招标公告的方式邀请不特定的法人或者其他组织投标。邀请招标,是指招标人以投标邀请书的方式邀请特定的法人或者其他组织投标。"

1) 公开招标

公开招标即招标人按照法定程序,在指定的报刊、网络和其他媒介上发布招标公告,向社会公众明示其招标项目要求,吸引众多潜在投标人参加投标竞争,招标人按事先规定的程序和办法从中择优选择中标人的招标方式。

2) 邀请招标

邀请招标即招标人通过市场调查,根据承包商或供应商的资信、业绩等条件,选择一定数量法人或其他组织(不能少于三家),向其发出投标邀请书,邀请其参加投标竞争,招标人按事先规定的程序和办法从中择优选择中标人的招标方式。

3) 邀请招标的条件和审批规定

《招标投标法》第十一条规定:"国务院发展计划部门确定的国家重点项目和省、自治区、直辖市人民政府确定的地方重点项目不适宜公开招标的,经国务院发展计划部门或者省、自治区、直辖市人民政府批准,可以进行邀请招标。"

这条规定表明:重点项目都应当公开招标;不适宜公开招标的,经批准也可以采用邀请招标。为此国家有关部门根据项目的特点对邀请招标的条件和审批做出了具体规定。

> **知识链接**
>
> 按照《工程建设项目施工招标投标办法》第十一条规定,有下列情形之一的,经批准可以进行邀请招标。
> (1) 项目技术复杂或有特殊要求,只有少量几家潜在投标人可供选择的。
> (2) 受自然地域环境限制的。
> (3) 涉及国家安全、国家秘密或者抢险救灾,适宜招标但不宜公开招标的。
> (4) 拟公开招标的费用与项目的价值相比,不值得的。
> (5) 法律、法规规定不宜公开招标的。

4. 招标的组织形式

招标组织形式分为委托招标和自行招标。依法必须招标的项目经批准后,招标人根据项目实际情况需要和自身条件,可以自主选择招标代理机构进行委托招标;如具备自行招标的能力，按规定向主管部门备案同意后，也可进行自行招标。

1) 委托招标

《招标投标法》第十二条规定："招标人有权自行选择招标代理机构，委托其办理招标事宜。任何单位和个人不得以任何方式为招标人指定招标代理机构。"第十五条规定："招标代理机构应当在招标人委托的范围内办理招标事宜，并遵守本法关于招标人的规定。"以上规定的含义如下所示。

(1) 招标人有权自主选择招标代理机构，不受任何单位和个人的影响和干预。任何单位包括招标人的上级主管部门和个人都不得以任何方式，为招标人指定招标代理机构。

(2) 招标人和招标代理机构的关系是委托代理关系。招标代理机构应当与招标人签订书面委托合同，并在委托范围内，以招标人的名义组织招标工作和完成招标任务。招标代理机构不得无权代理、越权代理，不得明知委托事项违法而进行代理。为了规范招标代理的书面合同，国家工商管理总局和建设部还专门制定印发了《工程建设项目招标代理合同示范文本》。

2) 招标代理机构

《招标投标法》第十三条规定："招标代理机构是依法设立、从事招标代理业务并提供相关服务的社会中介组织。"

> **知识链接**
>
> 招标代理机构应当具备下列条件。
> (1) 有从事招标代理业务的营业场所和相应资金。
> (2) 有能够编制招标文件和组织评标的相应专业力量。
> (3) 有符合本法第三十七条第三款规定的条件，以及可以作为评标委员会成员人选的技术、经济等方面的专家库。

《招标投标法》第十四条规定，从事工程建设项目招标代理业务的招标代理机构，其资格由国务院或者省、自治区、直辖市人民政府的建设行政主管部门认定。具体办法由国务院建设行政主管部门会同国务院有关部门制定。从事其他招标代理业务的招标代理机构，其资格认定的主管部门由国务院规定。

> **特别提示**
>
> 招标代理机构与行政机关和其他国家机关不得存在隶属关系或者其他利益关系。

3) 自行招标

自行招标是指招标人依靠自己的能力，依法自行办理和完成招标项目的招标任务。

(1) 自行招标的能力。《招标投标法》第十二条第二款规定："招标人具有编制招标文件和组织评标能力的，可以自行办理招标事宜。任何单位和个人不得强制其委托招标代理机构办理招标事宜。"也就是说，招标人自行招标，应当具备编制招标文件和组织评标的能力。

(2) 自行招标条件的核准与管理。《招标投标法》第十二条第三款规定："依法必须进行招标的项目，招标人自行办理招标事宜的，应当向有关行政监督部门备案。"

▶▶ 引例 5.3 小结

根据《招标投标法》第十二条规定,"招标人具有编制招标文件和组织评标能力的,可以自行办理招标事宜"。《工程建设项目施工招标投标办法》第十一条规定,有 5 种情形之一的,经批准可以进行邀请招标(参见前面所述的"知识链接"相关内容)。

该例工程技术复杂,只有少量几家潜在投标人可供选择,邀请三家国有特级企业参与投标是合理的。

5.2.3 招标公告与投标邀请书

▶▶ 引例 5.4

某地区一个总投资额为 4500 万元的政府办公楼建设项目,总建筑面积 24000m^2,其地下 2 层,地上 8 层,檐口高度 42.00m,招标人采用国内公开招标的方式组织项目施工招标。

招标公告编制完成后,招标人为了充分吸纳潜在投标人,分别在当地的有形建筑市场、该省日报、《中国经济导报》和中国工程建设和建筑业信息网上发布了招标公告。在当地的有形建筑市场和中国工程建设和建筑业信息网上发布的招标公告为全文,同时为了减少招标公告的发布费用,招标人对在该省日报和《中国经济导报》上发布的招标公告内容进行了大幅度删减,注明了招标全文见中国工程建设和建筑业信息网,并规定在购买招标文件的同时,潜在招标人须提交 50%的投标保证金,即 8 万元后才能购买,以保证潜在投标人购买招标文件后参与项目投标,防止招标失败。

(1) 国家指定的招标公告发布媒体有哪些?
(2) 招标人在上述发布招标公告过程中存在哪些不正确行为?为什么?

1. 招标公告

《招标投标法》第十六条第一款规定:"招标人采用公开招标方式的,应当发布招标公告。依法必须进行招标的项目的招标公告,应当通过国家指定的报刊、信息网络或者其他媒介发布。"招标人以招标公告的方式邀请非特定的法人或者其他组织投标是公开招标的一个最显著的特征。

招标公告的内容应当真实、准确和完整。招标公告一经发出即构成招标活动的要约邀请,招标人不得随意更改。《招标投标法》第十六条第二款规定:"招标公告应当载明招标人的名称和地址、招标项目的性质、数量、实施地点和时间以及获取招标文件的办法等事项"的基本内容要求。

> **知识链接**
>
> 结合国务院有关部委规章中对招标公告的共性规定,招标公告基本内容包括以下内容。
> (1) 招标条件,包括招标项目的名称、项目审批、核准或备案机关名称、资金来源、简要技术要求以及招标人的名称等。
> (2) 招标项目的规模、招标范围、标段或标包的划分或数量。
> (3) 招标项目的实施地点或交货或服务地点。
> (4) 招标项目的实施时间,即工程施工工期或货物交货期或提供服务时间等。

(5) 对投标人或供应商或服务商的资质等级与资格要求。
(6) 获取招标文件的时间、地点、方式以及招标文件售价。
(7) 递交投标文件的地点和投标截止日期。
(8) 联系方式,包括招标人、招标或采购代理机构项目联系人的名称、地址、电话、传真、网址、开户银行及账号等联系方式。
(9) 其他。

目前,各级政府指定发布招标公告的媒介很多,按照《招标公告发布暂行办法》规定,指定《中国日报》、《中国经济导报》、《中国建设报》、中国采购与招标网为发布依法必须招标项目的招标公告的媒介。其中依法必须招标的国际招标项目的招标公告应在《中国日报》发布。

知识链接

《招标公告发布暂行办法》第十条规定:"招标人或其委托的招标代理机构在两个以上媒介发布的同一招标项目的招标公告的内容应当相同。"

《招标公告发布暂行办法》第二十条规定,关于各地方人民政府依照审批权限审批的依法必须招标的民用建筑项目的招标公告,可在省、自治区、直辖市人民政府发展计划部门指定的媒介发布的规定,各省级政府发展计划部门一般都指定了招标公告的发布媒介。

2. 投标邀请书

《招标投标法》第十七条规定:"招标人采用邀请招标方式的,应当向三个以上具备承担招标项目的能力、资信良好的特定的法人或者其他组织发出投标邀请书。"投标邀请书的内容和招标公告的内容基本一致,只需增加要求潜在投标人"确认"是否收到了投标邀请书的内容。例如,《标准施工招标文件》中关于"投标邀请书"的条款,就专门要求潜在投标人在规定时间以前,用传真或快递方式向招标人"确认"是否收到了投标邀请书。

▶▶归纳小结

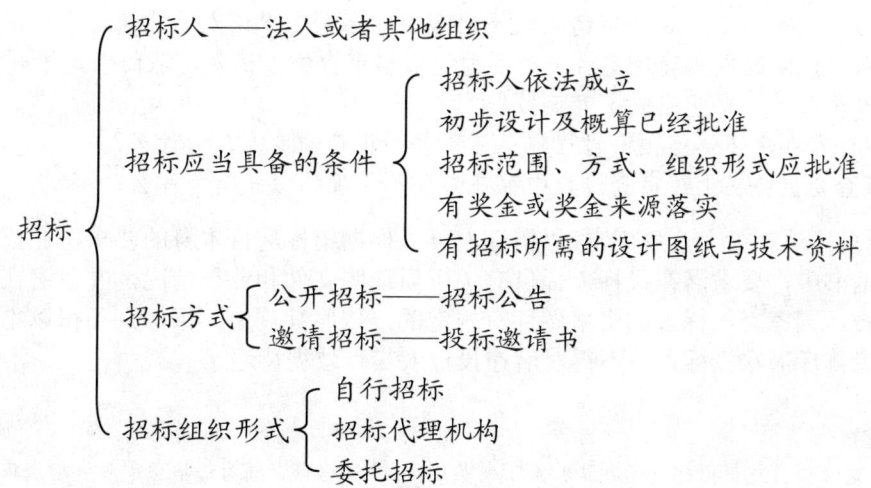

▶▶ 引例5.4 小结

(1) 按照《招标公告发布暂行办法》规定，指定《中国日报》、《中国经济导报》、《中国建设报》、中国采购与招标网为发布依法必须招标项目的招标公告的媒介。

(2) 招标人在上述发布招标公告过程中存在以下两种不正确行为。

① 要求投标人提交8万元人民币的投标保证金后才能购买招标文件。

投标保证金从性质上属于投标文件的一部分，在投标截止时间前，投标人都有权利决定是否递交投标文件。

② 在不同发布媒介上发布的招标公告内容不一致。违反了《招标公告发布暂行办法》中"招标人或其委托的招标代理机构在两个以上媒介发布的同一招标项目的招标公告的内容应当相同"的规定。

5.2.4 资格审查

▶▶ 引例5.5

某培训中心办公楼工程为依法必须招标的项目，招标人采用国内公开招标方式组织该项目施工招标，在资格预审公告中表明选择不多于7名的潜在投标人参加投标。资格预审文件中规定资格审查分为初步审查和详细审查两步。其中初步审查中给出了详细的评审因素和评审标准，但详细审查中未规定具体的评审因素和标准，仅注明"在对企业实力、技术装备、人员状况、项目经理的业绩和现场考察的基础上进行综合评议，确定投标人名单"。

该项目有10个潜在投标人购买了资格预审文件，并在资格预审申请截止时间前递交了资格预审申请文件。招标人依照相关规定组建了资格审查委员会，对递交的10份资格预审申请文件进行了初步审查，结论均为"合格"。在详细审查过程中，资格审查委员会没有依据资格预审文件对通过初步审查的申请人逐一进行评审和比较，而采取了去掉3个评审最差的申请人的方法。其中一个申请人为区县级施工企业，有评委认为其实力差；还有一个申请人据说爱打官司，合同履约信誉差，审查委员会一致同意将这两个申请人判为不通过资格审查。

审查委员会对剩下的8个申请人找不出理由确定哪个申请人不能通过资格审查，最终一致同意采用抓阄的方式确定最后一个不通过资格审查的申请人，从而确定了剩下的7个申请人为投保人，并据此完成了审查报告。

(1) 招标人在上述资格预审过程中存在哪些不正确的地方？为什么？

(2) 审查委员会在上述审查过程中存在哪些不正确的做法？为什么？

《招标投标法》第十八条规定："招标人可以根据招标项目本身的要求，在招标公告或者投标邀请书中，要求潜在投标人提供有关资质证明文件和业绩情况，并对潜在投标人进行资格审查；国家对投标人的资格条件有规定的，依照其规定。招标人不得以不合理的条件限制或者排斥潜在投标人，不得对潜在投标人实行歧视待遇。"

> **知识链接**
>
> 《工程建设项目施工招标投标办法》第十七条规定："资格审查分为资格预审和资格后审。资格预审，是指在投标前对潜在投标人进行的资格审查。资格后审，是指在开标后对投标人进行的资格审查。

进行资格预审的,一般不再进行资格后审,但招标文件另有规定的除外。"

1. 资格预审

资格预审是指投标前对获取资格预审文件并提交资格预审申请文件的潜在投标人进行资格审查的一种方式。一般适用于潜在投标人较多或者大型、技术复杂的货物项目。

《工程建设项目施工招标投标办法》第十八条规定:"采取资格预审的,招标人应当在资格预审文件中载明资格预审的条件、标准和方法;招标人不得改变载明的资格条件或者以没有载明的资格条件对潜在投标人或者投标人进行资格审查。"

资格预审文件一般应当包括资格预审申请书格式、申请人须知,以及需要投标申请人提供的企业资质、业绩、技术装备、财务状况,以及拟派出的项目经理与主要技术人员的简历、业绩等证明材料。

经资格预审后,招标人应当向资格预审合格的投标申请人发出资格预审合格通知书,告知获取招标文件的时间、地点和方法,并同时向资格预审不合格的投标申请人告知资格预审结果。

在资格预审合格的投标申请人过多时,可以由招标人从中选择不少于 7 家资格预审合格的投标申请人。

《工程建设项目施工招标投标办法》第十九条规定:"经资格预审后,招标人应当向资格预审合格的潜在投标人发出资格预审合格通知书,告知获取招标文件的时间、地点和方法,并同时向资格预审不合格的潜在投标人告知资格预审结果。资格预审不合格的潜在投标人不得参加投标。经资格后审不合格的投标人的投标应作废标处理。"

2. 资格后审

资格后审是指在开标后对投标人进行的资格审查。《工程建设项目施工招标投标办法》第十八条规定,"采取资格后审的,招标人应当在招标文件中载明对投标人资格要求的条件、标准和方法"。

评标委员会是按照招标文件规定的评审标准和方法进行评审的。对资格后审不合格的投标人,评标委员会应当对其投标作废标处理,不再进行详细评审。

▶▶归纳小结

资格审查 { 资格预审——投标前资格审查
资格后审——开标后资格审查

▶▶引例 5.5 小结

(1) 本例中,招标人编制的资格预审文件中,采用"在对企业实力、技术装备、人员状况、项目经理的业绩和现场考察的基础上进行综合评议,确定投保人名单"的做法,实际上没有载明资格审查标准和方法,违反了《工程建设项目施工招标投标办法》第十八条对资格预审文件的编制要求。

(2) 本例中,资格审查委员会存在以下三方面不正确的做法。

① 审查的依据不符合法规规定。本案在详细审查过程中,审查委员会没有依据资格预审文件中确定的资格审查标准和方法,对资格预审申请文件进行审查,如审查委员会没有对申请人技术装备、人员状况、项目经理的业绩和现场情况等审查因素进行审查。又如,在没有证据的情况下,采信了某个申请人"爱打官司,合同履约信誉差"的说法等;同时审查过程不完整,如审查委员会仅对末位申请人进行了审查,而没有对其他 7 位投标人的企业实力、技术装备、人员状况、项目经理的业绩和现场考察进行审查就直接确定其为通

过资格审查申请人的做法等。

② 对申请人实行了歧视性待遇，如认为区县级施工企业实力差的做法。

③ 以不合理条件排斥限制潜在投标人，如采用"抓阄的方式确定最后一个不通过资格审查的申请人"的做法等。

5.2.5 招标文件的内容和编制

▶▶引例 5.6

某办公楼的招标人在招标公告中说明，2000 年 6 月 1 日至 3 日的 9 时至 16 时在该招标人总工程师室购买招标文件。

招标文件中规定：6 月 15 日为投标截止日，投标保证金统一定为 100 万元人民币。因估计除本市施工企业参加投标外，还可能有外省市施工企业参加投标，故招标人委托咨询单位编制了两个标底，准备分别用于对本市和外省市施工企业投标价的规定。该建设单位在招标工作中有哪些不妥之处？

《招标投标法》第十九条规定："招标人应当根据招标项目的特点和需要编制招标文件。招标文件应当包括招标项目的技术要求、对投标人资格审查的标准、投标报价要求和评标标准等所有实质性要求和条件以及拟签订合同的主要条款。国家对招标项目的技术、标准有规定的，招标人应当按照其规定在招标文件中提出相应要求。招标项目需要划分标段、确定工期的，招标人应当合理划分标段、确定工期，并在招标文件中载明。"

1. 招标文件的内容

招标文件是招标人向投标人发出的旨在向其提供为编写投标文件所需的资料，并向其通报招标投标依据的规则、标准、方法和程序等内容的书面文件。

> **知识链接**
>
> 《工程建设项目施工招标投标办法》第二十四条规定，招标人根据施工招标项目的特点和需要编制招标文件。招标文件一般包括下列内容：投标邀请书；投标人须知；合同主要条款；投标文件格式；采用工程量清单招标的，应当提供工程量清单；技术条款；设计图纸；评标标准和方法；投标辅助材料。

2. 招标文件的编制

1）投标须知

在投标须知中应载明：招标工程的基本概况、招标范围、资金来源或者落实情况(包括银行出具的资金证明)，对投标人的资格要求及资格审查标准，标段划分，工期要求，现场勘查和答疑安排，投标文件编制、提交、修改、撤回的要求，投标有效期，投标担保，履行担保的规定，开标的时间和地点，评标的方法和标准等。

> **特别提示**
>
> 投标须知是招标文件中很重要的一部分内容，投标者在投标时必须仔细阅读和理解，按须知中的要求进行投标。

2) 合理划分标段或标包

《工程建设项目施工招标投标办法》第二十七条规定:"施工招标项目需要划分标段、确定工期的,招标人应当合理划分标段、确定工期,并在招标文件中载明。对工程技术上紧密相连、不可分割的单位工程不得分割标段。"

> **特别提示**
>
> 招标人不得以不合理的标段或工期限制或者排斥潜在投标人或者投标人。

3) 质量标准

工程质量应达到的标准也应在招标文件中表明,首先必须达到国家现行建筑工程质量检验评定合格等级;其次,对于要求质量达到其他标准的,应计取补偿费用,补偿费用的计算方法可按国家有关行政法规执行,并在招标文件中明确。

4) 建设工期

招标文件中的建设工期应参照国际或地方颁发的工期定额来确定,如果要求的工期比工期定额缩短,则工期缩短应控制在15%以内,并计算赶工措施费。赶工措施费如何计取应在招标文件中明确。由于施工单位原因造成不能按合同工期竣工时,计取赶工措施费的须扣除,同时还应赔偿由于误工给建设单位带来的损失,其损失费用的计算方式或规定应在招标文件中明确。

> **特别提示**
>
> 如果招标人要求比合同工期提前竣工交付使用,应考虑计取提前工期奖,提前工期奖的计算办法应在招标文件中明确。

5) 投标担保

《工程建设项目施工招标投标办法》第三十七条规定:"招标人可以在招标文件中要求投标人提交投标保证金。投标保证金除现金外,可以是银行出具的银行保函、保兑支票、银行汇票或现金支票。"

> **特别提示**
>
> 投标保证金一般不得超过投标总价的2%,但最高不得超过80万元人民币。投标保证金有效期应当超出投标有效期30天。

6) 投标有效期

《工程建设项目施工招标投标办法》第二十九条规定:"招标文件应当规定一个适当的投标有效期,以保证招标人有足够的时间完成评标和与中标人签订合同。投标有效期从投标人提交投标文件截止之日起计算。在原投标有效期结束前,出现特殊情况的,招标人可以书面形式要求所有投标人延长投标有效期。投标人同意延长的,不得要求或被允许修改其投标文件的实质性内容,但应当相应延长其投标保证金的有效期;投标人拒绝延长的,其投标失效,但投标人有权收回其投标保证金。因延长投标有效期造成投标人损失的,招标人应当给予补偿,但因不可抗力需要延长投标有效期的除外。"

7) 材料或设备采购供应

材料或设备采购、运输、保管的责任应在招标文件中明确，如招标人提供材料或设备，应列明材料或设备名称、品种或型号、数量及提供日期和交货地点等，还应在招标文件中明确招标人提供的材料或设备计价和结算退款的方法。

8) 工程量清单

要引导企业在国际和地方定额的指导下，依据企业自身技术和管理情况建立企业内部定额，提高投标报价的技巧和水平，并积极推进工程担保制度、索赔制度的开展，最终实现在国家和地方宏观调控下有市场去确定工程价格。

采用工程量清单招标的，招标人应当根据施工图纸及有关资料，按国家颁布的统一工程项目划分、统一计量单位和统一的工程量计算规则计算出实物量后，向投保人提供工程量清单。

> **特别提示**
>
> 工程项目招标的标底和投保人的投标报价，均不计劳动保险费，待工程项目中标后，再按省有关规定计取劳动保险费。

9) 工程标底和招标控制价的编制

(1) 工程标底。招标工程设有标底的，其标底的编制工作应按规定进行。标底价格由具有资质的招标人自行编制或委托具有相应资质的工程造价咨询单位、招标代理机构等单位代理编制。

标底的计价内容、计价依据应与招标文件的规定完全一致。标底作为招标人的期望计划价，应力求与市场的实际变化吻合，并考虑人工、材料、机械台班等变动因素及施工中不可预见费和其他措施费。招标文件要求工程质量达到优良标准的，应考虑优质优价费用。

招标工程工期应以根据国家或地方颁发的工期定额计算出的合理日历工期为准，需要加快工程进度，超过定额工期15%以上的，在编制标底时，应计取加快进度措施费。

> **特别提示**
>
> 一个工程只能编制一个标底价。标底的编制工作必须在招标文件规定的投标截止时间前完成，开标前，准时密封送达开标现场。

(2) 招标控制价。招标控制价是招标人或招标人委托的造价咨询机构编制的，依据招标图纸、市场材料价格、当地的规费取费标准等，编制的该项目的工程最高限价。在投标时，投标价超过招标控制价的，为废标。

招标控制价作用主要有以下两个。

① 控制工程造价。招标控制价是招标人对招标项目所能接受的最高价格，超过该价格的，招标人不予接受。

② 防止投标人围标。无限制的哄抬标价，会给招标人造成损失。

> **特别提示**
>
> 招标控制价分为两种：一种是按照招标文件中预先约定的时间，在开标前几天提前公布的；另一种是在开标当场公布的。其中后者更有利于防止围标。

10) 评价标准和评价方法

规定的评标标准和评标方法不得改变,并且应当公开规定评标时除价格以外的所有评标因素。评标标准和评标方法不仅要作为实质性条款列入招标文件,而且还要强调在评标过程中不得改变。

> **知识链接**
>
> 《工程建设项目施工招标投标办法》第二十八条规定:"招标文件应明确规定评标时除价格以外的所有评标因素,以及如何将这些因素量化或者据以进行评估。在评标过程中,不得改变招标文件中规定的评标标准、方法和中标条件。"

11) 拟签订合同的主要条款

招标人在编制招标文件时,应根据《合同法》、《建设工程施工合同管理办法》的规定和工程具体情况确定"招标文件合同主要条款"的内容。

12) 投标准备时间

《招标投标法》第二十四条规定:"招标人应当确定投标人编制投标文件所需要的合理时间;但是,依法必须进行招标的项目,自招标文件开始发出之日起至投标人提交投标文件截止之日止,最短不得少于二十日。"

13) 招标文件需要载明踏勘现场的时间与地点

《招标投标法》第二十一条规定:"招标人根据招标项目的具体情况,可以组织潜在投标人踏勘项目现场。"

> **知识链接**
>
> 《工程建设项目施工招标投标办法》第三十二条规定:"招标人根据招标项目的具体情况,可以组织潜在投标人踏勘项目现场,向其介绍工程场地和相关环境的有关情况。潜在投标人依据招标人介绍情况作出的判断和决策,由投标人自行负责。招标人不得单独或者分别组织任何一个投标人进行现场踏勘。"
>
> 《工程建设项目施工招标投标办法》第三十三条规定:"对于潜在投标人在阅读招标文件和现场踏勘中提出的疑问,招标人可以书面形式或召开投标预备会的方式解答,但需同时将解答以书面方式通知所有购买招标文件的潜在投标人。该解答的内容为招标文件的组成部分。"

14) 充分利用和发挥招标文件范本的作用

为了规范招标文件的编制活动和提高招标文件质量,国务院有关部委组织专家和有经验的招标投标工作者编制了一系列招标文件范本。在编制招标文件过程中,应当充分利用和发挥招标文件范本的积极作用,按规定执行(或参照执行)范本编制招标文件,保证和提高招标文件的质量。

15) 招标文件的发售

> **知识链接**
>
> 《工程建设项目施工招标投标办法》第十五条规定:"招标人应当按招标公告或者投标邀请书规定的时间、地点出售招标文件或资格预审文件。自招标文件或者资格预审文件出售之日起至停止出售之日止,最短不得少于五个工作日。对招标文件或者资格预审文件的收费应当合理,不得以营利为目的。

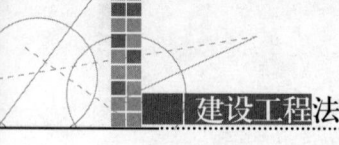

> 对于所附的设计文件，招标人可以向投标人酌收押金；对于开标后投标人退还设计文件的，招标人应当向投标人退还押金。招标文件或者资格预审文件售出后，不予退还。招标人在发布招标公告、发出投标邀请书后或者售出招标文件或资格预审文件后不得擅自终止招标。"

16) 电子招标文件

《工程建设项目施工招标投标办法》第十五条规定："招标人可以通过信息网络或者其他媒介发布招标文件，通过信息网络或者其他媒介发布的招标文件与书面招标文件具有同等法律效力，但出现不一致时以书面招标文件为准。招标人应当保持书面招标文件原始正本的完好。"

▶▶归纳小结

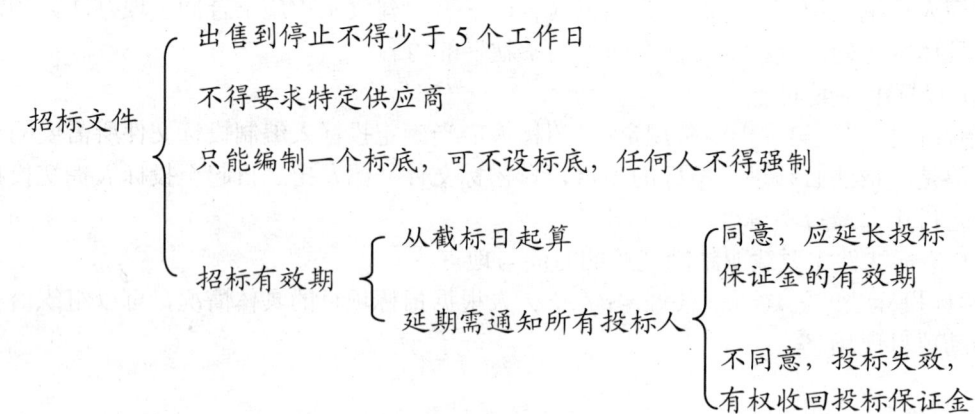

▶▶引例 5.6 小结

本例中，存在以下不妥之处。

(1) 购买招标文件的时间不妥。本例中出售招标文件时间是 2000 年 6 月 1 日至 3 日，即少于五个工作日。依据《工程建设项目施工招标投标办法》第十五条规定可知该不妥之处。

(2) 投标截止日的时间不妥。本例中招标文件发出之日是 6 月 1 日，投标截止日为 6 月 15 日，即少于 20 日。依据《招标投标法》第二十四条规定可知该不妥之处。

(3) 投标保证金的数额不妥。本例中投标保证金的金额是 100 万元人民币。依据《工程建设项目施工招标投标办法》第三十七条规定可知该不妥之处。

(4) 设两个标底不妥。根据规定，一个工程只能编制一个标底。

5.2.6 招标文件的澄清、修改

▶▶引例 5.7

某依法必须进行招标的项目，由于需要澄清与修改的内容特别多，致使招标人组织设计单位和招标代理机构对招标文件完成澄清与修改时，距项目的开标仅剩下 5 天时间。为

保证投标人在开标时不会受招标文件的澄清与修改影响,招标人决定晚 10 天发出投标邀请。某投标人由于没有在规定的时间内按招标人的要求递交承诺书,所以没有领到招标文件的澄清与修改的内容。开标后,该投标人的报价特别高,最终导致其没能中标。于是该投标人在开标后的第二天向行政监督部门进行了投诉,理由是由于其报价内容与其他投标人不一致,因此标价过高,进而没能中标,而不是自身实力不满足招标文件,并要求有关行政监督部门判定本次招标无效,依法重新进行招标。投标人投诉的理由是否能够得到支持?为什么?

《招标投标法》第二十三条规定:"招标人对已发出的招标文件进行必要的澄清或者修改的,应当在招标文件要求提交投标文件截止时间至少十五日前,以书面形式通知所有招标文件收受人。该澄清或者修改的内容为招标文件的组成部分。"

> **特别提示**
>
> 这里的"澄清"是指招标人对招标文件中的遗漏、词义表述不清或对比较复杂事项进行的补充说明和回答投标人提出的问题。这里的"修改"是指招标人对招标文件中出现的遗漏、差错、表述不清等问题认为必须进行的修订。

▶▶ 引例 5.7 小结

本例中,投标人投诉的理由能够得到支持。

招标人的行为违反了《招标投标法》第二十三条关于招标人应当在投标截止时间至少 15 日前,将澄清或者修改的内容以书面形式通知所有招标文件收受人的规定。招标人不向该投标人发放招标文件的澄清与修改,实际上对该投标人施行了歧视待遇、限制了投标人竞争的行为,违法了《招投标法》中"公开、公平、公正和诚实信用"的原则。

5.2.7 保密要求

▶▶ 引例 5.8

某工程招标过程中,招标人对投标人就招标文件所提出的所有问题统一作出了书面答复,并以备忘录的形式分发给各投标人,为简明起见,采用表格形式见下表,在书面答复投标人的提问后,招标人组织各投标人进行了施工现场踏勘。该招标过程有无不妥之处。

序 号	问 题	提问单位	提问时间	答 复
1				
…				
n				

《招标投标法》第二十二条规定:"招标人不得向他人透露已获取招标文件的潜在投标人的名称、数量以及可能影响公平竞争的有关招标投标的其他情况。招标人设有标底的,标底必须保密。"

《工程建设项目施工招标投标办法》第三十二条规定:"招标人不得单独或者分别组织

任何一个投标人进行现场踏勘。"

▶▶归纳小结

招标文件的澄清、修改和保密要求 { 招标文件的澄清、修改 { 应在截标时间至少 15 日前以书面形式通知所有投标人 / 澄清、修改的内容构成招标文件的组成部分 }; 招标人的保密要求 }

▶▶引例 5.8 小结

本例中存在以下不妥之处。

(1) 招标人对投标人的提问只能针对具体问题做出明确答复,但不应提及具体的提问单位(投标人),也不必提及提问的时间。依据《招标投标法》第二十二条规定可知该不妥之处。

(2) 现场踏勘时间不妥。现场踏勘应安排在书面答复投标单位提问之前,因为投标人对施工现场条件也可能提出问题。

5.3 投 标

5.3.1 投标人

《招标投标法》第二十五条规定:"投标人是响应招标、参加投标竞争的法人或者其他组织。依法招标的科研项目允许个人参加投标的,投标的个人适用本法有关投标人的规定。"

投标人分为三类:一是法人,二是其他组织,三是具有完全民事行为能力的个人。法人、其他组织和个人必须具备相应招标和参与投标竞争两个条件后,才能成为投标人。

《招标投标法》第二十六条规定:"投标人应当具备承担招标项目的能力;国家有关规定对投标人资格条件或者招标文件对投标人资格条件有规定的,投标人应当具备规定的资格条件。"

> **知识链接**
>
> 《工程建设项目施工招标投标办法》第二十条进一步规定了投标人参加工程建设项目施工投标应具备 5 个条件:"(一)具有独立订立合同的权利;(二)具有履行合同的能力,包括专业、技术资格和能力,资金、设备和其他物质设施状况,管理能力,经验、信誉和相应的从业人员;(三)没有处于被责令停业,投标资格被取消,财产被接管、冻结,破产状态;(四)在最近三年内没有骗取中标和严重违约及重大工程质量问题;(五)法律、行政法规规定的其他资格条件。"

5.3.2 投标文件

▶▶引例 5.9

某大型工程项目招标，招标文件中规定，投标担保可采用投标保证金或投标保函方式担保，投标有效期为 60 天。

开标后发现如下问题。

(1) A 投标人在开标后又递交了一份补充说明，提出可以降价 5%。

(2) B 投标人提交的银行保函有效期为 70 天。

(3) C 投标人投标文件的投标函盖有企业及企业法定代表人的印章，但没有加盖项目负责人的印章。

(4) D 投标人与其他投标人组成了联合体投标，附有各方资质证书，但没有联合体共同投标协议书。

(5) E 投标人的投标报价最高，故 E 投标人在开标后第二天撤回了其投标文件。

分析 A、B、C、D、E 投标人的投标文件是否有效？说明理由。对 E 投标人撤回投标文件的行为应如何处理？

1. 投标文件编制和密封

(1) 投标文件编制步骤。

① 结合现场勘探和投标预备会的结果，进一步分析招标文件。

② 校核招标文件中的工程量清单。

③ 根据工程类型编制施工规划或施工组织设计。

④ 根据工程价格构成进行工程估价，确定利润方针，计算和确定报价。

⑤ 形成投标文件。

(2) 对投标文件的要求。《招标投标法》第二十七条规定："投标人应当按照招标文件的要求编制投标文件。投标文件应当对招标文件提出的实质性要求和条件作出响应。"

"招标项目属于建设施工的，投标文件的内容应当包括拟派出的项目负责人与主要技术人员的简历、业绩和拟用于完成招标项目的机械设备等。"

《招标投标法》第三十条规定："投标人根据招标文件载明的项目实际情况，拟在中标后将中标项目的部分非主体、非关键性工作进行分包的，应当在投标文件中载明。"

(3) 投标文件的内容。《工程建设项目施工招标投标办法》第三十六条规定："投标人应当按照招标文件的要求编制投标文件。投标文件应当对招标文件提出的实质性要求和条件作出响应。投标文件一般包括下列内容：(一)投标函；(二)投标报价；(三)施工组织设计；(四)商务和技术偏差表。"

(4) 投标文件的密封。《标准施工招标文件》中对"投标文件的密封和标记"规定的主要内容：投标文件的正本与副本应分开包装，加贴封条，并在封套的封口处加盖投标人单位章。投标文件的封套上应清楚地标记"正本"或"副本"字样，封套上应写明规定的其他内容；未按规定要求密封和加写标记的投标文件，招标人不予受理。

2. 投标文件送达、修改与撤回

1) 投标文件的送达

《招标投标法》第二十八条规定："投标人应当在招标文件要求提交投标文件的截止时间前，将投标文件送达投标地点。招标人收到投标文件后，应当签收保存，不得开启。投标人少于三个的，招标人应当依照本法重新招标。在招标文件要求提交投标文件的截止时间后送达的投标文件，招标人应当拒收。"

> **知识链接**
>
> 《工程建设项目施工招标投标办法》三十八条规定："招标人收到投标文件后，应当向投标人出具标明签收人和签收时间的凭证，在开标前任何单位和个人不得开启投标文件。"
>
> 《工程建设项目施工招标投标办法》第五十条规定："投标文件有下列情形之一的，招标人不予受理：(一)逾期送达的或者未送达指定地点的；(二)未按招标文件要求密封的。"

2) 补充、修改与撤回

《招标投标法》第二十九条规定："投标人在招标文件要求提交投标文件的截止时间前，可以补充、修改或者撤回已提交的投标文件，并书面通知招标人。补充、修改的内容为投标文件的组成部分。"

3. 投标保证金

投标保证金是指为了避免因投标人投标后随意撤回、撤销投标或随意变更应承担相应义务和招标人和招标代理机构造成损失，要求投标人提交的担保。

1) 投标保证金的形式和有效期

《工程建设项目施工招标投标办法》第三十七条规定："招标人可以在招标文件中要求投标人提交投标保证金。投标保证金除现金外，可以是银行出具的银行保函、保兑支票、银行汇票或现金支票。投标保证金一般不得超过投标总价的百分之二，但最高不得超过八十万元人民币。投标保证金有效期应当超出投标有效期三十天。投标人应当按照招标文件要求的方式和金额，将投标保证金随投标文件提交给招标人。投标人不按招标文件要求提交投标保证金的，该投标文件将被拒绝，作废标处理。"

2) 投标保证金的没收与退还

《工程建设项目施工招标投标办法》第四十条规定："在提交投标文件截止时间后到招标文件规定的投标有效期终止之前，投标人不得补充、修改、替代或者撤回其投标文件。投标人补充、修改、替代投标文件的，招标人不予接受；投标人撤回投标文件的，其投标保证金将被没收。"

《工程建设项目施工招标投标办法》第六十三条规定："招标人与中标人签订合同后五个工作日内，应当向未中标的投标人退还投标保证金。"

▶▶归纳小结

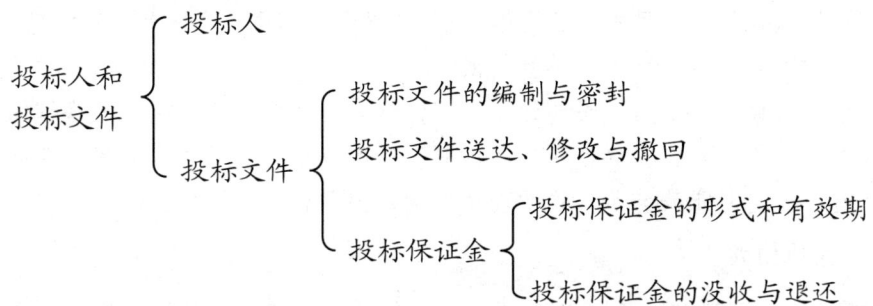

▶▶引例 5.9 小结

(1) A 投标人的投标文件有效，但补充说明无效。依据《招标投标法》第二十九条规定可知，开标后投标人不能变更投标文件的实质性内容。

B 投标人的投标文件无效。依据《工程建设项目施工招标投标办法》第三十七条规定可知该结论。

C 投标人投标文件投标文件有效。

D 投标人无效。依据《招标投标法》第三十一条规定可知该结论。

E 投标人的投标文件有效。

(2) 招标人可以没收 E 投标人的投标保证金，给招标人造成损失超过投标保证金的，招标人可以要求其赔偿。

5.3.3 联合体投标

▶▶引例 5.10

某施工招标项目接受联合体投标，其中的资质条件为钢结构工程专业承包二级和装饰装修专业承包一级施工资质。有两个联合体投标人参加了投标，其中一个联合体由 3 个成员单位 A、B、C 组成，其具备的资质情况分别如下所述。

成员 A：具有钢结构工程专业承包二级和装饰装修专业承包二级施工资质。

成员 B：具有钢结构工程专业承包三级和装饰装修专业承包一级施工资质。

成员 C：具有钢结构工程专业承包三级和装饰装修专业承包三级施工资质。

该联合体成员共同签订的联合体协议书中，成员 A 承担钢结构施工，成员 B、C 承担装饰装修施工。资格审查时，审查委员会对最终确定该联合体的资格是否满足本项目资格条件意见不一，有以下三种意见。

意见一：该联合体满足本项目资格要求，因为联合体成员中，分别有钢结构工程专业承包二级的施工企业成员 A 和装饰装修专业承包一级施工资质成员 B。

意见二：该联合体不满足本项目资格要求。《招标投标法》第三十一条明确规定"联合体各方均应当具备规定的相应资格条件"，这里的联合体成员 A、B、C 均不同时满足钢结构工程专业承包二级和装饰装修专业承包一级施工资质。

意见三：该联合体不满足本项目资格要求。《招标投标法》第三十一条规定"由同一专业的单位组成的联合体，按照资质等级较低的单位确定资质等级"。本案中，3个单位均具有钢结构和装饰装修专业资质，按照该条规定，该联合体的资质等级应该为钢结构专业承包三级和装饰装修专业承包二级，所以，该联合体的资质不满足本项目资格条件。

分析上述三种意见正确与否，说明理由并确定该联合体的资质。

1. 联合体的构成

《招标投标法》第三十一条规定："两个以上法人或者其他组织可以组成一个联合体，以一个投标人的身份共同投标"、"招标人不得强制投标人组成联合体共同投标，不得限制投标人之间的竞争"。

《工程建设项目施工招标投标办法》第四十二条规定："联合体各方签订共同投标协议后，不得再以自己名义单独投标，也不得组成新的联合体或参加其他联合体在同一项目中投标。"

2. 联合体的资格条件

《招标投标法》第三十一条规定："联合体各方均应当具备承担招标项目的相应能力；国家有关规定或者招标文件对投标人资格条件有规定的，联合体各方均应当具备规定的相应资格条件。由同一专业的单位组成的联合体，按照资质等级较低的单位确定资质等级。"

《工程建设项目施工招标投标办法》第四十三条规定："联合体参加资格预审并获通过的，其组成的任何变化都必须在提交投标文件截止之日前征得招标人的同意。如果变化后的联合体削弱了竞争，含有事先未经过资格预审或者资格预审不合格的法人或者其他组织，或者使联合体的资质降到资格预审文件中规定的最低标准以下，招标人有权拒绝。"

3. 联合体投标

《招标投标法》第三十一条规定："联合体各方应当签订共同投标协议，明确约定各方拟承担的工作和责任，将共同投标协议连同投标文件一并提交招标人。联合体中标的，联合体各方应当共同与招标人签订合同，就中标项目向招标人承担连带责任。"

> **知识链接**
>
> 《工程建设项目施工招标投标办法》第五十条规定，"联合体投标未附联合体各方共同投标协议的按废标处理。"
>
> 《工程建设项目施工招标投标办法》第四十四条规定："联合体各方必须指定牵头人，授权其代表所有联合体成员负责投标和合同实施阶段的主办、协调工作，并应当向招标人提交由所有联合体成员法定代表人签署的授权书。"
>
> 《工程建设项目施工招标投标办法》第四十五条规定："联合体投标的，应当以联合体各方或者联合体中牵头人的名义提交投标保证金。以联合体中牵头人名义提交的投标保证金，对联合体各成员具有约束力。"

▶▶ 归纳小结

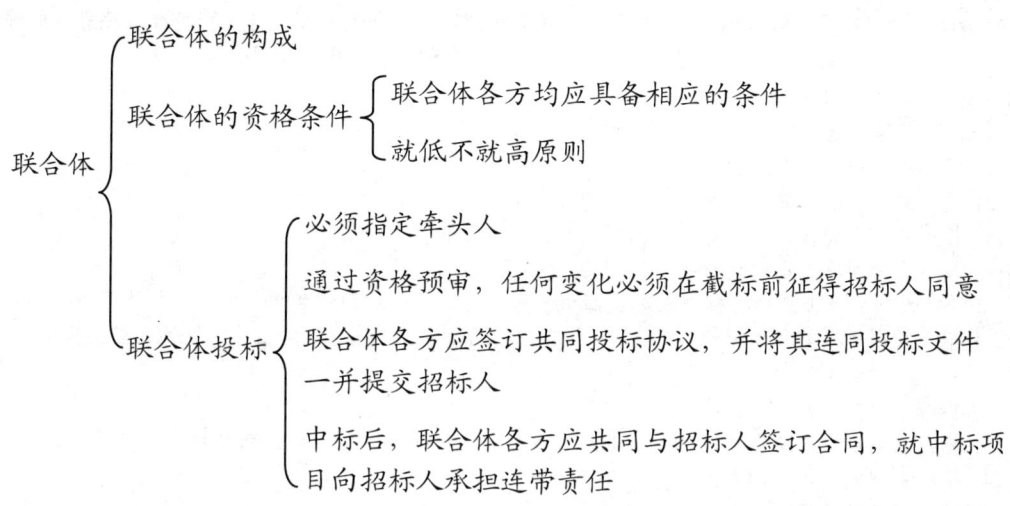

▶▶ 引例 5.10 小结

三种意见中，意见二和意见三的结论正确，但其理由以及意见一均不正确。

首先，意见一不正确。因为看一个联合体的资质条件是否满足要求，不是看该联合体成员中是否有满足需要的资质等级。意见二和意见三虽然结论正确，但理由不正确，因为《招标投标法》第三十一条的"联合体各方均应当具备规定的相应资格条件"，重点在具备相应的资格条件，而不是所有成员均需要具备所有条件，否则联合体这种模式在工程建设中就没有实际意义。本例中由于协议成员 A 承担钢结构施工，成员 B、C 承担装饰装修施工，所以联合体的钢结构专业施工资质为二级，装饰装修专业承包的施工资质为成员 B 和成员 C 中等级较低的资质，即装饰装修专业施工三级，故联合体的资质为钢结构专业施工资质二级、装饰装修专业施工资质为三级，不能通过资格审查。

5.3.4 投标的禁止性规定

1. 对投标人参与投标的规定

《工程建设项目施工招标投标办法》第三十五条规定："招标人的任何不具独立法人资格的附属机构(单位)，或者为招标项目的前期准备或者监理工作提供设计、咨询服务的任何法人及其任何附属机构(单位)，都无资格参加该招标项目的投标。"

2. 对投标人投标行为的规定

《招标投标法》第三十二条规定："投标人不得相互串通投标报价，不得排挤其他投标人的公平竞争，损害招标人或者其他投标人的合法权益。投标人不得与招标人串通投标，损害国家利益、社会公共利益或者他人的合法权益。禁止投标人以向招标人或者评标委员会成员行贿的手段谋取中标。"

《招标投标法》第三十三条规定："投标人不得以低于成本的报价竞标，也不得以他人名义投标或者以其他方式弄虚作假，骗取中标。"

> **知识链接**
>
> 《工程建设项目施工招标投标办法》第四十八条规定:"以他人名义投标,指投标人挂靠其他施工单位,或从其他单位通过转让或租借的方式获取资格或资质证书,或者由其他单位及其法定代表人在自己编制的投标文件上加盖印章和签字等行为。"
>
> 《工程建设项目施工招标投标办法》第四十六条规定,下列行为均属投标人串通投标报价。
> (1) 投标人之间相互约定抬高或压低投标报价。
> (2) 投标人之间相互约定,在招标项目中分别以高、中、低价位报价。
> (3) 投标人之间先进行内部竞价,内定中标人,然后再参加投标。
> (4) 投标人之间其他串通投标报价的行为。
>
> 《工程建设项目施工招标投标办法》第四十七条规定,下列行为均属招标人与投标人串通投标。
> (1) 招标人在开标前开启招标文件,并将投标情况告知其他投标人,或者协助投标人撤换投标文件,更改报价。
> (2) 招标人向投标人泄露标底。
> (3) 招标人与投标人商定,投标时压低或抬高标价,中标后再给投标人或招标人额外补偿。
> (4) 招标人预先内定中标人。
> (5) 其他串通投标行为。

5.3.5 法律责任

1. 串通投标的法律责任

投标人相互串通投标或者与招标人串通投标的,投标人以向招标人或者评标委员会成员行贿的手段谋取中标的,中标无效,处中标项目金额 0.5%以上、1%以下的罚款,对单位直接负责的主管人员和其他直接责任人员处单位罚款数额 5%以上、10%以下的罚款;有违法所得的,并处没收违法所得;情节严重的,取消其 1~2 年内参加依法必须进行招标的项目的投标资格并予以公告,直至由工商行政管理机关吊销营业执照;构成犯罪的,依法追究刑事责任。给他人造成损失的,依法承担赔偿责任。

2. 骗取中标的法律责任

投标人以他人名义投标或者以其他方式弄虚作假,骗取中标的,中标无效;给招标人造成损失的,依法承担赔偿责任;构成犯罪的,依法追究刑事责任。依法必须进行招标的项目的投标人有前款所列行为尚未构成犯罪的,处中标项目金额 0.5%以上、1%以下的罚款,对单位直接负责的主管人员和其他直接责任人员处单位罚款数额 5%以上、10%以下的罚款;有违法所得的,并处没收违法所得;情节严重的,取消其 1~3 年内参加依法必须进行招标的项目的投标资格并予以公告,直至由工商行政管理机关吊销营业执照。

▶▶ 归纳小结

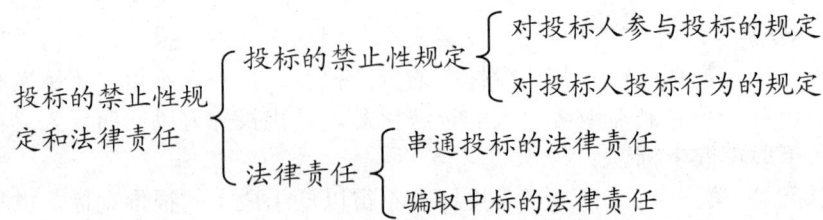

5.4 开标、评标和定标

5.4.1 开标、评标和定标的要求

▶▶引例 5.11

某依法必须进行招标的工程施工项目采用资格后审组织公开招标。在投标截止时间前，招标人共受理了 6 份投标文件，随后组织有关人员对投标人的资格进行审查，以及核查有关证明和证件的原件。某位投标人没有派人参加开标会议，另一位投标人少携带了一个证件的原件，因此二人均没能通过招标人组织的资格审查。招标人对通过资格审查的投标人 A、B、C、D 组织了开标。

投标人 A 没有递交投标保证金，招标人当场宣布 A 的投标文件为无效投标文件，不进行唱标程序。

唱标过程中，投标人 B 的投标函上有两个投标报价，招标人要求其确认了其中一个报价进行唱标；投标人 C 在投标函上填写的报价，大写与小写不一致，招标人查对了其投标文件中工程报价汇总表，发现投标函上报价的小写数值与投标报价总表一致，于是按照其投标函上小写数值进行了唱标；投标人 D 的投标函没有盖投标人单位印章，同时又没有法定代表人或其委托代理人签字，招标人唱标后，当场宣布 D 的投标为废标。这样仅剩 B、C 两个人的投标，招标人认为有效投标少于三家，不具有竞争性，否决了所有投标。

(1) 招标人确定进入开标或唱标投标人的做法是否正确？为什么？如不正确，正确的做法应怎样？

(2) 招标人在唱标过程中针对一些特殊情况的处理是否正确？为什么？

(3) 开标会议上，招标人是否有权否决所有投标？为什么？给出正确的做法。

1．开标

1) 开标的时间、地点

《招标投标法》第三十四条规定："开标应当在招标文件确定的提交投标文件截止时间的同一时间公开进行，开标地点应当为招标文件中预先确定的地点。"

2) 开标的参与人

《招标投标法》第三十五条规定："开标由招标人主持，邀请所有投标人参加。"

开标由招标人主持，也可以委托招标代理机构主持。

《招标投标法》第三十六条规定，"开标时，由投标人或者其推选的代表检查投标文件的密封情况，也可以由招标人委托的公证机构检查并公证"。

3) 开标的程序

《招标投标法》第三十六条规定："经确认无误后，由工作人员当众拆封，宣读投标人名称、投标价格和投标文件的其他主要内容。招标人在招标文件要求提交投标文件的截止时间前收到的所有投标文件，开标时都应当当众予以拆封、宣读。开标过程应当记录，并存档备查。"

4) 开标时，投标文件无效的几种情形

《房屋建筑和市政基础设施工程施工招标投标管理办法》第三十五条规定："在开标时，投标文件出现下列情形之一的，应当作为无效投标文件，不得进入评标：①投标文件未按照招标文件的要求予以密封的；②投标文件中的投标函未加盖投标人的企业及企业法定代表人印章的，或者企业法定代表人委托代理人没有合法、有效的委托书(原件)及委托代理人印章的；③投标文件的关键内容字迹模糊、无法辨认的；④投标人未按照招标文件的要求提供投标保函或者投标保证金的；⑤组成联合体投标的，投标文件未附联合体各方共同投标协议的。"

▶▶归纳小结

开标 ┌ 开标的时间、地点——在招标文件中确定的截标时间的同一时间和地点公开进行
　　 ├ 开标的参与人——开标由招标人主持，邀请所有投标人参加
　　 ├ 开标的程序
　　 └ 投标文件无效的几种情形

2. 评标

《招标投标法》第三十七条规定："评标由招标人依法组建的评标委员会负责。"

1) 评标委员会

《招标投标法》第三十七条对评标委员会作了具体规定。

(1) 依法必须进行招标的项目，其评标委员会由招标人的代表和有关技术、经济等方面的专家组成，成员人数为5人以上单数，其中技术、经济等方面的专家不得少于成员总数的2/3。

(2) 评标专家应当从事相关领域工作满八年并具有高级职称或者具有同等专业水平，由招标人从国务院有关部门或者省、自治区、直辖市人民政府有关部门提供的专家名册或者招标代理机构的专家库内的相关专业的专家名单中确定；一般招标项目可以采取随机抽取方式，特殊招标项目可以由招标人直接确定。

(3) 与投标人有利害关系的人不得进入相关项目的评标委员会，已经进入的应当更换。

(4) 评标委员会成员的名单在中标结果确定前应当保密。

2) 评标方法

评标方法是评审和比选投标文件、判断哪些投标更符合招标文件要求的方法。

根据《评标委员会和评标方法暂行规定》、《房屋建筑和市政基础设施工程施工招标投标管理办法》等的规定，评标可以采用经评审的最低投标价法、综合评估法或者法律法规允许的其他评标方法。

(1) 经评审的最低投标价法。采用经评审的最低投标价法的，能够满足招标文件的实质性要求，并且经评审的最低投标价的投标，应当推荐为中标候选人。但投标价格低于其企业成本的除外。

采用经评审的最低投标价法的，评标委员会应当根据招标文件中规定的评标价格调整方法，以所有投标人的投标报价以及投标文件的商务部分作必要的价格调整；中标人的投标应当符合招标文件规定的技术要求和标准，但评标委员会无需对投标文件的技术部分进行价格折算。

经评审的最低投标价法一般适用于具有通用技术、性能标准或者招标人对其技术、性能没有特殊要求的招标项目。

(2) 综合评估法。根据综合评估法，最大限度地满足招标文件中规定的各项综合评价标准的投标，应当推荐为中标候选人。

衡量投标文件是否最大限度地满足招标文件中规定的各项评价标准，可以采取折算为货币的方法、打分的方法或者其他方法。需量化的因素及其权重应当在招标文件中明确规定。评标委员会对各个评审因素进行量化时，应当将量化指标建立在同一基础或者同一标准上，使各投标文件具有可比性。对技术部分和商务部分进行量化后，评标委员会应当对这两部分的量化结果进行加权，计算出每一投标的综合评估价或者综合评估分。

《房屋建筑和市政基础设施工程施工招标投标管理办法》规定，采用综合评估法的，应当对投标文件提出的工程质量、施工工期、投标价格、施工组织设计或者施工方案、投标人及项目经理业绩等，能否最大限度地满足招标文件中规定的各项要求和评价标准进行评审和比较。以评分方式进行评估的，对于各种评比奖项不得额外计分。

(3) 其他评标方法。《评标委员会和评标方法暂行规定》规定，评标方法还包括法律、行政法规允许的其他评标方法。事实上，对专业性较强的招标项目，相关行政监督部门也规定了其他评标法。招标人在实际招标项目操作中，应注意结合使用。

3. 评标程序

《招标投标法》第四十条规定："评标委员会应当按照招标文件确定的评标标准和方法，对投标文件进行评审和比较；设有标底的，应当参考标底。"

《评标委员会和评标方法暂行规定》规定，投标文件评审包括评标的准备、初步评审、详细评审、提交评标报告和推荐中标候选人。

(1) 评标准备。其主要内容为以下两方面。

① 评标委员会成员应当编制供评标使用的相应表格，认真研究招标文件。

② 招标人或者其委托的招标代理机构应当向评标委员会提供评标所需的重要信息和数据。招标人设有标底的，标底应当保密，并在评标时作为参考。

(2) 初步评审。其主要内容为以下四方面。

① 投标文件排序。评标委员会应当按照投标报价的高低或者招标文件规定的其他方法对投标文件排序。以多种货币报价的，应当按照中国银行在开标日公布的汇率中间价换算成人民币。招标文件应当对汇率标准和汇率风险作出规定。未做规定的，汇率风险由投标人承担。

② 投标文件的评审比较。评标委员会应当根据招标文件规定的评标标准和方法，对投标文件进行系统的评审和比较。招标文件中没有规定的标准和方法不得作为评标的依据。招标文件中规定的评标标准和评标方法应当合理，不得含有倾向或者排斥潜在投标人的内容，不得妨碍或者限制投标人之间的竞争。

③ 投标文件的偏差。评标委员会应当根据招标文件，审查并逐项列出投标文件的全部投标偏差。投标偏差分为重大偏差和细微偏差。

投标文件未能对招标文件作出实质性响应的为重大偏差，除非招标文件对重大偏差另有规定，否则应作废标处理。

细微偏差是指投标文件在实质上响应招标文件要求，但在个别地方存在漏项或者提供了不完整的技术信息和数据等情况，并且补正这些遗漏或者不完整不会对其他投标人造成不公平的结果。细微偏差不影响投标文件的有效性。

④ 投标文件的澄清。《招标投标法》第三十九条规定："评标委员会可以要求投标人对投标文件中含义不明确的内容作必要的澄清或者说明，但是澄清或者说明不得超出投标文件的范围或者改变投标文件的实质性内容。"

根据《评标委员会和评标方法暂行规定》的规定，评标委员会可以书面方式要求投标人对投标文件中含义不明确、对同类问题表述不一致或者有明显文字和计算错误的内容做必要的澄清、说明或者补正。澄清、说明或者补正应以书面方式进行并不得超出投标文件的范围或者改变投标文件的实质性内容。

投标文件中的大写金额和小写金额不一致的，以大写金额为准；总价金额与单价金额不一致的，以单价金额为准，但单价金额小数点有明显错误的除外；对不同文字文本投标文件的解释发生异议的，以中文文本为准。

在评标过程中，评标委员会发现投标人的报价明显低于其他投标报价或者在设有标底时明显低于标底，使得其投标报价可能低于其个别成本的，应当要求该投标人作出书面说明并提供相关证明材料。

(3) 详细评审。其主要内容如下所述。经初步评审合格的投标文件，评标委员会应当根据招标文件确定的评标标准和方法，对其技术部分和商务部分做进一步评审、比较。

评标方法包括经评审的最低投标价法、综合评估法或者法律、行政法规允许的其他评标方法。

根据经评审的最低投标价法完成详细评审后，评标委员会应当拟定一份"标价比较表"，连同书面评标报告提交招标人。"标价比较表"应当载明投标人的投标报价、对商务偏差的价格调整和说明以及经评审的最终投标价。

根据综合评估法完成评标后，评标委员会应当拟定一份"综合评估比较表"，连同书面评标报告提交招标人。"综合评估比较表"应当载明投标人的投标报价、所作的任何修正、对商务偏差的调整、对技术偏差的调整、对各评审因素的评估以及对每一投标的最终评审结果。

(4) 评标报告和推荐中标候选人。其相关内容如下所述。《招标投标法》第四十条规定："评标委员会完成评标后，应当向招标人提出书面评标报告，并推荐合格的中标候选人。"

评标报告由评标委员会全体成员签字。对评标结论持有异议的评标委员会成员可以书面方式阐述其不同意见和理由。评标委员会成员拒绝在评标报告上签字且不陈述其不同意见和理由的，视为同意评标结论。评标委员会应当对此做出书面说明并记录在案。

向招标人提交书面评标报告后，评标委员会即告解散。评标过程中使用的文件、表格以及其他资料应当即时归还招标人。

4. 废标、否决所有投标和重新招标

《工程建设项目施工招标投标办法》规定，投标文件有下列情形之一的，由评标委员会初审后按废标处理。

(1) 无单位盖章并无法定代表人或法定代表人授权的代理人签字或盖章的。

(2) 未按规定的格式填写，内容不全或关键字迹模糊、无法辨认的。

(3) 投标人递交两份或多份内容不同的投标文件，或在一份投标文件中对同一招标项目报有两个或多个报价，且未声明哪一个有效，按招标文件规定提交备选投标方案的除外。

(4) 投标人名称或组织结构与资格预审时不一致的。

(5) 未按招标文件要求提交投标保证金的。

(6) 联合体投标未附联合体各方共同投标协议的。

《评标委员会和评标方法暂行规定》规定了以下四类废标情况。

(1) 在评标过程中，评标委员会发现投标人以他人的名义投标、串通投标、以行贿手段谋取中标或者以其他弄虚作假方式投标的，该投标人的投标应作废标处理。

(2) 在评标过程中，评标委员会发现投标人的报价明显低于其他投标报价或者在设有标底时明显低于标底，使得其投标报价可能低于其个别成本的，应当要求该投标人做出书面说明并提供相关证明材料。投标人不能合理说明或者不能提供相关证明材料的，由评标委员会认定该投标人以低于成本报价竞标，其投标应作废标处理。

(3) 投标人资格条件不符合国家有关规定和招标文件要求的，或者拒不按照要求对投标文件进行澄清、说明或者补正的，评标委员会可以否决其投标。

(4) 未能在实质上响应的投标，应作废标处理。下列情况属于未能在实质上响应的重大偏差：①没有按照招标文件要求提供投标担保或者所提供的投标担保有瑕疵；②投标文件没有投标人授权代表签字和加盖公章；③投标文件载明的招标项目完成期限超过招标文件规定的期限；④明显不符合技术规格、技术标准的要求；⑤投标文件载明的货物包装方式、检验标准和方法等不符合招标文件的要求；⑥投标文件附有招标人不能接受的条件；⑦不符合招标文件中规定的其他实质性要求。

《招标投标法》第二十八条规定："投标人少于三个的，招标人应当依照本法重新招标。"第四十二条规定："评标委员会经评审，认为所有投标都不符合招标文件要求的，可以否决所有投标。依法必须进行招标的项目的所有投标被否决的，招标人应当依照本法重新招标。"

▶▶引例 5.11 小结

(1) 本例中，招标人确定进入开标或唱标投标人的做法不正确。《招标投标法》第三十六条规定："招标人在招标文件要求提交投标文件的截止时间前收到的所有投标文件，开标时都应当当众予以拆封、宣读。"招标人采用投标截止时间后，先行组织有关人员对投标人进行这个审查，查对有关证明、证件的原件的做法不符合该条规定，因为资格后审属于对投标文件的评审和比较内容，有评标委员会在初步审查过程中完成。所以招标人确定进入开标的投标人的做法不符合《招标投标法》的规定。

《招标投标法》第三十五条规定："开标有招标人主持，邀请所有投标人参加。"所以投标人参加开标是一种自愿行为。投标人参加开标的权利是监督招标人开标的合法性，了解其他投标人的投标情况。如果投标人不参加开标，视同其放弃了这项权利，不能以投标人是否参加开标而判定其投标的有效无效，更不能以此判定其资格合格与否。

(2) 招标人开标过程中对一些特殊情况处理不正确。针对 B 的投标函上有两个投标报价，招标人应直接宣读投标人在投标函(正本)上填写的两个报价，不能要求该投标人确认其报价是这中间的哪一个报价，否则其行为相当于允许该投标人二次报价，违法了投标报价一次性的原则；针对 C 在投标函上填写的报价，大写与小写不一致，招标人在开标会议上无须查对工程报价汇总表,仅需按照投标函(正本)上的大写数值唱标即可;针对投标人D的投标函没有盖投标人单位印章,同时又没有法定代表人或其委托代理人签字,招标人仅需按照招标文件约定的唱标内容进行唱标即可,而招标人唱标后宣布D的投标为废标的行为属于招标人越权。

(3) 招标人在开标会议没有权利否决所有投标。招标投标法将对投标文件的评审和比较权利依法赋予了招标人依法组建的评标委员会。《招标投标法》第四十二条规定:"评标委员会经评审,认为所有投标都不符合招标文件要求的,可以否决所有投标。"本例中,招标人否决所有投标的行为违反了法律规定。

正确的做法是,招标人应组织接收的6份投标文件开标,然后将这6份投标文件交由其依法组建的评标委员会进行评审和比较。

5.4.2　中标与合同签订

▶▶引例 5.12

某工程项目招标,A投标人的投标报价为8000万元,是最低投标价,经评审后确定为中标人。发出中标通知书后,招标人和A投标人进行合同谈判,希望A投标人能再压缩工期、降低费用。经谈判后双方达成一致:不压缩工期,降价3%。该项目施工合同应如何签订?合同价格应是多少?

1. 确定中标人

《招标投标法》第四十条规定:"招标人根据评标委员会提出的书面评标报告和推荐的中标候选人确定中标人。招标人也可以授权评标委员会直接确定中标人。"

《招标投标法》第四十一条规定,中标人的投标应当符合下列条件之一。

(1) 能够最大限度地满足招标文件中规定的各项综合评价标准。

(2) 能够满足招标文件的实质性要求,并且经评审的投标价格最低;但是投标价格低于成本的除外。

评标委员会推荐的中标候选人应当限定在1~3人,并标明排列顺序。招标人应当接受评标委员会推荐的中标候选人,不得在评标委员会推荐的中标候选人之外确定中标人。

依法必须进行招标的项目,招标人应当确定排名第一的中标候选人为中标人。排名第一的中标候选人放弃中标、因不可抗力提出不能履行合同,或者招标文件规定应当提交履约保证金而在规定的期限内未能提交的,招标人可以确定排名第二的中标候选人为中标人。

《招标投标法》第四十三条规定:"在确定中标人之前,招标人不得与投标人就投标价格、投标方案等实质性内容进行谈判。"

2. 发中标通知书

《招标投标法》第四十五条规定:"中标人确定后,招标人应当向中标人发出中标通知书,并同时将中标结果通知所有未中标的投标人。中标通知书对招标人和中标人具有法律效力。中标通知书发出后,招标人改变中标结果的,或者中标人放弃中标项目的,应当依法承担法律责任。"

3. 签订合同

《招标投标法》第四十六条规定:"招标人和中标人应当自中标通知书发出之日起三十日内,按照招标文件和中标人的投标文件订立书面合同。招标人和中标人不得再行订立背离合同实质性内容的其他协议。招标文件要求中标人提交履约保证金的,中标人应当提交。"

《招标投标法》第四十七条规定:"依法必须进行招标的项目,招标人应当自确定中标人之日起十五日内,向有关行政监督部门提交招标投标情况的书面报告。"

▶▶归纳小结

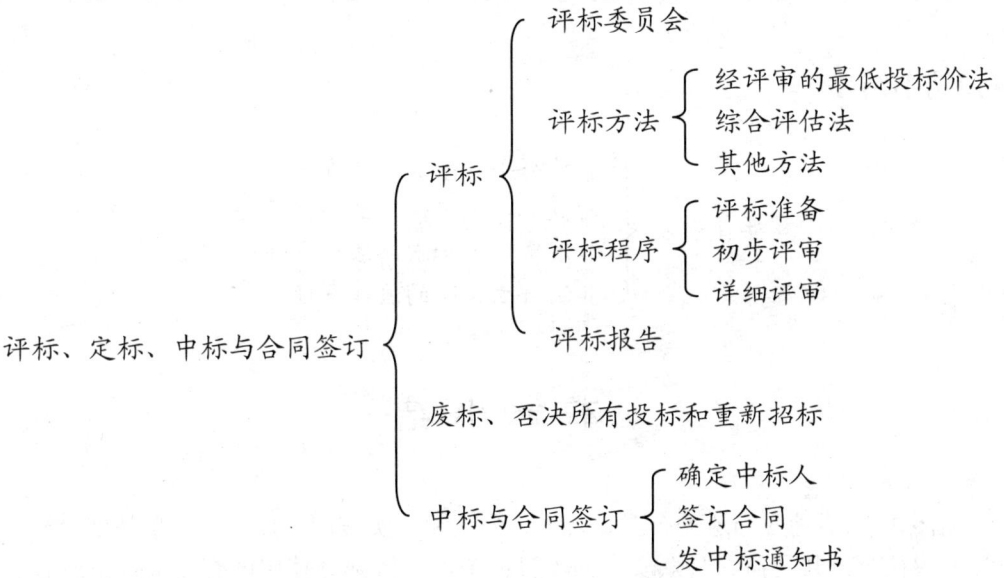

▶▶引例 5.12 小结

根据《招标投标法》第四十六条的有关规定,可知合同价为 8000 万元。

5.4.3 法律责任

1. 影响公平竞争的法律责任

评标委员会成员收受投标人的财物或者其他好处的,评标委员会成员或者参加评标的有关工作人员向他人透露对投标文件的评审和比较、中标候选人的推荐以及与评标有关的其他情况的,给予警告,没收收受的财物,可以并处 3000 元以上、5 万元以下的罚款,对有所列违法行为的评标委员会成员取消担任评标委员会成员的资格,不得再参加任何依法必须进行招标的项目的评标;构成犯罪的,依法追究刑事责任。

2. 与投标人先行谈判的法律责任

招标人违反本法规定,与投标人就投标价格、投标方案等实质性内容进行谈判的,给予警告,对单位直接负责的主管人员和其他直接责任人员依法给予处分。前款所列行为影响中标结果的,中标无效。

3. 非法确定中标人的法律责任

招标人在评标委员会依法推荐的中标候选人以外确定中标人的,依法必须进行招标的项目在所有投标被评标委员会否决后自行确定中标人的,中标无效。责令改正,可以处中标项目金额 0.5%以上、1%以下的罚款;对单位直接负责的主管人员和其他直接责任人员依法给予处分。

4. 非法订立合同的法律责任

招标人与中标人不按照招标文件和中标人的投标文件订立合同的,或者招标人、中标人订立背离合同实质性内容的协议的,责令改正;可以处中标项目金额 0.5%以上、1%以下的罚款。

▶▶归纳小结

$$
\text{法律责任}\begin{cases}\text{影响公平竞争的法律责任}\\\text{与投标人先行谈判的法律责任}\\\text{非法确定中标人的法律责任}\\\text{非法订立合同的法律责任}\end{cases}
$$

本 章 小 结

1. 招标投标活动应当遵循公开、公平、公正和诚实信用的原则;大型基础设施、公用事业等关系社会公共利益、公众安全的项目;全部或者部分使用国有资金投资或者国家融资的项目;使用国际组织或者外国政府贷款、援助资金的项目,包括项目的勘察、设计、施工、监理以及与工程建设有关的重要设备和材料等的采购,必须进行招标。

2. 招标分为公开招标和邀请招标。招标人具有编制招标文件和组织评标能力的,可以自行办理招标事宜。招标人有权自行选择招标代理机构,委托其办理招标事宜。

3. 招标人采用公开招标方式的,应当发布招标公告。招标人采用邀请招标方式的,应当向三个以上具备承担招标项目的能力、资信良好的特定的法人或者其他组织发出投标邀请书。

4. 招标人可以根据招标项目本身的要求,在招标公告或者投标邀请书中,要求潜在投标人提供有关资质证明文件和业绩情况,并对潜在投标人进行资格审查。

5. 招标人应当根据招标项目的特点和需要编制招标文件。招标文件应当包括招标项目的技术要求,对投标人资格审查的标准,投标报价要求和评标标准等所有实质性要求和条件,以及拟签订合同的主要条款。

6. 招标人对已发出的招标文件进行必要的澄清或者修改的,应当在招标文件要求提交投标文件截止时间至少 15 日前,以书面形式通知所有招标文件收受人。该澄清或者修改的内容为招标文件的组成部分。

7. 投标人是响应招标、参加投标竞争的法人或者其他组织,应当具备承担招标项目的能力。投标人应当按照招标文件的要求编制投标文件，投标文件应当对招标文件提出的实质性要求和条件作出响应。

8．两个以上法人或者其他组织可以组成一个联合体，以一个投标人的身份共同投标。联合体各方均应当具备承担招标项目的相应能力；联合体各方应当签订共同投标协议，明确约定各方拟承担的工作和责任，并将共同投标协议连同投标文件一并提交招标人。联合体中标的，联合体各方应当共同与招标人签订合同，就中标项目向招标人承担连带责任。

9．投标人在招标文件要求提交投标文件的截止时间前，可以补充、修改或者撤回已提交的投标文件，并书面通知招标人。补充、修改的内容为投标文件的组成部分。

10．开标应当在招标文件确定的提交投标文件截止时间的同一时间公开进行；开标由招标人主持，邀请所有投标人参加。

11．评标由招标人依法组建的评标委员会负责。招标人根据评标委员会提出的书面评标报告和推荐的中标候选人确定中标人。招标人也可以授权评标委员会直接确定中标人。

12．确定中标人前，招标人不得与投标人就投标价格、投标方案等实质性内容进行谈判。

13．中标人确定后，招标人应当向中标人发出中标通知书，并同时将中标结果通知所有未中标的投标人。

14．招标人和中标人应当自中标通知书发出之日起 30 日内，按照招标文件和中标人的投标文件订立书面合同。招标人和中标人不得再行订立背离合同实质性内容的其他协议。

15．依法必须进行招标的项目，招标人应当自确定中标人之日起 15 日内，向有关行政监督部门提交招标投标情况的书面报告。

复习思考题

一、简答题

1．招标投标活动所应遵循的基本原则有哪些？

2．必须招标的项目范围和规模标准如何界定？可以不进行招标的工程建设项目有哪些？

3．招标方式有哪些？招标组织形式有哪几种？

4．资格审查方式有几种？资格审查的重点内容是什么？

5．对于招标文件的出售有没有时间的限制？发出的招标文件可以进行澄清修改吗？

6．投标文件应当在什么时间内提交？必须提交投标保证金吗？已经提交的投标文件可以补充、修改、替代或撤回吗？

7．什么是联合体投标？联合体投标所签订的共同投标协议有什么作用？

8．联合体的构成可以改变吗？联合体各成员单位可以以自己的名义再单独投标吗？

9．如何确定编制投标文件的时间？什么是投标有效期？

10．招标人不受理的投标文件有哪些？

11．评标委员会如何组成？评标委员会是否可以要求投标人对投标文件进行澄清、说明和补正？

12. 在施工项目投标中，按废标处理的情形有哪些？
13. 中标候选人应符合哪些条件？如何确定中标人？
14. 招标人和中标人签订合同有时间限制吗？

二、案例题

1. 某国家重点建设项目，已通过招标审批手续，拟采用邀请招标方式进行招标。在施工招标文件中规定的部分内容：

(1) 投标准备时间为15天。

(2) 投标单位在收到招标文件后，若有问题需澄清，应在投标预备会之后以书面形式向招标单位提出，招标单位以书面形式单独进行解答。

(3) 明确了投标保证金的数额及支付方式。

为便于投标人提出问题并得到解决，招标单位将勘察现场和投标预备会安排到同一天进行。投标预备会由评标委员会组织并主持召开各投标单位经过调研、收集资料，编制了投标文件，在规定的时间内递交评标委员会，准备评标。

问题：

(1) 该项目采用邀请招标是否正确？请说明理由。

(2) 施工招标文件中规定的部分内容有何不妥之处？请逐一改正。

(3) 勘察现场和投标预备会的安排是否合理？如不合理，应怎样安排？

(4) 投标预备会由评标委员会组织是否妥当？如不妥当，应由谁组织？

(5) 投标文件应包括哪些内容？

(6) 投标单位的投标文件的递交程序是否正确？如不正确，请改正。

2. 某国家重点工程投资约1亿元人民币，项目审批部门核准的招标方式为公开招标。由于工程复杂，技术难度高，业主认为一般施工队伍难以胜任，自行决定采取邀请招标方式。2008年9月18日，该部门向A、B、C、D、E 5家具有相应施工资质的施工承包企业发出了投标邀请书。该五家企业均接受了邀请，并于规定时间9月19—20日购买了招标文件。规定的投标文件递交截止时间为10月18日下午4时。

在投标截止时间之前，A、B、D、E 4家企业提交了投标文件，但C企业于10月18日下午5时才送达，原因是路途堵车。10月20日下午由当地招标投标管理办公室的工作人员主持进行了公开开标。

评标委员会成员由七人组成，其中当地招标投标管理办公室1人，公证处1人，招标人代表1人，技术经济方面专家4人。评标时发现E企业投标文件虽无法定代表人签字和委托人授权书，但投标文件均已由项目经理签字并由该企业驻当地分公司加盖的投标专用章。评标委员会提交的书面评标报告推荐了B、A企业分列综合得分第一名和第二名。由于B企业投标报价高于A企业，11月10日招标人向A企业发出了中标通知书，并于12月18日签订了书面承包合同。

问题：

(1) C企业和E企业的投标文件是否有效？说明理由。

(2) 以上程序中存在哪些不妥之处？说明理由。

3．某建设单位准备建一座图书馆，建筑面积 5000m², 预算投资 400 万元，建设工期为 10 个月。工程采用公开招标的方式确定承包商。按照《招标投标法》和《建筑法》的规定，建设单位编制了招标文件，并向当地的建设行政管理部门提出了招标申请书，得到了批准。

建设单位依照有关招标投标程序进行公开招标。

由于该工程设计比较复杂，根据当地建设局的建议，对参加投标单位的主体要求是最低不得低于二级资质。

拟参加此次投标的 5 家单位中 A、B、D 单位为二级资质，C 单位为三级资质，E 单位为一级资质，而 C 单位的法定代表人是建设单位某主要领导的亲戚，建设单位招标工作领导小组在资格预审时出现了分歧，正在犹豫不决时，C 单位提议准备组成联合体投标，经 C 单位的法定代表人的私下活动，建设单位同意让 C 与 A 联合承包工程，并明确向 A 暗示，如果不接受这个投标方案，则该工程的中标将授予 B 单位。A 为了获得该项工程，同意了与 C 联合承包该工程，并同意将停车楼交给 C 单位施工。于是 A 和 C 联合投标获得成功。A 与建设单位签订了《建设工程施工合同》，A 与 C 也签订了联合承包工程的协议。

问题：

(1) 简述施工招标的公开招标程序。
(2) 在上述招标过程中，作为该项目的建设单位的行为是否合法？原因是什么？
(3) 从上述背景材料来看，A 和 C 组成的投标联合体是否有效？为什么？
(4) 通常情况下，招标人和投标人串通投标的行为有哪些表现形式？

第 6 章 建设工程质量管理条例

教学目标

通过学习本章应重点掌握建设单位、勘察、设计单位、施工单位和工程监理单位在建设工程活动中应承担的质量责任和义务,建设工程的最低保修期限。熟悉建设工程质量保修制,建设工程质量监督管理制度。

教学要求

知 识 要 点	能 力 要 求	相 关 知 识	所占分值 (100分)	自评 分数
建设单位的责任和义务	1. 掌握建设单位的质量责任和义务的内容 2. 能具体分析在工程建设过程中哪些是建设单位的质量责任和义务	依法对工程进行发包的责任;依法对材料设备进行招标的责任;提供原始资料的责任;不得干预投标人的责任;送审施工图的责任;委托监理的责任;办理工程质量监督手续的责任;确保提供的物资符合要求的责任;不得擅自改变房屋建筑主体和承重结构进行装修的责任;依法组织竣工验收的责任;移交建设项目档案的责任	20	
勘察、设计单位的责任	1. 掌握勘察、设计单位共同的质量责任 2. 掌握勘察单位的质量责任 3. 掌握设计单位的质量责任	依法承揽工程的责任;执行强制性标准的责任;提供真实、准确的勘察资料的责任;科学设计的责任;参与质量事故分析的责任;解释设计文件的责任	15	
施工单位的责任	掌握施工单位的质量责任	依法承揽工程的责任;建立质量保证体系的责任;分包单位保证工程质量的责任;按图施工的责任;对建筑材料、构配件和设备进行检验的责任;对施工质量进行检验的责任;见证取样的责任;保修的责任	20	

续表

知识要点	能力要求	相关知识	所占分值（100分）	自评分数
工程监理单位的责任	掌握工程监理单位的质量责任	依法承揽业务；独立监理；依法监理；确认质量	20	
建设工程质量保修制度	1. 熟悉工程质量保修书的内容 2. 掌握保修范围和最低保修期限 3. 熟悉保修责任；质量保证金	工程质量保修书；保修范围和最低保修期限；保修责任；质量保证金	15	
建设工程质量的监督管理	熟悉建设工程质量监督管理制度	质量监督的主体；竣工验收备案制度；工程质量施工报告制度	10	

章节导读

《建设工程质量管理条例》是《建筑法》颁布实施后制定的第一部配套的行政法规，也是我国第一部建设工程质量条例。凡在中华人民共和国境内从事建设工程的新建、扩建、改建等有关活动及实施对建设工程质量监督管理的，必须遵守本条例。

《建设工程质量管理条例》共九章，八十二条。第一章——总则共六条，主要内容包括制定《建设工程质量管理条例》的目的和依据。第二章——建设单位的质量责任和义务共十一条，规定了建设单位在工程建设活动中应承担的质量责任和义务。第三章——勘察、设计单位的质量责任和义务共七条，规定了勘察、设计单位进入建设工程勘察设计市场的条件，对其市场行为以及勘察成果文件、设计文件本身的质量提出了要求，同时规定了勘察、设计单位在建设工程的整个建设工程和使用过程中所应承担的责任和义务。第四章——施工单位的质量责任和义务共九条，规定了施工单位在工程建设活动过程中应承担的质量责任和义务，明确了施工单位在工程建设活动中的行为准则。第五章——工程监理单位的质量责任和义务共五条。工程监理单位是工程建设的责任主体之一。工程监理是一种有偿技术服务。工程监理单位接受建设单位委托，代表建设单位，对建设工程进行管理。本章就监理单位的市场行为准则、工作的服务特性、监理过程中的职责和义务等做了规定。第六章——建设工程质量保修共四条，对建设工程实行质量保修制度，建设工程的最低保修期限，建设工程保修的责任履行，建设工程超过合理使用年限后继续使用的办法做出了规定。第七章——监督管理共十一条，规定了国家实行建设工程质量监督管理制度。第八章——罚则共二十四条，是对违反本《建设工程质量管理条例》的行为所应追究的法律责任的规定。第九章——附则，共五条。

建设工程项目具有投资大、规模大、建设周期长、生产环节多、参与方多、影响质量形成的因素多等特点。不论是哪个主体出了问题，哪个环节出了问题，都会导致质量缺陷、甚至重大质量事故的产生。因此，建设工程质量管理最基本的原则和方法就是建立健全质量责任制，有关各方对其自身工作成果负责。

6.1 建设单位的责任和义务

▶▶ 引例 6.1

为了向国庆"献礼",建设单位要求施工单位调整进度计划,必须在 9 月 28 日之前竣工。施工单位表示如不采取赶工措施,将无法在 9 月 28 日之前竣工。但是,建设单位强调这个竣工日期是不可更改的。为了给施工单位提供方便,建设单位单方面提出了以下几点计划。

(1) 如果施工单位能在 9 月 28 日之前竣工并保证工程质量,建设单位将给予施工单位一次性奖励 100 万元。

(2) 施工单位可以免去对材料进行试验的过程,只需要查验厂家提供的出厂检验证明,以证明材料属于合格产品就可以直接用于工程。

(3) 监理单位要及时对已完成的工程进行质量的确认,不能因此影响施工单位的施工。

(4) 如果施工单位的技术力量不足,允许其将主体结构施工分包出去,以保证施工进度;

(5) 如果施工单位不能在 9 月 28 日前竣工,则建设单位将不支付给施工单位已完工程的进度款。

建设单位提出的计划合理吗?为什么?

▶▶ 引例 6.2

具有房层建筑设计丙级资质的某油田勘探开发公司欲新建专家公寓,该工程地下一层,地上九层,预制钢筋混凝土桩基础,钢筋混凝土框架结构。由甲设计院设计,施工图经乙审图中心审查通过。经公开招标,由某施工单位承建,包工包料,某监理公司负责工程的监理。施工过程中,建设单位要求更换外墙保温材料。

根据《建设工程质量管理条例》规定,在该例的不得迫使承包方以低于成本价格竞标、确保外墙保温材料符合要求、不得擅自改变主体结构进行装修、组织工程竣工验收等工作中,哪些属于建设单位的质量责任?

建设单位作为建设工程的投资人,是建设工程的重要责任主体。建设单位有权选择承包单位,有权对建设过程检查、控制,对工程进行验收,支付工程款和费用,在工程建设各个环节负责综合管理工作,在整个建设活动中居于主导地位。因此,要确保建设工程的质量,首先就要对建设单位的行为进行规范,对其质量责任予以明确。长期以来,对建设单位的管理一直是监督管理的薄弱环节,因建设单位行为不规范,直接或间接导致工程出现问题的情况屡屡发生。《建设工程质量管理条例》第二章共十一条,规定了建设单位在工程建设活动中应承担的质量责任和义务,该规定为今后的监督管理工作提供了一个强有力的保证。

6.1.1 建设单位的质量责任和义务

1. 依法对工程进行发包的责任

建设单位应当将工程发包给具有相应资质等级的单位。建设单位不得将建设工程肢解发包。

2. 依法对材料设备进行招标的责任

建设单位应当依法对工程建设项目的勘察、设计、施工、监理，以及与工程建设有关的重要设备、材料等的采购进行招标。

3. 提供原始资料的责任

建设单位必须向有关的勘察、设计、施工、工程监理等单位提供与建设工程有关的原始资料。原始资料必须真实、准确、齐全。

4. 不得干预投标人的责任

建设工程发包单位不得迫使承包方以低于成本的价格竞标。

这里的承包方包括勘察、设计、施工和工程监理单位，成本是指投标人为完成投标项目所需支出的个别成本。

建设单位不得任意压缩合理工期，不得明示或者暗示设计单位或者施工单位违反工程建设强制性标准，降低建设工程质量。

5. 送审施工图的责任

建设单位应当将施工图设计文件报县级以上人民政府建设行政主管部门或者其他有关部门审查。施工图设计文件未经审查批准的，不得使用。

6. 委托监理的责任

实行监理的建设工程，建设单位应当委托具有相应资质等级的工程监理单位进行监理，也可以委托具有工程监理相应资质等级，并与被监理工程的施工承包单位没有隶属关系或者其他利害关系的该工程的设计单位进行监理。

> **知识链接**
>
> 下列建设工程必须实行监理。
> (1) 国家重点建设工程。
> (2) 大中型公用事业工程。
> (3) 成片开发建设的住宅小区工程。
> (4) 利用外国政府或者国际组织贷款、援助资金的工程。
> (5) 国家规定必须实行监理的其他工程。

7. 办理工程质量监督手续的责任

建设单位在领取施工许可证或者开工报告前，应当按照国家有关规定办理工程质量监督手续。

8. 确保提供的物资符合要求的责任

按照合同约定，由建设单位采购建筑材料、建筑构配件和设备的，建设单位应当保证建筑材料、建筑构配件和设备符合设计文件和合同要求。

对建设单位供应的材料和设备，在使用前，承包单位要对其进行检验和试验，如果不合格，不得在工程上使用，并通知建设单位予以退换。

建设单位不得明示或者暗示施工单位使用不合格的建筑材料、建筑构配件和设备。

9. 不得擅自改变房屋建筑主体和承重结构进行装修的责任

涉及建筑主体和承重结构变动的装修工程，建设单位应当在施工前委托原设计单位或者具有相应资质等级的设计单位提出设计方案；没有设计方案的，不得施工。房屋建筑使用者在装修过程中，不得擅自变动房屋建筑主体和承重结构。

10. 依法组织竣工验收的责任

建设单位收到建设工程竣工报告后，应当组织设计、施工、工程监理等有关单位进行竣工验收。建设工程经验收合格的，方可交付使用。

工程项目的竣工验收是施工全过程的最后一道程序，是建设投资成果转入生产或使用的标志，也是全面考核投资效益、检验设计和施工质量的重要环节。建设单位收到建设工程竣工报告后，应当根据施工图纸及说明书、国家颁发的施工验收规范和质量检验标准，及时组织设计、施工、工程监理等有关单位进行竣工验收。根据《建设工程质量管理条例》交付竣工验收的建筑工程，应当符合以下条件。

(1) 完成建设工程设计和合同约定的各项内容。
(2) 有完整的技术档案和施工管理资料。
(3) 有工程使用的主要建筑材料、建筑构配件和设备的进场试验报告。
(4) 有勘察、设计、施工、工程监理等单位分别签署的质量合格文件。
(5) 有施工单位签署的工程保修书。

建设工程经验收合格的，方可交付使用。

11. 移交建设项目档案的责任

建设单位应当严格按照国家有关档案管理的规定，及时收集、整理建设项目各环节的文件资料，并在建设工程竣工验收后，及时向建设行政主管部门或者其他有关部门移交建设项目档案。

> **知识链接**
>
> 一套完整的工程建设项目档案一般包括以下文件材料。
> (1) 立项依据审批文件。
> (2) 征地、勘察、测绘、设计、招投标、监理文件。
> (3) 项目审批文件。
> (4) 施工技术文件和竣工验收文件。
> (5) 竣工图。

6.1.2 建设单位的法律责任

1. 违反资质管理发包的法律责任

建设单位将建设工程发包给不具有相应资质等级的勘察、设计、施工单位或者委托给不具有相应资质等级的工程监理单位的,责令改正,处 50 万元以上、100 万元以下的罚款。

2. 肢解发包的法律责任

建设单位将建设工程肢解发包的,责令改正,处工程合同价款 0.5%以上、1%以下的罚款;对全部或者部分使用国有资金的项目,并可以暂停项目执行或者暂停资金拨付。

3. 擅自开工的法律责任

建设单位未取得施工许可证或者开工报告未经批准,擅自施工的,责令停止施工,限期改正,处工程合同价款 1%以上、2%以下的罚款。

4. 违反验收管理的法律责任

建设单位有下列行为之一的,责令改正,处工程合同价款 2%以上、4%以下的罚款;造成损失的,依法承担赔偿责任。

(1) 未组织竣工验收,擅自交付使用的。
(2) 验收不合格,擅自交付使用的。
(3) 对不合格的建设工程按照合格工程验收的。

5. 未移交档案的法律责任

建设工程竣工验收后,建设单位未向建设行政主管部门或者其他有关部门移交建设项目档案的,责令改正,处 1 万元以上、10 万元以下的罚款。

6. 擅自改变房屋主体或者承重结构的法律责任

涉及建筑主体或者承重结构变动的装修工程,没有设计方案擅自施工的,责令改正,处 50 万元以上、100 万元以下的罚款;房屋建筑使用者在装修过程中擅自变动房屋建筑主体和承重结构的,责令改正,处 5 万元以上、10 万元以下的罚款。

有前款所列行为,造成损失的,依法承担赔偿责任。

7. 其他法律责任

建设单位有下列行为之一的,责令改正,处 20 万元以上、50 万元以下的罚款:
(1) 迫使承包方以低于成本的价格竞标的。
(2) 任意压缩合理工期的。
(3) 明示或者暗示设计单位或者施工单位违反工程建设强制性标准,降低工程质量的。
(4) 施工图设计文件未经审查或者审查不合格,擅自施工的。
(5) 建设项目必须实行工程监理而未实行工程监理的。
(6) 未按照国家规定办理工程质量监督手续的。
(7) 明示或者暗示施工单位使用不合格的建筑材料、建筑构配件和设备的。
(8) 未按照国家规定将竣工验收报告、有关认可文件或者准许使用文件报送备案的。

▶▶归纳小结

建设单位的责任和义务
- 建设单位质量责任和义务
  - 依法对工程进行发包的责任
  - 依法对材料设备招标的责任
  - 提供原始资料的责任
  - 不得干预投标人的责任
  - 送审施工图的责任
  - 依法委托监理的责任
  - 办理工程质量监督手续的责任
  - 确保提供的物资符合要求的责任
  - 不得擅自改变房屋建筑主体和承重结构进行装修的责任
  - 依法组织竣工验收的责任
  - 移交建设项目档案的责任
- 建设单位法律责任
  - 违反资质管理发包的法律责任
  - 肢解发包的法律责任
  - 擅自开工的法律责任
  - 违反验收管理的法律责任
  - 未移交档案的法律责任
  - 擅自改变永恒主体或者承重结构的法律责任
  - 其他法律责任

▶▶引例6.1小结

建设单位提出的计划中(1)、(3)合理，(2)、(4)、(5)不合理。

根据《建设工程质量管理条例》规定，建设工程发包单位不得迫使承包方以低于成本的价格竞标，不得任意压缩合理工期。计划(1)是在不影响施工质量的前提下，给予适当的赶工费用；计划(3)是及时对已完成的工程进行质量的确认，合理的节约了时间，是合理的。计划(2)、(4)影响了工程的质量；计划(5)的建设单位采用胁迫的手段压缩合理工期，不合理。

▶▶引例6.2小结

根据《建设工程质量管理条例》规定，该例的不得迫使承包方以低于成本价格竞标、不得擅自改变主体结构进行装修、组织工程竣工验收三项工作属于建设单位的质量责任。

6.2 勘察、设计单位的责任

▶▶引例6.3

根据引例6.1的资料，建设单位要求更换保温材料，由原设计院出设计变更，在设计变更中设计单位对使用的保温材料指定了供应商。根据《建设工程质量管理条例》设计单位指定保温材料供应商是否合理？为什么？

《建设工程质量管理条例》第三章共七条，规定了勘察、设计单位进入建设工程勘察设计市场的条件，对其市场行为以及勘察成果文件、设计文件本身的质量提出了要求，同时规定了勘察、设计单位在建设工程的整个建设工程和使用过程中所应承担的责任和义务。

6.2.1 勘察、设计单位共同的质量责任

1. 依法承揽工程的责任

从事建设工程勘察、设计的单位应当依法取得相应等级的资质证书，并在其资质等级许可的范围内承揽工程。

禁止勘察、设计单位超越其资质等级许可的范围，或者以其他勘察、设计单位的名义承揽工程。禁止勘察、设计单位允许其他单位或者个人以本单位的名义承揽工程。

勘察、设计单位不得转包或者违法分包所承揽的工程。

2. 执行强制性标准的责任

勘察、设计单位必须按照工程建设强制性标准进行勘察和设计，并对其勘察、设计的质量负责。

注册建筑师、注册结构工程师等注册执业人员应当在设计文件上签字，对设计文件负责。

6.2.2 勘察单位的质量责任

勘察单位提供的地质、测量、水文等勘察成果必须真实准确。

工程勘察工作是建设工程的基础工作。工程勘察成果文件是设计和施工的基础资料和重要依据，真实准确的勘察成果对设计和施工的安全性和是否保守浪费有直接的影响，因此工程勘察成果必须真实准确、安全可靠、经济合理。

6.2.3 设计单位的质量责任

1. 科学设计的责任

设计单位应当根据勘察成果文件进行建设工程设计。

设计文件应当符合国家规定的设计深度要求，注明工程合理使用年限。

2. 选择材料设备的责任

设计单位在设计文件中选用的建筑材料、建筑构配件和设备，应当注明规格、型号、性能等技术指标，其质量要求必须符合国家规定的标准。

除有特殊要求的建筑材料、专用设备、工艺生产线等外，设计单位不得指定生产厂、供应商。

3. 解释设计文件的责任

设计单位应当就审查合格的施工图设计文件向施工单位做出详细说明。

> **知识链接**
>
> 施工图完成并经审查合格后，设计文件的编制工作已经完成，但并不是设计工作的完成，设计单位仍应就设计文件向施工单位做出详细说明，也就是通常所说的设计交底。设计交底是由设计单位将设计的意图、特殊的工艺要求，以及建筑、结构、设备等各专业在施工中的难点和疑点，以及容易发生的问题等向施工单位做出说明，并负责解释施工单位对设计图纸的疑问。

4. 参与质量事故分析的责任

设计单位应当参与建设工程质量事故分析，并对因设计造成的质量事故，提出相应的技术处理方案。

6.2.4 勘察、设计单位的法律责任

1. 超越资质承揽工程的法律责任

勘察、设计单位超越本单位资质等级承揽工程的，责令停止违法行为，对勘察和设计单位处合同约定的勘察费与设计费1倍以上、2倍以下的罚款；情节严重的，吊销资质证书；有违法所得的，予以没收。

未取得资质证书承揽工程的，予以取缔，依照前款规定处以罚款；有违法所得的，予以没收。

以欺骗手段取得资质证书承揽工程的，吊销资质证书，依照本条第一款规定处以罚款；有违法所得的，予以没收。

2. 出借资质的法律责任

勘察、设计单位允许其他单位或者个人以本单位名义承揽工程的，责令改正，没收违法所得，对勘察和设计单位处合同约定的勘察费与设计费1倍以上、2倍以下的罚款；情节严重的，吊销资质证书。

3. 转包或者违法分包的法律责任

承包单位将承包的工程转包或者违法分包的，责令改正，没收违法所得，对勘察和设计单位处合同约定的勘察费与设计费25%以上、50%以下的罚款；可以责令停业整顿，降低资质等级；情节严重的，吊销资质证书。

4. 注册执业人员应承担的法律责任

注册建筑师、注册结构工程师等注册执业人员因过错造成质量事故的，责令停止执业1年；造成重大质量事故的，吊销执业资格证书，5年以内不予注册；情节特别恶劣的，终身不予注册。

5. 其他法律责任

有下列行为之一的，责令改正，处10万元以上、30万元以下的罚款。

(1) 勘察单位未按照工程建设强制性标准进行勘察的。

(2) 设计单位未根据勘察成果文件进行工程设计的。

(3) 设计单位指定建筑材料、建筑构配件的生产厂、供应商的。
(4) 设计单位未按照工程建设强制性标准进行设计的。

有前款所列行为，造成工程质量事故的，责令停业整顿，降低资质等级；情节严重的，吊销资质证书；造成损失的，依法承担赔偿责任。

▶▶归纳小结

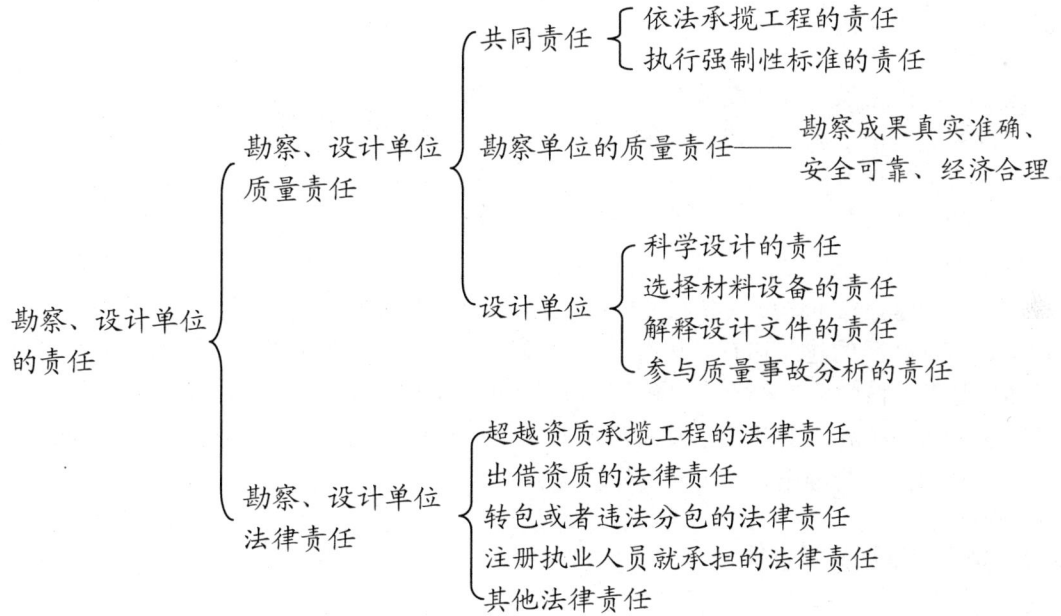

▶▶引例 6.3 小结

设计单位指定保温材料供应商不合理。根据《建设工程质量管理条例》第二十二条规定："除有特殊要求的建筑材料、专用设备、工艺生产线等外，设计单位不得指定生产厂、供应商。"

6.3 施工单位的责任

▶▶引例 6.4

某施工现场正在打钻孔桩，监理单位的试验人员对打钻孔桩的混凝土进行检验。合同中约定此混凝土的坍落度为 18～20cm，经试验，证实目前浇筑的混凝土的坍落度为 21cm。于是，监理工程师要求不得使用该混凝土。但是，施工单位的技术负责人拿出来一本施工技术规范，说规范上面写明用于浇筑钻孔桩的混凝土的坍落度可以是 18～22cm。监理工程师的行为是否正确？为什么？

▶▶引例 6.5

某公路工程进行涵侧填土施工活动。施工图上注明涵侧填土所使用的材料是 6%石灰土，但是，项目经理张某认为，这种材料的质量性能不如 6%水泥稳定砂砾。为了保证工程质量，张某在没有征得监理工程师同意的情况下，采用水泥稳定砂砾进行了施工。后来，监理工程师发现了这件事对张某进行询问，张某说："没关系，这样质量会更好，多发生的费用由我自己承担。"在费用自担的前提下，张某采用水泥稳定砂砾进行施工的行为是否正确？为什么？

施工阶段是建设工程实物质量的形成阶段，勘察工作质量、设计工作质量均要在这一阶段得以实现。由于施工阶段涉及的责任主体多、生产环节多、时间长、影响质量稳定的因素多、协调管理难度较大，因此，施工阶段的质量责任制度显得尤为重要。施工单位是建设市场的重要责任主体之一。它的能力和行为对建设工程的施工质量起关键性作用。施工单位是否有能力承担某一工程，用该施工单位的资质等级来衡量。但能不能保证所承包工程的施工质量，除了必须具备相应的资质等级，还与该施工单位承包、分包等市场行为、企业质量保证体系的建立和有效运行，是否按图施工、按标准施工，是否按要求对材料进行检验，是否严格隐蔽工程检查等密切相关。《建设工程质量管理条例》第四章共九条，具体规定了施工单位在工程建设活动过程中应承担的质量责任和义务，明确了施工单位在工程建设活动中的行为准则。

6.3.1 施工单位的质量责任

1. 依法承揽工程的责任

施工单位应当依法取得相应等级的资质证书，并在其资质等级许可的范围内承揽工程。禁止施工单位超越本单位资质等级许可的业务范围或者以其他施工单位的名义承揽工程。禁止施工单位允许其他单位或者个人以本单位的名义承揽工程。施工单位不得转包或者违法分包工程。

> **特别提示**
>
> 转包是指承包单位承包建设工程后，不履行合同约定的责任和义务，将其承包的全部建设工程转给他人或者将其承包的全部建设工程肢解以后，以分包的名义分别转给其他单位承包的行为。
>
> 违法分包是指下列行为。
> (1) 总承包单位将建设工程分包给不具备相应资质条件的单位的。
> (2) 建设工程总承包合同中未有约定，又未经建设单位认可，承包单位将其承包的部分建设工程交由其他单位完成的。
> (3) 施工总承包单位将建设工程主体结构的施工分包给其他单位的。
> (4) 分包单位将其承包的建设工程再分包的。

2. 建立质量保证体系的责任

施工单位对建设工程的施工质量负责。

施工单位应当建立质量责任制,确定工程项目的项目经理、技术负责人和施工管理负责人。

建设工程实行总承包的,总承包单位应当对全部建设工程质量负责;建设工程勘察、设计、施工、设备采购的一项或者多项实行总承包的,总承包单位应当对其承包的建设工程或者采购的设备的质量负责。

3. 分包单位保证工程质量的责任

总承包单位依法将建设工程分包给其他单位的,分包单位应当按照分包合同的约定对其分包工程的质量向总承包单位负责,总承包单位与分包单位对分包工程的质量承担连带责任。

4. 按图施工的责任

施工单位必须按照工程设计图纸和施工技术标准施工,不得擅自修改工程设计,不得偷工减料。

施工单位在施工过程中发现设计文件和图纸有差错的,应当及时提出意见和建议。

建设单位、施工单位、监理单位不得修改建设工程勘探和设计文件;确需修改建设工程勘探、设计文件的,应当由原建设工程勘探、设计单位修改。经原建设工程勘探、设计单位书面同意,建设单位也可以委托其他具有相应资质的建设工程勘探、设计单位修改。修改单位对修改的勘探、设计文件承担相应责任。施工单位和监理单位发现建设工程勘察、设计文件不符合工程建设强制性标准或合同约定的质量要求的,应当报告建设单位,建设单位有权要求建设工程勘探和设计单位对建设工程勘探、设计文件进行补充,修改。建设工程勘探、设计文件内容需要做重大修改的,建设单位应当报经原审批机关批准后,方可修改。

5. 对建筑材料、构配件和设备进行检验的责任

施工单位必须按照工程设计要求、施工技术标准和合同约定,对建筑材料、建筑构配件、设备和商品混凝土进行检验,检验应当有书面记录和专人签字;未经检验或者检验不合格的,不得使用。

6. 对施工质量进行检验的责任

施工单位必须建立、健全施工质量的检验制度,严格工序管理,做好隐蔽工程的质量检查和记录。隐蔽工程在隐蔽前,施工单位应当通知建设单位和建设工程质量监督机构。

7. 见证取样的责任

施工人员对涉及结构安全的试块、试件以及有关材料,应当在建设单位或者工程监理单位监督下现场取样,并送具有相应资质等级的质量检测单位进行检测。

> **知识链接**
>
> 在工程施工过程中,为了控制工程总体或相应部位的施工质量,一般要依据有关技术标准,用特定的方法,对用于工程的材料或构件抽取一定数量的样品,进行检测或试验,并根据其结果来判断其所代表部位的质量。试块和试件的真实性和代表性,是保证这一措施有效的前提条件。建设工程施工检测,应实行有见证取样和送检制度。即施工单位在建设单位或监理单位见证下取样,送至具有相应

资质的质量检测单位进行检测。结构用钢筋及焊接试件、混凝土试块、砌筑砂浆试块、防水材料等项目，实行有见证取样及送检制度。

检测单位的资质是保证试块、试件的检测，试验质量的前提条件。本条"具有相应资质等级的质量检测单位"是指必须经省级以上(含省级)建设行政主管部门进行资质审查和有关部门计量认证的工程质量检测单位。从事建筑材料和制品等试验工作的建筑施工、市政工程、混凝土预制构件、预拌(商品)混凝土生产企业、科研单位与大专院校的对外服务的工程试验室，以及工程质量检测机构，均应按有关规定，取得资质证书。

8. 保修的责任

施工单位对施工中出现质量问题的建设工程或者竣工验收不合格的建设工程，应当负责返修。

《合同法》第二百八十一条规定："因施工人的原因致使建设工程质量不符合约定的，发包人有权要求施工人在合理期限内无偿修理或者返工、改建。经过修理或者返工、改建后，造成逾期交付的，施工人应当承担违约责任。"

6.3.2 施工单位的法律责任

1. 超越资质承揽工程的法律责任

施工单位超越本单位资质等级承揽工程的，责令停止违法行为，对施工单位处工程合同价款 2%以上、4%以下的罚款，可以责令停业整顿，降低资质等级；情节严重的，吊销资质证书；有违法所得的，予以没收。

未取得资质证书承揽工程的，予以取缔，依照前款规定处以罚款；有违法所得的，予以没收。

以欺骗手段取得资质证书承揽工程的，吊销资质证书，依照本条第一款规定处以罚款；有违法所得的，予以没收。

2. 出借资质的法律责任

施工单位允许其他单位或者个人以本单位名义承揽工程的，责令改正，没收违法所得，对施工单位处工程合同价款2%以上、4%以下的罚款；可以责令停业整顿，降低资质等级；情节严重的，吊销资质证书。

3. 转包或者违法分包的法律责任

承包单位将承包的工程转包或者违法分包的，责令改正，没收违法所得，对施工单位处工程合同价款 0.5%以上、1%以下的罚款；可以责令停业整顿，降低资质等级；情节严重的，吊销资质证书。

4. 偷工减料，不按图施工的法律责任

施工单位在施工中偷工减料的，使用不合格的建筑材料、建筑构配件和设备的，或者有不按照工程设计图纸或者施工技术标准施工的其他行为的，责令改正，处工程合同价款2%以上、4%以下的罚款；造成建设工程质量不符合规定的质量标准的，负责返工、修理，并赔偿因此造成的损失；情节严重的，责令停业整顿，降低资质等级或者吊销资质证书。

5. 未取样检测的法律责任

违反本条例规定，施工单位未对建筑材料、建筑构配件、设备和商品混凝土进行检验，或者未对涉及结构安全的试块、试件以及有关材料取样检测的，责令改正，处 10 万元以上、20 万元以下的罚款；情节严重的，责令停业整顿，降低资质等级或者吊销资质证书；造成损失的，依法承担赔偿责任。

6. 不履行保修义务的法律责任

违反本条例规定，施工单位不履行保修义务或者拖延履行保修义务的，责令改正，处 10 万元以上、20 万元以下的罚款，并对在保修期内因质量缺陷造成的损失承担赔偿责任。

▶▶归纳小结

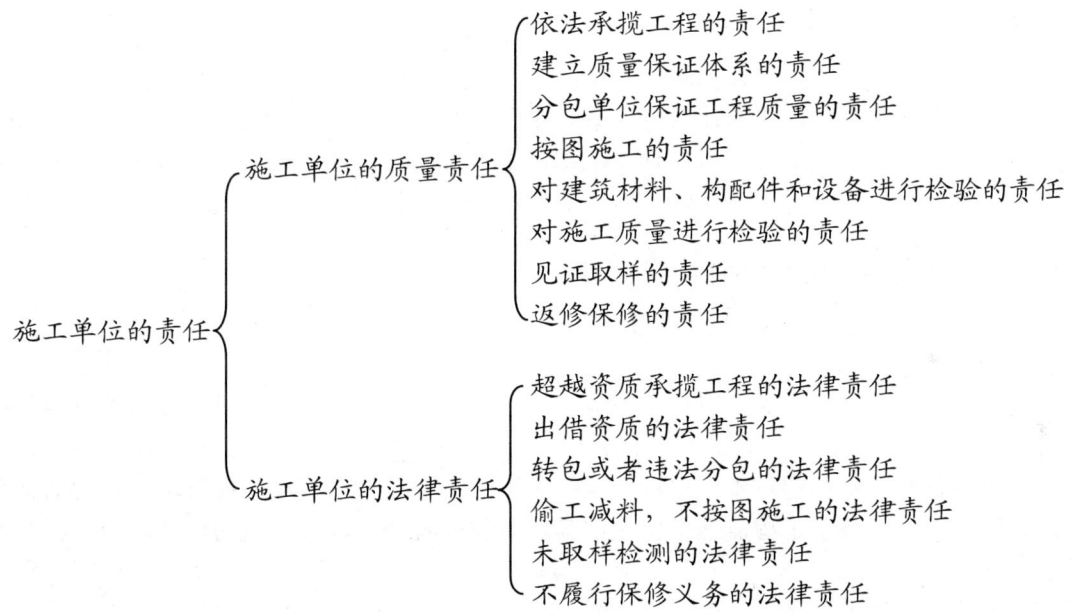

▶▶引例 6.4 小结

监理工程师的行为正确。根据《建设工程质量管理条例》第二十九条规定："施工单位必须按照工程设计要求、施工技术标准和合同约定，对建筑材料、建筑构配件、设备和商品混凝土进行检验，检验应当有书面记录和专人签字；未经检验或者检验不合格的，不得使用。"该商品混凝土经检验不符合合同约定，故为不合格材料，不得使用。

▶▶引例 6.5 小结

无论费用是否由自己承担，张某擅自采用水泥稳定砂砾进行施工的行为均不正确。根据《建设工程质量管理条例》第二十八条第一款规定："施工单位必须按照工程设计图纸和施工技术标准施工，不得擅自修改工程设计，不得偷工减料。"

6.4 工程监理单位的责任

▶▶引例 6.6

某工程建设单位为其工程选择乙级以上资质的监理单位，现有4家监理公司供选，分别为甲监理公司(甲级资质；报送的工程总监职称为高级工程师、国家注册监理工程师；该公司为本工程承包方所属的监理公司)、乙监理公司(乙级资质；报送的工程总监职称为工程师、国家注册监理工程师；为该工程设计单位所属的监理公司)、丙监理公司(甲级资质；报送的工程总监职称为工程师、注册二级结构工程师；与建设及施工单位均无关系)和丁监理公司(甲级资质；报送的工程总监职称为工程师、国家注册监理工程师；为该工程预制构件供货商所属)。请问建设单位应选择哪家监理公司才能符合要求？

工程监理单位是工程建设的责任主体之一，工程监理是一种有偿技术服务，工程监理单位接受建设单位委托，代表建设单位，对建设工程进行管理。《建设工程质量管理条例》第五章共五条，就监理单位的市场行为准则、工作的服务特性、监理过程中的职责和义务等做了规定。

6.4.1 工程监理单位的质量责任

1. 依法承揽业务

工程监理单位应当依法取得相应等级的资质证书，并在其资质等级许可的范围内承担工程监理业务。

禁止工程监理单位超越本单位资质等级许可的范围或者以其他工程监理单位的名义承担工程监理业务。禁止工程监理单位允许其他单位或者个人以本单位的名义承担工程监理业务。

工程监理单位不得转让工程监理业务。

2. 独立监理

工程监理单位与被监理工程的施工承包单位以及建筑材料、建筑构配件和设备供应单位有隶属关系或者其他利害关系的，不得承担该项建设工程的监理业务。

3. 依法监理

工程监理单位应当依照法律、法规，以及有关技术标准、设计文件和建设工程承包合同，代表建设单位对施工质量实施监理，并对施工质量承担监理责任。

监理工程师应当按照工程监理规范的要求，采取旁站、巡视和平行检验等形式，对建设工程实施监理。

4. 确认质量

工程监理单位应当选派具备相应资格的总监理工程师和监理工程师进驻施工现场。

未经监理工程师签字，建筑材料、建筑构配件和设备不得在工程上使用或者安装，施工单位不得进行下一道工序的施工。未经总监理工程师签字，建设单位不拨付工程款，不进行竣工验收。

6.4.2 工程监理单位的法律责任

1. 超越资质承揽工程的法律责任

工程监理单位超越本单位资质等级承揽工程的，责令停止违法行为，工程监理单位处合同约定的监理酬金 1 倍以上、2 倍以下的罚款；情节严重的，吊销资质证书；有违法所得的，予以没收。

未取得资质证书承揽工程的，予以取缔，依照前款规定处以罚款；有违法所得的，予以没收。

以欺骗手段取得资质证书承揽工程的，吊销资质证书，依照本条第一款规定处以罚款；有违法所得的，予以没收。

2. 出借资质的法律责任

工程监理单位允许其他单位或者个人以本单位名义承揽工程的，责令改正，没收违法所得，对工程监理单位处合同约定的监理酬金 1 倍以上、2 倍以下的罚款；可以责令停业整顿，降低资质等级；情节严重的，吊销资质证书。

3. 转包或者违法分包的法律责任

工程监理单位转让工程监理业务的，责令改正，没收违法所得，处合同约定的监理酬金 25%以上、50%以下的罚款；可以责令停业整顿，降低资质等级；情节严重的，吊销资质证书。

4. 违反公正监理的法律责任

工程监理单位有下列行为之一的，责令改正，处 50 万元以上、100 万元以下的罚款，降低资质等级或者吊销资质证书；有违法所得的，予以没收；造成损失的，承担连带赔偿责任。

(1) 与建设单位或者施工单位串通，弄虚作假、降低工程质量的。
(2) 将不合格的建设工程、建筑材料、建筑构配件和设备按照合格签字的。

5. 违法独立监理的法律责任

违反本条例规定，工程监理单位与被监理工程的施工承包单位，以及建筑材料、建筑构配件和设备供应单位有隶属关系或者其他利害关系承担该项建设工程的监理业务的，责令改正，处 5 万元以上、10 万元以下的罚款，降低资质等级或者吊销资质证书；有违法所得的，予以没收。

6. 注册执业人员应承担的责任

注册监理工程师因过错造成质量事故的，责令停止执业 1 年；造成重大质量事故的，吊销执业资格证书，5 年以内不予注册；情节特别恶劣的，终身不予注册。

▶▶ 归纳小结

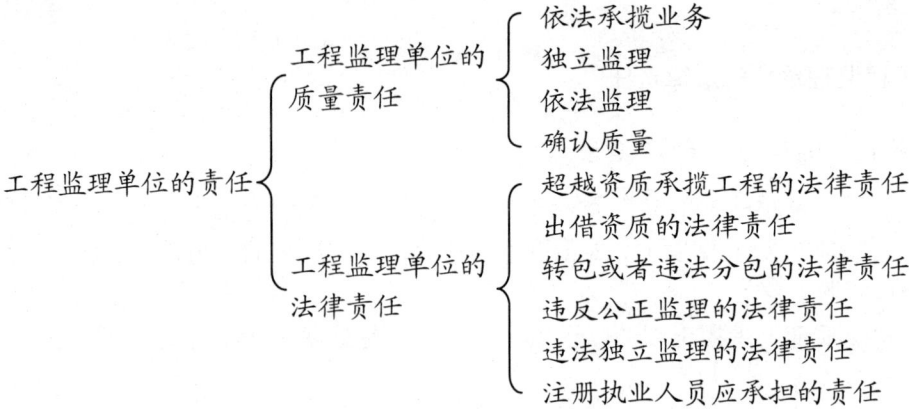

▶▶ 引例 6.6 小结

建设单位应选择乙监理公司才符合要求。根据《建设工程质量管理条例》第三十四条规定:"工程监理单位应当依法取得相应等级的资质证书,并在其资质等级许可的范围内承担工程监理业务。"第三十五条规定:"工程监理单位与被监理工程的施工承包单位以及建筑材料、建筑构配件和设备供应单位有隶属关系或者其他利害关系的,不得承担该项建设工程的监理业务。"同时满足要求的只有乙监理公司。

6.5 建设工程质量保修制度

▶▶ 引例 6.7

某装修工程公司承揽了某宾馆的装饰装修工程。双方在合同中约定,对于有防水要求的卫生间的保修期限是 3 年。该工程于 2001 年 5 月 3 日竣工验收合格。2005 年 7 月 2 日,该宾馆的卫生间发生大面积的漏水现象,经认定属装修公司的质量责任。但该装修工程公司认为自己没有保修义务,理由是已超出了合同规定的保修期限。该装修工程公司是否有保修义务?为什么?

《建设工程质量管理条例》第六章共四条,对建设工程实行质量保修制度,建设工程的最低保修期限,建设工程保修的责任履行,建设工程超过合理使用年限后继续使用的办法做出了规定。这些规定对工程在使用阶段,确保工程的安全使用,充分发挥使用功能是十分必要的。

6.5.1 工程质量保修书

建设工程实行质量保修制度。所谓建设工程质量保修制度,是指建设工程在办理竣工验收手续后,在规定的保修期限内,因勘察、设计、施工、材料等原因造成的质量缺陷,应当由施工承包单位负责维修、返工或更换，由责任单位负责赔偿损失。其中质量缺陷是指建筑工程质量不符合国家或行业现行的有关技术标准、设计文件及合同的约定。

建设工程承包单位在向建设单位提交工程竣工验收报告时，应当向建设单位出具质量保修书。质量保修书中应当明确建设工程的保修范围、保修期限和保修责任等。

6.5.2 保修范围和最低保修期限

《建设工程质量管理条例》第四十条规定了在正常使用条件下，建设工程的最低保修期限。

(1) 基础设施工程、房屋建筑的地基基础工程和主体结构工程，为设计文件规定的该工程的合理使用年限。

(2) 屋面防水工程、有防水要求的卫生间、房间和外墙面的防渗漏，为 5 年。

(3) 供热与供冷系统，为 2 个采暖期、供冷期。

(4) 电气管线、给排水管道、设备安装和装修工程，为 2 年。

上述保修范围属于法律强制性规定。建设单位和施工承包单位另有保修约定合同，其合同中保修期限不应低于本条所列的最低年限，但可以延长，否则视作无效。其他项目的保修期限由发包方与承包方约定。

建设工程的保修期，自竣工验收合格之日起计算。

6.5.3 保修责任

建设工程在保修范围和保修期限内发生质量问题的，施工单位应当履行保修义务，并对造成的损失承担赔偿责任。

根据该条规定，质量问题应当发生在保修范围和保修期以内，是施工单位承担保修责任的两个前提条件。

> **知识链接**
>
> 《房屋建筑工程质量保修办法》规定了 3 种属于保修范围的情况，分别为以下内容。
> (1) 因使用不当。
> (2) 第三方造成的质量缺陷。
> (3) 不可抗力造成的质量缺陷。

保修义务的承担及维修的经济责任的承担应按下述原则处理。

(1) 施工单位未按国家有关规范、标准和设计要求施工，造成的质量缺陷，由施工单位负责返修并承担经济责任。

(2) 由于设计方面的原因造成的质量缺陷，先由施工单位负责维修，其经济责任按有关规定通过建设单位向设计单位索赔。

(3) 因建筑材料、构配件和设备质量不合格引起的质量缺陷，先由施工单位负责维修，其经济责任属于施工单位采购的或经其验收同意的，由施工单位承担经济责任；属于建设单位采购的，由建设单位承担经济责任。

(4) 因建设单位(含监理单位)错误管理造成的质量缺陷，先由施工单位负责维修，其经济责任由建设单位承担，如属监理单位责任，则由建设单位向监理单位索赔。

(5) 因使用单位使用不当造成的损坏问题，先由施工单位负责维修，其经济责任由使用单位自行负责。

(6) 因地震、洪水、台风等不可抗拒原因造成的损坏问题，先由施工单位负责维修，建设参与各方根据国家具体政策分担经济责任。

建设工程在超过合理使用年限后需要继续使用的，产权所有人应当委托具有相应资质等级的勘察、设计单位鉴定，并根据鉴定结果采取加固、维修等措施，重新界定使用期。

6.5.4 建设工程质量保证金

2005 年 1 月 12 日，建设部、财政部联合颁发了《建设工程质量保证金管理暂行办法》，该文件的实施，将有助于进一步规范质量保修制度的经济保障措施。

1. 质量保证金的含义

建设工程质量保证金(或保修金)(以下简称保证金)是指发包人与承包人在建设工程承包合同中约定，从应付的工程款中预留，用以保证承包人在缺陷责任期内对建设工程出现的缺陷进行维修的资金。

缺陷是指建设工程质量不符合工程建设强制性标准、设计文件，以及承包合同的约定。

2. 缺陷责任期

缺陷责任期从工程通过竣(交)工验收之日起计。由于承包人原因导致工程无法按规定期限进行竣(交)工验收的，缺陷责任期从实际通过竣(交)工验收之日起计。由于发包人原因导致工程无法按规定期限进行竣(交)工验收的，在承包人提交竣(交)工验收报告 90 天后，工程自动进入缺陷责任期。

缺陷责任期一般为 6 个月、12 个月或 24 个月，具体可由发、承包双方在合同中约定。

缺陷责任期内，由承包人原因造成的缺陷，承包人应负责维修，并承担鉴定及维修费用。例如，承包人不维修也不承担费用，发包人可按合同约定扣除保证金，并由承包人承担违约责任。承包人维修并承担相应费用后，不免除对工程的一般损失赔偿责任。

由他人原因造成的缺陷，发包人负责组织维修，承包人不承担费用，且发包人不得从保证金中扣除费用。

3. 质量保证金的预留与返还

发包人应当在招标文件中明确保证金预留、返还等内容，并与承包人在合同条款中对涉及保证金的下列事项进行约定。

(1) 保证金预留、返还方式。
(2) 保证金预留比例、期限。
(3) 保证金是否计付利息，如计付利息，利息的计算方式。
(4) 缺陷责任期的期限及计算方式。
(5) 保证金预留、返还及工程维修质量、费用等争议的处理程序。
(6) 缺陷责任期内出现缺陷的索赔方式。

建设工程竣工结算后，发包人应按照合同约定及时向承包人支付工程结算价款并预留保证金。

全部或者部分使用政府投资的建设项目，按工程价款结算总额 5%左右的比例预留保证金。社会投资项目采用预留保证金方式的，预留保证金的比例可参照执行。

采用工程质量保证担保、工程质量保险等其他保证方式的，发包人不得再预留保证金。

缺陷责任期内，承包人认真履行合同约定的责任，到期后，承包人向发包人申请返还保证金。

发包人在接到承包人返还保证金申请后，应于 14 日内会同承包人按照合同约定的内容进行核实。如无异议，发包人应当在核实后 14 日内将保证金返还给承包人，逾期支付的，从逾期之日起，按照同期银行贷款利率计付利息，并承担违约责任。发包人在接到承包人返还保证金申请后 14 日内不予答复，经催告后 14 日内仍不予答复，视同认可承包人的返还保证金申请。

发包人和承包人对保证金预留、返还以及工程维修质量、费用有争议，按承包合同约定的争议和纠纷解决程序处理。

▶▶归纳小结

建设工程质量保修制度
- 工程质量保修书
- 保修范围和最低保修期限
  - 基础设施工程、房屋建筑的地基基础工程和主体结构工程，为设计文件规定的该工程的合理使用年限
  - 屋面防水工程、有防水要求的卫生间、房间和外墙面的防渗漏，为 5 年
  - 供热与供冷系统，为 2 个采暖期、供冷期
  - 电气管线、给排水管道、设备安装和装修工程，为 2 年
- 保修责任
  - 除外责任
    - 因使用不当造成的质量缺陷
    - 第三方造成的质量缺陷
    - 不可抗力造成的质量缺陷
  - 保修程序
    - 建设工程在保修期限内出现质量缺陷，建设单位应当向施工单位发出保修通知
    - 施工单位接到保修通知后应当到现场核查情况，在保修书约定的时间内予以保修。发生涉及结构安全或严重影响使用功能的紧急抢修事故，施工单位接到保修通知后应当立即到达现场抢修
    - 施工单位不按工程质量保修书约定保修的，建设单位可以另行委托其他单位保修，由原施工单位承担相应责任
    - 保修费用由质量缺陷的责任方承担
- 质量保证金
  - 质量保证金的含义
  - 缺陷责任期
  - 质量保证金的预留与返还

▶▶ 引例 6.7 小结

该装修工程公司有保修义务。根据《建设工程质量管理条例》第四十条规定,在正常使用条件下,屋面防水工程、有防水要求的卫生间、房间和外墙面的防渗漏,最低保修期限为 5 年。该例合同中规定的 3 年保修期限不符合该条例要求,属无效的条款。又根据《建设工程质量管理条例》第四十一条规定:"建设工程在保修范围和保修期限内发生质量问题的,施工单位应当履行保修义务,并对造成的损失承担赔偿责任。"

6.6 建设工程质量的监督管理

为了确保建设工程质量,保障公共安全,保护人民群众生命和财产安全,政府必须加强建设工程质量的监督管理。因此,《建设工程质量管理条例》第七章共十一条,规定了国家实行建设工程质量监督管理制度。

国家对工程质量的监督管理,主要目的是以保证建筑工程使用安全和环境质量;主要依据是法律、法规和强制性标准;主要内容是地基础、主体结构、环境质量和与此相关的工程建设各方主体的质量行为;主要手段是施工许可制度和竣工验收备案制度。

建设工程质量监督管理具有以下几个特点:第一,它具有权威性,建设工程质量监督体现的是国家意志,任何单位和个人从事工程建设活动都应当服从这种监督管理;第二,建设工程质量监督管理具有强制性,这种监督是由国家的强制力来保证的,任何单位和个人不服从这种监督管理都将受到法律的制裁;第三,建设工程质量监督管理具有综合性。

6.6.1 建设工程质量监督的主体

对建设工程质量进行监督管理的主体是各级政府建设行政主管部门和其他有关部门,国务院建设行政主管部门对全国的建设工程质量实施统一监督管理。

因为建设工程周期长、环节多、点多面广,工程质量监督工作是一项专业性强、技术性强,而且又很繁杂的工作,建设工程质量监督管理,可以由建设行政主管部门或者其他有关部门委托的建设工程质量监督机构具体实施。

从事房屋建筑工程和市政基础设施工程质量监督的机构,必须按照国家有关规定经国务院建设行政主管部门或者省、自治区、直辖市人民政府建设行政主管部门考核;从事专业建设工程质量监督的机构,必须按照国家有关规定经国务院有关部门或者省、自治区、直辖市人民政府有关部门考核。经考核合格后,方可实施质量监督。

县级以上地方人民政府建设行政主管部门和其他有关部门应当加强对有关建设工程质量的法律、法规和强制性标准执行情况的监督检查。

特别提示

县级以上人民政府建设行政主管部门和其他有关部门履行监督检查职责时,有权采取下列措施。

(1) 要求被检查的单位提供有关工程质量的文件和资料。
(2) 进入被检查单位的施工现场进行检查。
(3) 发现有影响工程质量的问题时,责令改正。

有关单位和个人对县级以上人民政府建设行政主管部门和其他有关部门进行的监督检查应当支持与配合,不得拒绝或者阻碍建设工程质量监督检查人员依法执行职务。

供水、供电、供气、公安消防等部门,或者单位不得明示或者暗示建设单位和施工单位购买其指定的生产供应单位的建筑材料、建筑构配件和设备。

6.6.2 竣工验收备案制度

建设单位应当自建设工程竣工验收合格之日起 15 日内,将建设工程竣工验收报告和规划、公安消防、环保等部门出具的认可文件或者准许使用文件报建设行政主管部门或者其他有关部门备案。

建设行政主管部门或者其他有关部门发现建设单位在竣工验收过程中有违反国家有关建设工程质量管理规定行为的,责令停止使用,重新组织竣工验收。

> **知识链接**
>
> 建设单位申请办理竣工验收备案应提交以下材料:①房屋建筑和市政基础设施工程竣工验收备案表;②建设工程竣工验收报告;③规划、消防、环保等部门出具的认可文件或者准许使用文件;④施工单位签署的工程质量保修书,住宅工程的《住宅工程质量保证书》和《住宅工程使用说明书》。

6.6.3 工程质量事故报告制度

建设工程发生质量事故,有关单位应当在 24 小时内向当地建设行政主管部门和其他有关部门报告。对重大质量事故,事故发生地的建设行政主管部门和其他有关部门应当按照事故类别和等级向当地人民政府和上级建设行政主管部门和其他有关部门报告。

特别重大质量事故的调查程序按照国务院有关规定办理。

6.6.4 法律责任

1. 不及时如实报告重大质量事故的法律责任

发生重大工程质量事故隐瞒不报、谎报或者拖延报告期限的,对直接负责的主管人员和其他责任人员依法给予行政处分。

任何单位和个人对建设工程的质量事故、质量缺陷都有权检举、控告、投诉。

2. 国家机关工作人员不尽职责的法律责任

国家机关工作人员在建设工程质量监督管理工作中玩忽职守、滥用职权、徇私舞弊,构成犯罪的,依法追究刑事责任;尚不构成犯罪的,依法给予行政处分。

▶▶ 归纳小结

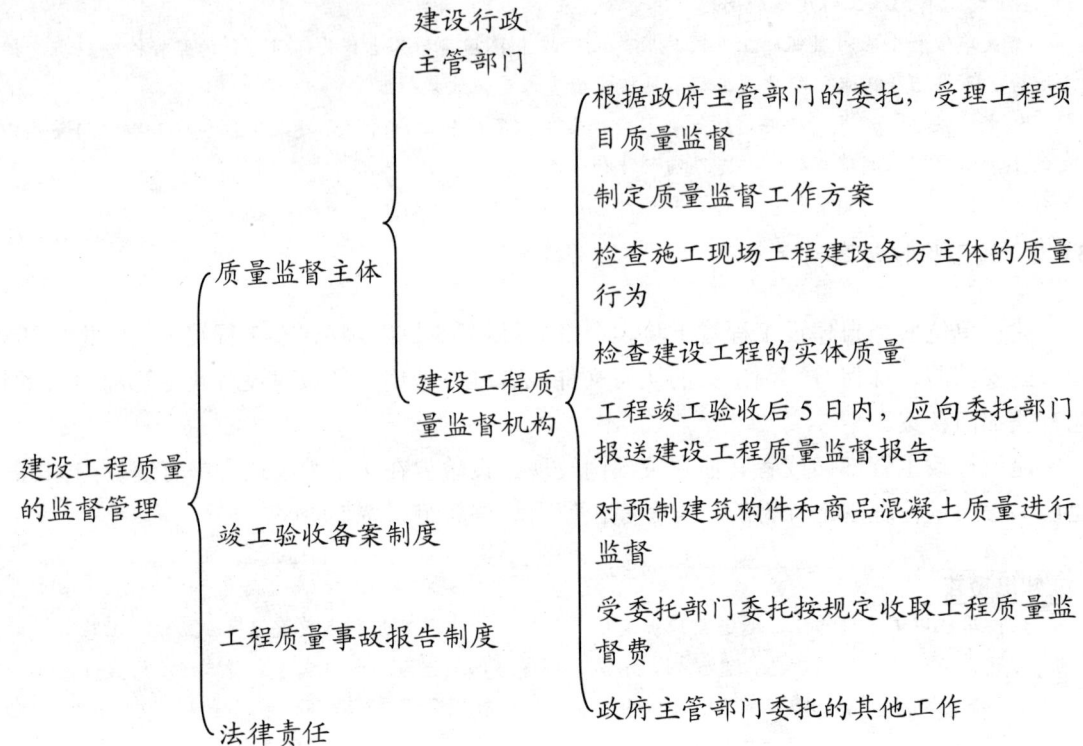

本 章 小 结

1. 建设单位应依法对工程进行发包，不得干预投标人。
2. 建设单位对依法必须实行监理的工程应委托具备相关资质的监理单位；办理工程质量监督手续的责任。
3. 建设单位应提供真实、准确的原始资料，将施工图送有关部门审查，确保提供的物资符合要求。
4. 建设单位不得擅自改变房屋建筑主体和承重结构进行装修。
5. 建设单位应依法组织竣工验收，竣工验收合格后将建设项目档案及时移交有关部门。
6. 勘察、设计、施工、监理单位应当依法取得相应等级的资质证书，并在其资质等级许可的范围内承揽工程。
7. 勘察单位应提供真实、准确的勘察资料。
8. 设计单位应当根据勘察成果文件进行建设工程设计。设计文件应当符合国家规定的设计深度要求，注明工程合理使用年限。
9. 设计单位应当就审查合格的施工图设计文件向施工单位做出详细说明。
10. 设计单位应当参与建设工程质量事故分析。

11. 施工单位应当建立质量责任制，建设工程实行总承包的，总承包单位应当对全部建设工程质量负责；总承包单位依法将建设工程分包给其他单位的，总承包单位与分包单位对分包工程的质量承担连带责任。

12. 施工单位必须按图施工；对建筑材料、构配件和设备进行检验，检验合格方可使用。

13. 施工人员对涉及结构安全的试块、试件以及有关材料，应当实行见证取样的责任。

14. 施工单位对施工中出现质量问题的建设工程或者竣工验收不合格的建设工程，应当负责返修。

15. 工程监理单位与被监理工程的施工承包单位以及建筑材料、建筑构配件和设备供应单位有隶属关系或者其他利害关系的，不得承担该项建设工程的监理业务。

16. 建设工程实行质量保修制度。

17. 建设工程在保修范围和保修期限内发生质量问题的，施工单位应当履行保修义务，并对造成的损失承担赔偿责任。

18. 国家实行建设工程质量监督管理制度。

复习思考题

一、简答题

1. 建设工程竣工验收应具备哪些条件？建设单位应该在什么时间内进行竣工验收备案？
2. 勘察、设计单位共同质量责任有哪些？勘察单位单独的质量责任有哪些？设计单位单独的质量责任有哪些？
3. 施工单位的质量责任和义务有哪些？
4. 未经监理工程师签字认可的建筑材料是否可以使用？
5. 《建设工程质量管理条例》对最低保修期限是怎样规定的？哪些情形不属于保修范围？
6. 什么是建设工程质量保证金？约定质量保证金时应注意约定哪些方面？什么情况下返还质量保证金？
7. 建设工程质量监督机构的主要任务包括哪些？
8. 政府有关主管部门履行监督检查职责时有权采取哪些措施？

二、案例题

1. 某工程开工前，总承包单位在编制施工组织设计时认为修改部分施工图设计可以使施工更方便，质量和安全更易保证，遂自行进行了该部分施工图设计变更。该承包单位的做法是否妥当，应如何处理？

2. 某工程项目通过公开招标的方式确定了3个不同性质的施工单位承担该项工程的全部施工任务，建设单位分别与A公司签订了土建施工合同，与B公司签订了设备安装合同，与C公司签订了电梯安装合同。3个合同协议中都对甲方提出了一个相同的条款，即建设单位应协调现场其他施工单位，为三公司创造可利用条件。A 公司在签订合同后因自身资金周转困难，随后和承包商 D 公司签订了分包合同，在分包合同中约定承包商 D 按照建设单位(业主)与承包商 A 约定的合同金额的 10%向承包商 A 支付管理费，一切责任由承包商 D 承担。

(1) A 公司的做法是否符合国家有关法律规定?其行为属于什么行为?

(2) 根据《建设工程质量管理条例》的规定，工程承发包过程中的违法分包行为有哪些?

3．某工程，建设单位与甲施工单位按照《建设工程施工合同(示范文本)》签订了施工合同，经建设单位同意，甲施工单位选择了乙施工单位作为分包单位。甲施工单位向建设单位提交了工程竣工验收报告后，建设单位于 2003 年 9 月 20 日组织勘察、设计、施工、监理等单位竣工验收。工程竣工验收通过，各单位分别签署了质量合格文件。建设单位于 2004 年 3 月办理了工程竣工备案。因使用需要，建设单位于 2003 年 10 月初要求乙施工单位按其示意图在已验收合格的承重墙上开车库门洞，并于 2003 年 10 月底正式将该工程投入使用。2005 年 2 月该工程给排水管道大量漏水，经监理单位组织检查，确认是因开车库门洞施工时破坏了承重结构所致。建设单位认为工程还在保修期，要求甲施工单位无偿修理。建设行政主管部门对责任单位进行了处罚。

(1) 根据《建设工程质量管理条例》，指出建设单位做法的不妥之处，并说明理由。

(2) 根据《建设工程质量管理条例》，建设行政主管部门是否应该对建设单位、监理单位、甲施工单位和乙施工单位进行处罚，并说明理由。

第7章 建设工程安全生产相关法规

教学目标

通过学习本章应重点掌握《中华人民共和国安全生产法》(以下简称《安全生产法》)和《建设工程安全生产管理条例》的内容,并学会在实际工作生活中的应用。在建设工程中坚持"安全第一,预防为主"的方针,同时避免在建设工程中违法事情的出现。

教学要求

知识要点	能力要求	相关知识	所占分值(100分)	自评分数
生产经营单位的安全生产保障	掌握生产经营单位的安全生产保障措施内容	四大保障措施	20	
从业人员安全生产的权利和义务	掌握从业人员安全生产权利和义务内容	七大权利、三项义务	20	
生产安全事故的应急救援与调查处理	掌握生产安全事故的应急救援与调查处理程序	生产安全事故的分类	20	
安全生产的监督管理	熟悉安全生产的监督管理	监督管理部门及权限	10	
建设工程安全生产管理条例	1. 掌握建设工程安全生产管理制度 2. 掌握各方安全责任 3. 熟悉其他相关单位安全责任	《建设工程安全生产管理条例》	30	

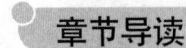

章节导读

建筑生产的特点是产品固定、人员流动，而且多为露天作业、高处作业，施工条件差，不安全因素较多，这些因素还随工程的进展而不断变化，因而规律性差、事故隐患多。所以在世界各国，建筑业都是事故多发行业之一。据统计，我国建筑业每年因工死亡率大体为 0.3‰，安全生产形势十分严峻。安全生产直接关系广大从业人员及社会大众的生命健康及财产安全，同时，它还是促进经济正常发展，保证人民安居乐业，维护社会稳定的前提条件。因此，世界上大多数国家制定了有关安全生产的法律、法规，运用国家权力，对安全生产进行有效的监督管理。

《安全生产法》由中华人民共和国第九届全国人民代表大会常务委员会第二十八次会议于 2002 年 6 月 29 日通过，自 2002 年 11 月 1 日起施行。《安全生产法》的立法目的在于为了加强安全生产监督管理，防止和减少生产安全事故，保障人民群众生命和财产安全，促进经济发展。《安全生产法》包括七章，共九十九条。对生产经营单位的安全生产保障、从业人员的权利和义务、安全生产的监督管理、生产安全事故的应急救援与调查处理四个主要方面做出了规定。

《建设工程安全生产管理条例》于 2003 年 11 月 12 日经国务院第 28 次常务会议通过，2003 年 11 月 24 日以中华人民共和国国务院令第 393 号公布，自 2004 年 2 月 1 日起施行。《建设工程安全生产管理条例》的立法目的在于加强建设工程安全生产监督管理，保障人民群众生命和财产安全。《建筑法》和《安全生产法》是制定该条例的基本法律依据。

7.1 生产经营单位的安全生产保障

▶▶ 引例 7.1

某建筑构件公司由于安全生产资金投入不足造成两人受伤，你知道哪些人员应对此承担责任吗？

7.1.1 组织保障措施

1. 建立安全生产保障体系

生产经营单位必须遵守本法和其他有关安全生产的法律、法规，加强安全生产管理，建立、健全安全生产责任制度，完善安全生产条件，确保安全生产。

矿山与建筑施工单位和危险物品的生产、经营、储存单位，应当设置安全生产管理机构或者配备专职安全生产管理人员。

其他生产经营单位，从业人员超过 300 人的，应当设置安全生产管理机构或者配备专职安全生产管理人员；从业人员在 300 人以下的，应当配备专职或者兼职的安全生产管理人员，或者委托具有国家规定的相关专业技术资格的工程技术人员提供安全生产管理服务。

2. 明确岗位责任

1) 生产经营单位的主要负责人的职责

生产经营单位的主要负责人对本单位安全生产工作负有下列职责。

(1) 建立、健全本单位安全生产责任制。
(2) 组织制定本单位安全生产规章制度和操作规程。
(3) 保证本单位安全生产投入的有效实施。
(4) 督促、检查本单位的安全生产工作,及时消除生产安全事故隐患。
(5) 组织制定并实施本单位的生产安全事故应急救援预案。
(6) 及时、如实报告生产安全事故。

特别提示

生产经营单位发生重大生产安全事故时,单位的主要负责人应当立即组织抢救,并不得在事故调查处理期间擅离职守。

2) 生产经营单位的安全生产管理人员的职责

生产经营单位的安全生产管理人员应根据本单位的生产经营特点,对安全生产状况进行经常性检查;对检查中发现的安全问题,应当立即处理;不能处理的,应当及时报告本单位有关负责人。检查及处理情况应当记录在案。

3) 对安全设施及设备的质量负责的岗位

(1) 对安全设施的设计质量负责的岗位。建设项目安全设施的设计人、设计单位应当对安全设施设计负责。

矿山建设项目和用于生产、储存危险物品的建设项目的安全设施设计应当按照国家有关规定报经有关部门审查,审查部门及其负责审查的人员对审查结果负责。

(2) 对安全设施的施工负责的岗位。矿山建设项目和用于生产、储存危险物品的建设项目的施工单位必须按照批准的安全设施设计施工,并对安全设施的工程质量负责。

(3) 对安全设施的竣工验收负责的岗位。矿山建设项目和用于生产、储存危险物品的建设项目竣工投入生产或者使用前,必须依照有关法律、行政法规的规定对安全设施进行验收;验收合格后,方可投入生产和使用。验收部门及其验收人员对验收结果负责。

(4) 对安全设备质量负责的岗位。生产经营单位使用的涉及生命安全、危险性较大的特种设备,以及危险物品的容器、运输工具,必须按照国家有关规定,由专业生产单位生产,并经取得专业资质的检测、检验机构检测、检验合格,取得安全使用证或者安全标志,方可投入使用。检测和检验机构对检测、检验结果负责。

涉及生命安全、危险性较大的特种设备的目录由国务院负责特种设备安全监督管理的部门制定,报国务院批准后执行。

7.1.2 管理保障措施

1. 人力资源管理

1) 对主要负责人和安全生产管理人员的管理

生产经营单位的主要负责人和安全生产管理人员必须具备与本单位所从事的生产经营

活动相应的安全生产知识和管理能力。

危险物品的生产、经营、储存单位,以及矿山、建筑施工单位的主要负责人和安全生产管理人员,应当由有关主管部门对其安全生产知识和管理能力考核合格后方可任职。考核不得收费。

2) 对一般从业人员的管理

生产经营单位应当对从业人员进行安全生产教育和培训,保证从业人员具备必要的安全生产知识,熟悉有关的安全生产规章制度和安全操作规程,掌握本岗位的安全操作技能。未经安全生产教育和培训合格的从业人员,不得上岗作业。

3) 对特种作业人员的管理

生产经营单位的特种作业人员必须按照国家有关规定经专门的安全作业培训,取得特种作业操作资格证书,方可上岗作业。

2. 物力资源管理

1) 设备的日常管理

生产经营单位应当在有较大危险因素的生产经营场所和有关设施、设备上,设置明显的安全警示标志。

安全设备的设计、制造、安装、使用、检测、维修、改造和报废,应当符合国家标准或者行业标准。

生产经营单位必须对安全设备进行经常性维护、保养,并定期检测,保证正常运转。维护、保养、检测应当做好记录,并由有关人员签字。

2) 设备的淘汰制度

国家对严重危及生产安全的工艺、设备实行淘汰制度。生产经营单位不得使用国家明令淘汰和禁止使用的危及生产安全的工艺、设备。

3) 生产经营项目、场所、设备的转让管理

生产经营单位不得将生产经营项目、场所、设备发包或者出租给不具备安全生产条件及相应证资质的单位或者个人。

4) 生产经营项目、场所的协调管理

生产经营项目、场所有多个承包单位、承租单位的,生产经营单位应当与承包单位、承租单位签订专门的安全生产管理协议,或者在承包合同、租赁合同中约定各自的安全生产管理职责;生产经营单位对承包单位、承租单位的安全生产工作统一协调、管理。

7.1.3 经济保障措施

1. 保证安全生产所必需的资金

生产经营单位应当具备的安全生产条件所必需的资金投入,由生产经营单位的决策机构、主要负责人或者个人经营的投资人予以保证,并对由于安全生产所必需的资金投入不足导致的后果承担责任。

2. 保证安全设施所需要的资金

生产经营单位新建、改建、扩建工程项目(以下统称建设项目)的安全设施,必须与主

体工程同时设计、同时施工、同时投入生产和使用。安全设施投资应当纳入建设项目概算。

3. 保证劳动防护用品和安全生产培训所需要的资金

生产经营单位必须为从业人员提供符合国家标准或者行业标准的劳动防护用品,并监督、教育从业人员按照使用规则进行佩戴和使用。

生产经营单位应当安排用于配备劳动防护用品、进行安全生产培训的经费。

4. 保证工伤社会保险所需要的资金

生产经营单位必须依法参加工伤社会保险,为从业人员缴纳保险费。

7.1.4 技术保障措施

1. 对新工艺、新技术、新材料或者使用新设备的管理

生产经营单位采用新工艺、新技术、新材料或者使用新设备,必须了解、掌握其安全技术特性,采取有效的安全防护措施,并对从业人员进行专门的安全生产教育和培训。

2. 对安全条件论证和安全评价的管理

矿山建设项目和用于生产、储存危险物品的建设项目,应当分别按照国家有关规定进行安全条件论证和安全评价。

3. 对废弃危险物品的管理

生产、经营、运输、储存、使用危险物品或者处置废弃危险物品的,由有关主管部门依照有关法律、法规的规定和国家标准或者行业标准审批并实施监督管理。

生产经营单位生产、经营、运输、储存、使用危险物品或者处置废弃危险物品,必须执行有关法律、法规和国家标准或者行业标准,建立专门的安全管理制度,采取可靠的安全措施,接受有关主管部门依法实施的监督管理。

4. 对重大危险源的管理

生产经营单位对重大危险源应当登记建档,进行定期检测、评估、监控,并制订应急预案,告知从业人员和相关人员在紧急情况下应当采取的应急措施。

生产经营单位应当按照国家有关规定将本单位重大危险源及有关安全措施、应急措施报有关地方人民政府负责安全生产监督管理的部门和有关部门备案。

5. 对员工宿舍的管理

生产、经营、储存、使用危险物品的车间,商店,仓库,不得与员工宿舍在同一座建筑物内,并应当与员工宿舍保持安全距离。

生产经营场所和员工宿舍应当设有符合紧急疏散要求、标志明显、保持畅通的出口。禁止封闭、堵塞生产经营场所或者员工宿舍的出口。

6. 对危险作业的管理

生产经营单位进行爆破、吊装等危险作业,应当安排专门人员进行现场安全管理,确保操作规程的遵守和安全措施的落实。

7. 对安全生产操作规程的管理

生产经营单位应当教育和督促从业人员严格执行本单位的安全生产规章制度和安全操作规程,并向从业人员如实告知作业场所和工作岗位存在的危险因素、防范措施以及事故应急措施。

8. 对施工现场的管理

两个以上生产经营单位在同一作业区内进行生产经营活动,可能危及对方生产安全的,应当签订安全生产管理协议,明确各自的安全生产管理职责和应当采取的安全措施,并指定专职安全生产管理人员进行安全检查与协调。

▶▶归纳小结

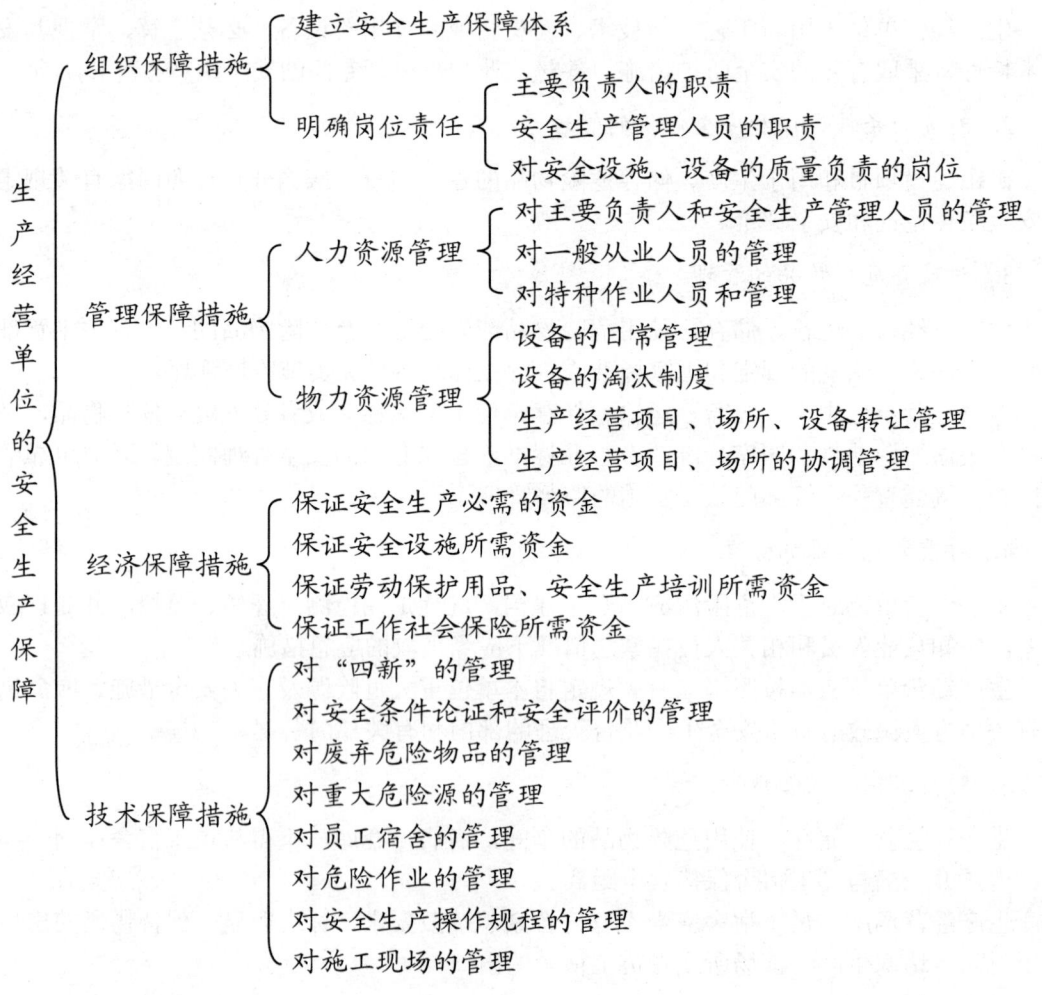

▶▶引例 7.1 小结

承担责任的人员有企业法定代表人和该公司经理。

7.2 从业人员安全生产的权利和义务

▶▶引例 7.2

某工程的地下隐蔽工程已出现重大安全隐患,安全生产管理机构下达了停产整改的通知。但是,该安全隐患尚未排除时,项目经理却要求作业人员继续施工。对此情形,作业人员可以行使哪些权利?

生产经营单位的从业人员是指该单位从事生产经营活动各项工作的所有人员,包括管理人员、技术人员和各岗位的工人,也包括生产经营单位临时聘用的人员。《安全生产法》第六条规定:"生产经营单位的从业人员有依法获得安全生产保障的权利,并应当依法履行安全生产方面的义务。"

7.2.1 安全生产中从业人员的权利

1. 知情权

生产经营单位的从业人员有权了解其作业场所和工作岗位存在的危险因素、防范措施及事故应急措施,有权对本单位的安全生产工作提出建议。

2. 批评权和检举、控告权

从业人员有权对本单位安全生产工作中存在的问题提出批评、检举、控告。

3. 拒绝权

从业人员有权拒绝违章指挥和强令冒险作业。生产经营单位不得因从业人员对本单位安全生产工作提出批评、检举、控告或者拒绝违章指挥、强令冒险作业,从而降低其工资、福利等待遇或者解除与其订立的劳动合同。

4. 紧急避险权

从业人员发现直接危及人身安全的紧急情况时,有权停止作业或者在采取可能的应急措施后撤离作业场所。

生产经营单位不得因从业人员在前款紧急情况下停止作业或者采取紧急撤离措施而降低其工资、福利等待遇,或者解除与其订立的劳动合同。

5. 请求赔偿权

因生产安全事故受到损害的从业人员,除依法享有工伤社会保险外,依照有关民事法律尚有获得赔偿的权利的,有权向本单位提出赔偿要求。

依法为从业人员缴纳工伤社会保险费和给予民事赔偿,是生产经营单位的法定义务。

> **知识链接**
>
> 《安全生产法》第四十三条、第四十四条分别规定,生产经营单位必须依法参加工伤社会保险,为从业人员缴纳保险费;生产经营单位与从业人员订立的劳动合同,应当载明依法为从业人员办理工伤

社会保险的事项。

> 发生生产安全事故后,受到损害的从业人员首先根据劳动合同和工伤社会保险合同的约定,享有请求相应赔偿的权利。如果工伤保险赔偿金不足以补偿受害人的损失,受害人还可以依照有关民事法律的规定,向其所在的生产经营单位提出赔偿要求。为了切实保护从业人员的该项权利,《安全生产法》第四十四条第二款还规定:"生产经营单位不得以任何形式与从业人员订立协议,免除或者减轻其对从业人员因生产安全事故伤故依法应承担的责任。"

6. 获得劳动防护用品的权利

生产经营单位必须为从业人员提供符合国家标准或者行业标准的劳动防护用品,并监督、教育从业人员按照使用规则进行佩戴和使用。

7. 获得安全生产教育和培训的权利

生产经营单位应当对从业人员进行安全生产教育和培训,保证从业人员具备必要的安全生产知识,熟悉有关的安全生产规章制度和安全操作规程,掌握本岗位的安全操作技能。

7.2.2 安全生产中从业人员的义务

1. 遵守安全生产规章制度的义务

从业人员在作业过程中,应当遵守本单位的安全生产规章制度和操作规程,服从管理,正确佩戴和使用劳动防护用品。

2. 接受安全生产教育培训的义务

从业人员应当接受安全生产教育和培训,掌握本职工作所需的安全生产知识,提高安全生产技能,增强事故预防和应急处理能力。

3. 危险报告义务

从业人员发现事故隐患或者其他不安全因素,应当立即向现场安全生产管理人员或者本单位负责人报告;接到报告的人员应当及时予以处理。

▶▶ **归纳小结**

从业人员安全生产的权利和义务
- 权利
  - 知情权
  - 批评权和检举、控告权
  - 拒绝权(有权拒绝违章指挥和强令冒险作业)
  - 紧急避险权(发现直接危及人身安全的紧急情况)
  - 请求赔偿权(因生产安全事故受到损害的从业人员)
  - 获得劳动防护用品的权利
  - 获得安全生产教育和培训的权利
- 义务
  - 遵守安全生产规章制度的义务
  - 接受安全生产教育培训的义务
  - 危险报告义务(现场安全管理人员或本单位负责人)

▶▶ 引例 7.2 小结

作业人员可以行使的权利有知情权、拒绝权、检举控告权。

7.3 生产安全事故的应急救援与调查处理

▶▶ 引例 7.3

2005 年 9 月 5 日晚 10 时 10 分左右，北京西西工程 4 层的高大厅堂顶盖模板支架在浇注接近完成时，发生整体垮塌，酿成死亡 8 人、伤 21 人的伤亡事故。请问它属于何等级安全事故？

7.3.1 生产安全事故的应急救援

1. 生产安全事故的分类

2007 年 6 月 1 日起施行的《生产安全事故报告和调查处理条例》对生产安全事故做出了明确的分类。

根据生产安全事故(以下简称事故)造成的人员伤亡或者直接经济损失，事故一般分为以下等级。

(1) 特别重大事故，是指造成 30 人以上死亡，或者 100 人以上重伤(包括急性工业中毒，下同)，或者 1 亿元以上直接经济损失的事故。

(2) 重大事故，是指造成 10 人以上、30 人以下死亡，或者 50 人以上、100 人以下重伤，或者 5000 万元以上、1 亿元以下直接经济损失的事故。

(3) 较大事故，是指造成 3 人以上、10 人以下死亡，或者 10 人以上、50 人以下重伤，或者 1000 万元以上、5000 万元以下直接经济损失的事故。

(4) 一般事故，是指造成 3 人以下死亡，或者 10 人以下重伤，或者 1000 万元以下直接经济损失的事故。

这里所称的"以上"包括本数，所称的"以下"不包括本数。

2. 应急救援体系的建立

县级以上地方各级人民政府应当组织有关部门制定本行政区域内特大生产安全事故应急救援预案，建立应急救援体系。

> **特别提示**
>
> 建筑施工单位应当建立应急救援组织；生产经营规模较小，可以不建立应急救援组织的，应当指定兼职的应急救援人员。危险物品的生产、经营、储存单位，以及矿山、建筑施工单位应当配备必要的应急救援器材和设备，并进行经常性维护、保养，保证正常运转。

7.3.2 生产安全事故报告

1. 《安全生产法》关于生产安全事故报告的规定

生产安全事故的报告应当遵守以下规定。

(1) 生产经营单位发生生产安全事故后,事故现场有关人员应当立即报告本单位负责人。

(2) 单位负责人接到事故报告后,应当迅速采取有效措施,组织抢救,防止事故扩大,减少人员伤亡和财产损失,并按照国家有关规定立即如实报告当地负有安全生产监督管理职责的部门,不得隐瞒不报、谎报或者拖延不报,不得故意破坏事故现场、毁灭有关证据。

> **特别提示**
> 对于实行施工总承包的建设工程,由总承包单位负责上报事故。

(3) 负有安全生产监督管理职责的部门接到事故报告后,应当立即按照国家有关规定上报事故情况。负有安全生产监督管理职责的部门和有关地方人民政府对事故情况不得隐瞒不报、谎报或者拖延不报。

(4) 有关地方人民政府和负有安全生产监督管理职责部门的负责人接到重大生产安全事故报告后,应当立即赶到事故现场,组织事故抢救。

2. 《生产安全事故报告和调查处理条例》关于生产安全事故报告的规定

《生产安全事故报告和调查处理条例》在《安全生产法》的基础上做出了进一步的详细规定。

1) 事故单位的报告

事故发生后,事故现场有关人员应该立即向本单位负责人报告;单位负责人接到报告后应当于1小时内向事故发生地县级以上人民政府安全生产监督管理部门和负有安全生产监督管理职责的有关部门报告。

情况紧急时,事故现场有关人员可以直接向事故发生地县级以上人民政府安全生产监督管理部门和负有安全生产监督管理职责的有关部门报告。

2) 监督部门的报告

(1) 安全生产事故的逐级报告。安全生产监督管理部门和负有安全生产监督管理职责的有关部门接到事故报告后,应当依照下列规定上报事故情况,并通知公安机关、劳动保障行政部门、工会和人民检察院。

① 重大事故、重大事故逐级上报至国务院安全生产监督管理部门和负有安全生产监督管理职责的有关部门。

② 事故逐级上报至省、自治区、直辖市人民政府安全生产监督管理部门和负有安全生产监督管理职责的有关部门。

③ 事故上报至设区的市级人民政府安全生产监督管理部门和负有安全生产监督管理职责的有关部门。

安全生产监督管理部门和负有安全生产监督管理职责的有关部门依照前款规定上报事

故情况，应当同时报告本级人民政府。国务院安全生产监督管理部门和负有安全生产监督管理职责的有关部门以及省级人民政府接到发生特别重大事故、重大事故的报告后，应当立即报告国务院。

必要时，安全生产监督管理部门和负有安全生产监督管理职责的有关部门可以越级上报事故情况。

(2) 生产安全事故报告的时间要求。安全生产监督管理部门和负有安全生产监督管理职责的有关部门逐级上报事故情况，每级上报的时间不得超过 2 小时。

3. 报告的内容

报告事故应当包括下列内容。
(1) 事故发生单位概况。
(2) 事故发生的时间、地点以及事故现场情况。
(3) 事故的简要经过。
(4) 事故已经造成或者可能造成的伤亡人数(包括下落不明的人数)和初步估计的直接经济损失。
(5) 已经采取的措施。
(6) 其他应当报告的情况。

事故报告后出现新情况的，应当及时补报。自事故发生之日起 30 日内，事故造成的伤亡人数发生变化的，应当及时补报。道路交通事故、火灾事故自发生之日起 7 日内，事故造成的伤亡人数发生变化的，应当及时补报。

4. 应急救援

事故发生单位负责人接到事故报告后，应当立即启动事故相应应急预案，或者采取有效措施，组织抢救，防止事故扩大，减少人员伤亡和财产损失。

事故发生地的有关地方人民政府、安全生产监督管理部门和负有安全生产监督管理职责的有关部门接到事故报告后，其负责人应当立即赶赴事故现场，组织事故救援。

5. 现场与证据

事故发生后，有关单位和人员应当妥善保护事故现场以及相关证据，任何单位和个人不得破坏事故现场、毁灭相关证据。

因抢救人员、防止事故扩大以及疏通交通等原因，需要移动事故现场物件的，应当做出标志，绘制现场简图并做出书面记录，妥善保存现场重要痕迹、物证。

7.3.3 生产安全事故调查处理

1. 《安全生产法》对生产安全事故调查的规定

生产安全事故调查处理应当遵守以下基本规定。

(1) 事故调查处理应当按照实事求是、尊重科学的原则，及时、准确地查清事故原因，查明事故性质和责任，总结事故教训，提出整改措施，并对事故责任者提出处理意见。

(2) 生产经营单位发生生产安全事故，经调查确定为责任事故的，除了应当查明事故单位的责任并依法予以追究外，还应当查明对安全生产的有关事项负有审查批准和监督职责的行政部门的责任，对有失职、渎职行为的，追究法律责任。

(3) 任何单位和个人不得阻挠和干涉对事故的依法调查处理。

2. 《生产安全事故报告和调查处理条例》对生产安全事故调查的规定

1) 事故调查的管辖

(1) 级别管辖。特别重大事故由国务院或者国务院授权有关部门组织事故调查组进行调查。

重大事故、较大事故、一般事故分别由事故发生地省级人民政府，设区的市级人民政府，县级人民政府负责调查。省级人民政府、设区的市级人民政府、县级人民政府可以直接组织事故调查组进行调查，也可以授权或者委托有关部门组织事故调查组进行调查。

未造成人员伤亡的一般事故，县级人民政府也可以委托事故发生单位组织事故调查组进行调查。

上级人民政府认为必要时，可以调查由下级人民政府负责调查的事故。

自事故发生之日起 30 日内(道路交通事故、火灾事故自事故发生之日起 7 日内)，因事故伤亡人数变化导致事故等级发生变化。依照本条例规定应当由上级人民政府负责调查的，上级人民政府可以另行组织事故调查组进行调查。

(2) 地域管辖。特别重大事故以下等级事故，事故发生地与事故发生单位不在同一个县级以上行政区域的，由事故发生地人民政府负责调查，事故发生单位所在地人民政府应当派人参加。

2) 事故调查组的组成

(1) 组成的原则。事故调查组的组成应当遵循精简、效能的原则。

(2) 成员的来源。根据事故的具体情况，事故调查组由有关人民政府、安全生产监督管理部门、负有安全生产监督管理职责的有关部门、监察机关、公安机关以及工会的工作人员组成，并应当邀请人民检察院的工作人员参加。

事故调查组可以聘请有关专家参与调查。

(3) 成员的条件。事故调查组成员应当具有事故调查所需要的知识和专长，并与所调查的事故没有直接利害关系。

(4) 事故调查组组长。事故调查组组长由负责事故调查的人民政府指定。事故调查组组长主持事故调查组的工作。

3) 事故调查的职责与权利

(1) 事故调查组的职责与权利的内容如下所述。

① 事故调查组履行的职责：查明事故发生的经过、原因、人员伤亡情况及直接经济损失；认定事故的性质和事故责任；提出对事故责任者的处理建议；总结事故教训，提出防范和整改措施；提交事故调查报告。

事故调查中发现涉嫌犯罪的，事故调查组应当及时将有关材料或者其复印件移交司法机关处理。

② 事故调查组的权利。事故调查组有权向有关单位和个人了解与事故有关的情况,并要求其提供相关文件、资料,有关单位和个人不得拒绝。

(2) 事故调查组成员的职责其具体内容如下所述。

事故发生单位的负责人和有关人员在事故调查期间不得擅离职守,并应当随时接受事故调查组的询问,如实提供有关情况。

事故调查组成员在事故调查工作中应当诚信公正、恪尽职守,遵守事故调查组的纪律,保守事故调查的秘密。未经事故调查组组长允许,事故调查组成员不得擅自发布有关事故的信息。

4) 调查的时限

事故调查组应当自事故发生之日起 60 日内提交事故调查报告;特殊情况下,经负责事故调查的人民政府批准,提交事故调查报告的期限可以适当延长,但延长的期限最长不超过 60 日。

事故调查中需要进行技术鉴定的,事故调查组应当委托具有国家规定资质的单位进行技术鉴定。必要时,事故调查组可以直接组织专家进行技术鉴定。技术鉴定所需时间不计入事故调查期限。

5) 事故调查报告

事故调查报告应当包括下列内容。

(1) 事故发生单位概况。

(2) 事故发生经过和事故救援情况。

(3) 事故造成的人员伤亡和直接经济损失。

(4) 事故发生的原因和事故性质。

(5) 事故责任的认定以及对事故责任者的处理建议。

(6) 事故防范和整改措施。

事故调查报告应当附具有关证据材料。事故调查组成员应当在事故调查报告上签名。事故调查报告报送负责事故调查的人民政府后,事故调查工作即告结束。事故调查的有关资料应当归档保存。

3. 《生产安全事故报告和调查处理条例》对生产安全事故处理的规定

1) 处理时限

重大事故、较大事故、一般事故,负责事故调查的人民政府应当自收到事故调查报告之日起 15 日内做出批复;特别重大事故,30 日内做出批复,特殊情况下,批复时间可以延长,但延长时间最长不超过 30 日。

有关机关应当按照人民政府的批复,依照法律、行政法规规定的权限和程序,对事故发生单位和有关人员进行行政处罚,对负有事故责任的国家工作人员进行处分。

事故发生单位应当按照负责事故调查的人民政府的批复,对本单位负有事故责任的人员进行处理。负有事故责任的人员涉嫌犯罪的,依法追究刑事责任。

2) 整改

事故发生单位应当认真吸取事故教训，落实防范和整改措施，防止事故再次发生。防范和整改措施的落实情况应当接受工会和职工的监督。

安全生产监督管理部门和负有安全生产监督管理职责的有关部门应当对事故发生单位落实防范和整改措施的情况进行监督检查。

3) 处理结果的公布

事故处理的情况由负责事故调查的人民政府或者其授权的有关部门、机构向社会公布，依法应当保密的除外。

▶▶归纳小结

生产安全事故的应急救援与调查处理
- 应急救援
  - 县级以上地方各级人民政府应当组织有关部门制定本行政区域内特大生产安全事故应急救援预案，建立应急救援体系
  - 建筑施工单位应当建立应急救援组织；生产经营规模较小，可以不建立应急救援组织的，应当指定兼职的应急救援人员
- 事故报告
  - 事故现场有关人员应当立即报告本单位负责人
  - 单位负责人接到事故报告手应当迅速采取有效措施，组织抢救，防止事故扩大，减少人员伤亡和财产损失，并按照国家有关规定立即如实报告当地负有安全生产监督管理职责的部门，不得隐瞒不报、谎报或者拖延不报，不得故意破坏事故现场、毁灭有关证据
  - 负有安全生产监督管理职责的部门接到事故报告后，应当立即按照国家有关规定上报事故情况。不得隐瞒不报、谎报或拖延不报
  - 有关地方人民政府和负有安全生产监督管理职责的部门的负责人接到重大生产安全事故报告后，应当立即赶到事故现场，组织事故抢救
- 生产安全事故调查处理

▶▶引例 7.3 小结

该安全事故等级属于重大事故，因为重大事故是指造成 10 人以上、30 人以下死亡，或者 50 人以上、100 人以下重伤，或者 5000 万元以上、1 亿元以下直接经济损失的事故。

7.4 安全生产的监督管理

7.4.1 安全生产监督管理部门

国务院负责安全生产监督管理的部门,对全国建设工程安全生产工作实施综合监督管理。国务院建设行政主管部门对全国建设工程安全生产实施监督管理。国务院铁路、交通、水利等有关部门按照国务院的职责分工,负责有关专业建设工程安全生产的监督管理。

建设行政主管部门或者其他有关部门可以将施工现场的监督检查委托给建设工程安全监督机构具体实施。

7.4.2 安全生产监督管理措施

建设行政主管部门在审核发放施工许可证时,应当对建设工程是否有安全施工措施进行审查,对没有安全施工措施的,不得颁发施工许可证。

建设行政主管部门或者其他有关部门对建设工程是否有安全施工措施进行审查时,不得收取费用。

7.4.3 安全生产监督管理部门的职权

负有安全生产监督管理职责的部门,依法对生产经营单位执行有关安全生产的法律、法规和国家标准或者行业标准的情况进行监督检查,行使以下职权。

(1) 进入生产经营单位进行检查,调阅有关资料,向有关单位和人员了解情况。

(2) 对检查中发现的安全生产违法行为,当场予以纠正或者要求限期改正;对依法应当给予行政处罚的行为,依照本法和其他有关法律、行政法规的规定做出行政处罚决定。

(3) 对检查中发现的事故隐患,应当责令立即排除;重大事故隐患排除前或者排除过程中无法保证安全的,应当责令从危险区域内撤出作业人员,责令暂时停产停业或者停止使用;重大事故隐患排除后,经审查同意,方可恢复生产经营和使用。

(4) 对有根据认为不符合保障安全生产的国家标准或者行业标准的设施、设备、器材予以查封或者扣押,并应当在 15 日内依法做出处理决定。监督检查不得影响被检查单位的正常生产经营活动。

7.4.4 安全生产监督检查人员的义务

安全生产监督检查人员在行使职权时,应当履行如下法定义务。

(1) 应当忠于职守,坚持原则,秉公执法。

(2) 执行监督检查任务时,必须出示有效的监督执法证件。

(3) 对涉及被检查单位的技术秘密和业务秘密,应当为其保密。

▶▶ 归纳小结

安全生产的监督管理
├─ 安全生产监督管理部门——国务院安全监督管理部门综合管理；国务院建设行政主管部门对全国建设工程安全生产监督管理；国务院铁路、交通、水利等部门对有关专业建设工程安全生产监督管理
├─ 安全生产监督管理措施——对没有安全施工措施的，不得颁发施工许可证
├─ 安全生产监督管理部门的职权
│ ├─ 进入生产经营单位检查，调阅有关资料，向有关单位和人员了解情况
│ ├─ 对检查中发现的安全生产违法行为，当场予以纠正或者要求限期改正；对依法应当给予行政处罚的行为，依法做出行政处罚决定
│ ├─ 对检查中发现的安全生产违法生为，当场予以纠正或者要求限期改正；对依法应当给予行政处罚的行为，依法做出行政处罚决定
│ ├─ 对检查中发现的事故隐患，应当责令立即排除；重大事故隐患排除前或者排除过程中无法保证安全的，应当责令从危险区域内撤出作业人员，责令暂时停产停业或者停止使用；重大事故隐患排除后，经审查同意，方可恢复生产经营和使用
│ └─ 对不符合保障安全生产的国家标准或行业标准的设施、设备、器材予以查封或者扣押
└─ 安全生产监督检查人员的义务
   ├─ 应当忠于职守，坚持原则，秉公执法
   ├─ 执行监督检查任务时，必须出示有效的监督执法证件
   └─ 对涉及被检查单位的技术秘密和业务秘密，应当保密

7.5 建设工程安全生产管理条例

▶▶ 引例 7.4

2003 年 11 月 12 日国务院第 28 次常务会议通过了《建设工程安全生产管理条例》，这对加强建设工程安全生产监督管理，保障人民群众生命和财产安全起到了很大作用。请问：

(1) 根据《建设工程安全生产管理条例》的规定，哪些工程必须由专职安全生产管理人员进行现场监督？

(2)《建设工程安全生产管理条例》要求施工单位建立的规章制度有哪些？

(3)《建设工程安全生产管理条例》制定的依据是什么?

7.5.1 建设工程安全生产管理制度

建设工程安全生产管理制度主要包括以下六大制度。

1. 安全生产责任制度

安全生产责任制度是建筑生产中最基本的安全管理制度,是所有安全规章制度的核心。安全生产责任制度是指将各种不同的安全责任落实到负责有安全管理责任的人员和具体岗位人员身工的一种制度。这一制度是"安全第一、预防为主"方针的具体体现,是建筑安全生产的基本制度。在建筑活动中,只有明确安全责任,分工负责,才能形成完整有效的安全管理体系,激发每个人的安全责任感,严格执行建筑工程安全的法律、法规和安全规程、技术规范,防患于未然,减少和杜绝建筑工程事故,为建筑工程的生产创造一个良好的环境。

安全责任制度的主要包括以下内容。

(1) 从事建筑活动主体的负责人的责任制。建筑施工企业的法定代表人要对本企业的安全负主要的安全责任。

(2) 从事建筑活动主体的职能机构或职能处室负责人及其工作人员的安全生产责任制,建筑企业根据需要设置的安全处室或者专职安全人员要对安全负责。

(3) 岗位人员的安全生产责任制。岗位人员必须对安全负责。从事特种作业的安全人员必须进行培训,经过考试合格后方能上岗作业。

2. 群防群治制度

这一制度要求建筑企业职工遵守法律、法规与规程,对于危及生命安全和身体健康的行为有权提出批评、检举和控告。

3. 安全生产教育培训制度

通过对广大建筑干部职工进行安全教育培训,提高安全意识,增加安全知识和技能。

4. 安全生产检查制度

安全检查制度是安全生产的保障,是指上级管理部门检查、企业自身检查、定期检查、不定期检查。

5. 伤亡事故处理报告制度

事故处理必须遵循一定的程序,按照"事故原因不清不放过,事故责任者得不到处理不放过,整改措施不落实不放过,教训不吸取不放过"的原则。

6. 安全责任追究制度

建设单位、设计单位、施工单位、监理单位,由于没有履行职责造成人员伤亡和事故损失的,视情节给予相应处理;情节严重的,责令停业整顿,降低资质等级或吊销资质证书;构成犯罪的,依法追究刑事责任。

7.5.2 建设单位的安全责任

1. 向施工单位提供资料的责任

建设单位应当向施工单位提供施工现场及毗邻区域内供水、排水、供电、供气、供热、通信、广播电视等地下管线资料,气象和水文观测资料,相邻建筑物和构筑物、地下工程的有关资料,并保证资料的真实、准确、完整。建设单位因建设工程需要,向有关部门或者单位查询前款规定的资料时,有关部门或者单位应当及时提供。

建设单位提供的资料将成为施工单位后续工作的主要参考依据。这些资料如果不真实、准确、完整,并因此导致了施工单位的损失,施工单位可以就此向建设单位要求赔偿。

2. 依法履行合同的责任

建设单位不得对勘察、设计、施工、工程监理等单位,提出不符合建设工程安全生产法律、法规和强制性标准规定的要求,不得压缩合同约定的工期。

3. 提供安全生产费用的责任

建设单位在编制工程概算时,应当确定建设工程安全作业环境及安全施工措施所需费用。

安全生产需要资金的保证,而这笔资金的源头就是建设单位。只有建设单位提供了用于安全生产的费用,施工单位才可能有保证安全生产的费用。

4. 不得推销劣质材料设备的责任

建设单位不得明示或者暗示施工单位购买、租赁、使用不符合安全施工要求的安全防护用具,机械设备,施工机具及配件,消防设施和器材。

5. 提供安全施工措施资料的责任

建设单位在申请领取施工许可证时,应当提供建设工程有关的安全施工措施的资料。

> **特别提示**
>
> 依法批准开工报告的建设工程,建设单位应当自开工报告批准之日起15日内,将保证安全施工的措施报送建设工程所在地的县级以上地方人民政府建设行政主管部门或者其他有关部门备案。

6. 对拆除工程进行备案的责任

建设单位应当将拆除工程发包给具有相应资质等级的施工单位。

> **知识链接**
>
> 建设单位应当在拆除工程施工15日前,将下列资料报送建设工程所在地的县级以上地方人民政府建设行政主管部门或者其他有关部门备案。
> (1) 施工单位资质等级证明。
> (2) 拟拆除建筑物、构筑物及可能危及毗邻建筑的说明。
> (3) 拆除施工组织方案。
> (4) 堆放、清除废弃物的措施。实施爆破作业的,应当遵守国家有关民用爆炸物品管理的规定。

7.5.3 工程监理单位的安全责任

根据《建设工程安全生产管理条例》，工程监理单位的安全责任主要体现在以下几方面。

1. 审查施工组织设计的责任

工程监理单位应当审查施工组织设计中的安全技术措施或者专项施工方案是否符合工程建设强制性标准。

根据《建设工程安全生产管理条例》的相关规定，施工组织设计中必须包含安全技术措施和施工现场临时用电方案。对基坑支护、降水工程、土方开挖工程、模板工程、起重吊装工程、脚手架工程、拆除工程、爆破工程等达到一定规模的危险性较大的分部分项工程，施工单位还应当编制专项施工方案。工程监理单位依法应当对这些安全技术措施和专项施工方案进行审查，审查的重点是其是否符合工程建设强制性标准。

> **知识链接**
>
> 施工组织设计应当包括下列主要内容。
> (1) 工程任务情况。
> (2) 施工总方案、主要施工方法、工程施工进度计划、主要单位工程综合进度计划和施工力量、机具及部署。
> (3) 施工组织技术措施，包括工程质量、安全防护以及环境污染防护等各种措施。
> (4) 施工总平面布置图。
> (5) 总包和分包的分工范围及交叉施工部署等。

2. 安全隐患报告的责任

工程监理单位在实施监理过程中，发现存在安全事故隐患的，应当要求施工单位整改；情况严重的，应当要求施工单位暂时停止施工，并及时报告建设单位。施工单位拒不整改或者不停止施工的，工程监理单位应当及时向有关主管部门报告。

3. 依法监理的责任

工程监理单位和监理工程师应当按照法律、法规和工程建设强制性标准实施监理，并对建设工程安全生产承担监理责任。

工程监理单位违反上述三项法定义务，视情形将可能分别受到责令停业整顿并处罚款、降低资质等级、吊销资质证书等行政处罚；构成犯罪的，其直接责任人员要承担刑事责任；造成损失的，工程监理单位还要依法承担民事赔偿责任。

7.5.4 勘察、设计单位的安全责任

1. 勘察单位的安全责任

建设工程勘察是工程建设的基础性工作。建设工程勘察文件是建设工程项目规划、选址和设计的重要依据，其勘察成果是否科学、准确，对建设工程安全生产具有重要影响。

1) 确保勘察文件的质量，以保证后续工作的安全的责任

勘察单位应当按照法律、法规和工程建设强制性标准进行勘察，提供的勘察文件应当真实、准确，满足建设工程安全生产的需要。

2) 科学勘察，以保证周边建筑物安全的责任

勘察单位在勘察作业时，应当严格执行操作规程，采取措施保证各类管线、设施和周边建筑物、构筑物的安全。

2. 设计单位的安全责任

1) 科学设计的责任

设计单位应当按照法律、法规和工程建设强制性标准进行设计，防止因设计不合理导致生产安全事故的发生。

2) 提出建议的责任

设计单位应当考虑施工安全操作和防护的需要，对涉及施工安全的重点部位和环节在设计文件中注明，并对防范生产安全事故提出指导意见。

采用新结构、新材料、新工艺的建设工程和特殊结构的建设工程，设计单位应当在设计中提出保障施工作业人员安全和预防生产安全事故的措施建议。

3) 承担后果的责任

设计单位和注册建筑师等注册执业人员应当对其设计负责。

▶▶归纳小结

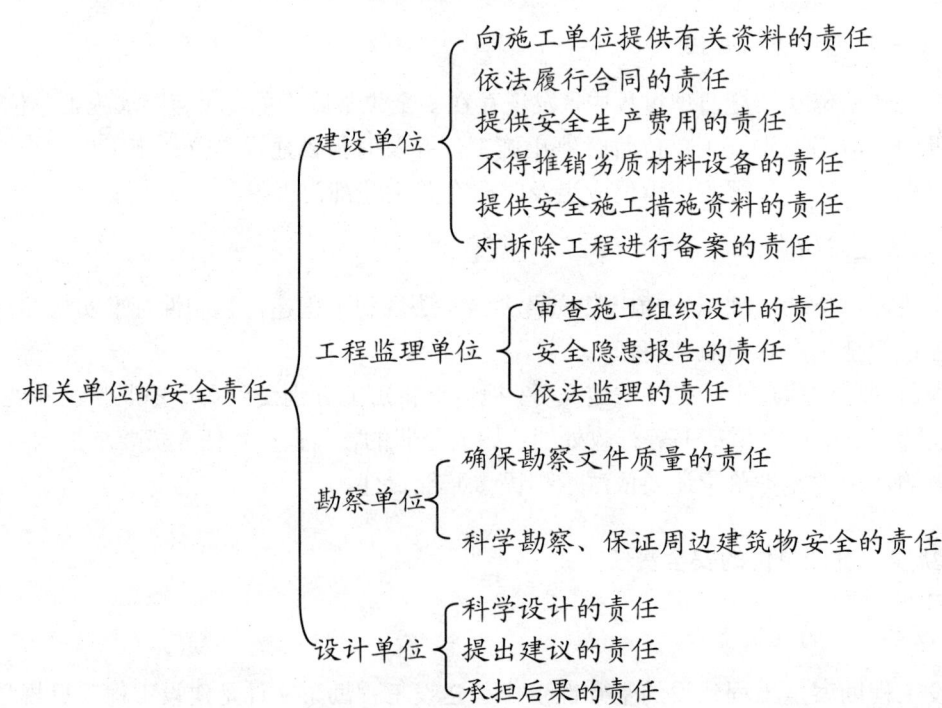

7.5.5 掌握施工单位的安全责任

1. 主要负责人、项目负责人和专职安全生产管理人员的安全责任

1) 主要负责人

加强对施工单位安全生产的管理,首先要明确责任人。施工单位主要负责人依法对本单位的安全生产工作全面负责。在这里,主要负责人并不仅限于施工单位的法定代表人,而是指对施工单位全面负责,有生产经营决策权的人。

明确施工单位主要负责人对安全生产工作全面负责,是贯彻"安全第一、预防为主"方针的基本要求,也是被实践证明的行之有效的"管生产必须同时管安全"原则在法律制度上的具体体现。

施工单位主要负责人的安全生产方面的主要职责包括以下内容。

(1) 建立、健全安全生产责任制度和安全生产教育培训制度。
(2) 制定安全生产规章制度和操作规程。
(3) 保证本单位安全生产条件所需资金的投入。
(4) 对所承建的建设工程进行定期和专项安全检查,并做好安全检查记录。

2) 项目负责人

施工单位的项目负责人应当由取得相应执业资格的人员担任,对建设工程项目的安全施工负责。

项目负责人(主要指项目经理)在工程项目中处于中心地位,对建设工程项目的安全全面负责。鉴于项目负责人对安全生产的重要作用,国家规定施工单位的项目负责人应当由取得相应执业资格的人员担任。这里,"相应执业资格"目前指建造师执业资格。

项目负责人的安全责任主要包括以下内容。

(1) 落实安全生产责任制度、安全生产规章制度和操作规程。
(2) 确保安全生产费用的有效使用。
(3) 根据工程的特点组织制定安全施工措施,消除安全事故隐患。
(4) 及时、如实报告生产安全事故。

3) 安全生产管理机构和专职安全生产管理人员

施工单位应当设立安全生产管理机构配备专职安全生产管理人员。

(1) 安全生产管理机构的设立及其职责。安全生产管理机构是指施工单位及其在建设工程项目中设置的负责安全生产管理工作的独立职能部门。

施工单位所属的分公司、区域公司等较大的分支机构应当各自独立设置安全生产管理机构,负责本企业(分支机构)的安全生产管理工作。施工单位及其所属分公司、区域公司等较大的分支机构必须在建设工程项目中设立安全生产管理机构。

安全生产管理机构的主要职责:落实国家有关安全生产法律、法规和标准、编制,并适时更新安全生产管理制度,组织开展全员安全教育培训及安全检查等活动。

(2) 专职安全生产管理人员的职责。专职安全生产管理人员是指经建设主管部门或者其他有关部门安全生产考核合格,并取得安全生产考核合格证书在企业从事安全生产管理工作的专职人员,包括施工单位安全生产管理机构的负责人及其工作人员和施工现场专职安全生产管理人员。专职安全生产管理人员的安全责任主要包括对安全生产进行现场监督

检查。发现安全事故隐患,应当及时向项目负责人和安全生产管理机构报告;对于违章指挥、违章操作的,应当立即制止。

2. 总承包单位和分包单位的安全责任

1) 总承包单位的安全责任

建设工程实行施工总承包的,由总承包单位对施工现场的安全生产负总责。建设工程实行施工总承包的,由建设单位将包括土建和安装等方面的施工任务一并发包给一家具有相应施工总承包资质的施工单位。施工总承包单位在法律规定和合同约定的范围内,全面负责施工现场的组织管理。

特别提示

为了防止违法分包和转包等违法行为的发生,真正落实施工总承包单位的安全责任,总承包单位应当自行完成建设工程主体结构的施工。

2) 总承包单位与分包单位的安全责任划分

总承包单位依法将建设工程分包给其他单位的,分包合同中应当明确各自的安全生产方面的权利、义务。总承包单位和分包单位对分包工程的安全生产承担连带责任。

施工现场往往同时有多个分包单位同时在施工现场作业,需要由总承包单位统一协调。分包单位应当服从总承包单位的安全生产管理,分包单位不服从管理导致生产安全事故的,由分包单位承担主要责任。

3) 安全生产教育培训

(1) 管理人员的考核。施工单位的主要负责人、项目负责人、专职安全生产管理人员应当经建设行政主管部门或者其他有关部门考核合格后方可任职。

(2) 作业人员的安全生产教育培训。其有以下三方面内容。

① 日常的安全生产教育培训。施工单位应当对管理人员和作业人员每年至少进行一次安全生产教育培训,其教育培训情况记入个人工作档案。安全生产教育培训考核不合格的人员,不得上岗。

② 新岗位培训。作业人员进入新的岗位或者新的施工现场前,应当接受安全生产教育培训。未经教育培训或者教育培训考核不合格的人员,不得上岗作业。施工单位在采用新技术、新工艺、新设备、新材料时,应当对作业人员进行相应的安全生产教育培训。

③ 特种作业人员的培训。特种作业人员是指从事特殊岗位作业的人员。垂直运输机械作业人员、安装拆卸工、爆破作业人员、起重信号工、登高架设作业人员等特种作业人员,必须按照国家有关规定经过专门的安全作业培训,并取得特种作业操作资格证书后,方可上岗作业。

4) 施工单位应采取的安全措施

(1) 编制安全技术措施、施工现场临时用电方案和编制专项施工方案的具体内容如下所述。

① 编制安全技术措施。施工单位应当在施工组织设计中编制安全技术措施。

② 编制施工现场临时用电方案。施工单位应当在施工组织设计中编制安全技术措施和施工现场临时用电方案。

> **知识链接**
>
> 临时用电方案直接关系到用电人员的安全，应当严格按照《施工现场临时用电安全技术规范》(JGJ 46—2005)进行编制，保障施工现场用电防止触电和电气火灾事故发生。

③ 编制专项施工方案。对下列达到一定规模的危险性较大的分部分项工程编制专项施工方案，并附具安全验算结果，经施工单位技术负责人、总监理工程师签字后实施，由专职安全生产管理人员进行现场监督：基坑支护与降水工程；土方开挖工程；模板工程；起重吊装工程；脚手架工程；拆除、爆破工程；国务院建设行政主管部门或者其他有关部门规定的其他危险性较大的工程。

对前款所列工程中涉及深基坑、地下暗挖工程、高大模板工程的专项施工方案，施工单位还应当组织专家进行论证、审查。

(2) 安全施工技术交底。建设工程施工前，施工单位负责项目管理的技术人员应当对有关安全施工的技术要求向施工作业班组、作业人员做出详细说明，并由双方签字确认。施工前的安全施工技术交底的目的就是让所有的安全生产从业人员都对安全生产有所了解，最大限度避免安全事故的发生。

> **知识链接**
>
> 职业健康安全技术交底应符合下列规定。
> (1) 工程开工前，项目经理部的技术负责人应向有关人员进行安全技术交底。
> (2) 结构复杂的分部分项工程实施之前，项目经理部的技术负责人应进行安全技术交底。
> (3) 项目经理部应保存安全技术交底记录。

(3) 施工现场安全警示标志的设置。施工单位应当在施工现场入口处、施工起重机械、临时用电设施、脚手架、出入通道口、楼梯口、电梯井口、孔洞口、桥梁口、隧道口、基坑边沿、爆破物及有害危险气体和液体存放处等危险部位，设置明显的安全警示标志。安全警示标志必须符合国家标准。

(4) 施工现场的安全防护。施工单位应当根据不同施工阶段和周围环境及季节、气候的变化，在施工现场采取相应的安全施工措施。施工现场暂时停止施工的，施工单位应当做好现场防护，所需费用由责任方承担，或者按照合同约定执行。

> **知识链接**
>
> 引起施工现场停工的原因很多，可能是施工单位的原因，可能是建设单位的原因，可能是设计或监理单位的原因，还可能是自然环境的原因。不管是什么原因引起的，所发生的费用都要由责任方承担。这里的责任方，主要是就施工承包合同当事人而言的，而不是指真正的责任方。例如，如果由于监理工程师指令有误而导致施工现场停止施工，产生的费用就要由建设单位承担。也就是说，施工单位可以就此向建设单位索赔，而不是直接向监理单位索赔。
>
> 如果合同对此另有约定，在合同内容有效即不存在无效、被撤销、效力待定的情况下，就要按照合同约定来承担这笔费用了。

(5) 施工现场的布置应当符合安全和文明施工要求。施工单位应当将施工现场的办公、生活区与作业区分开设置，并保持安全距离；办公、生活区的选址应当符合安全性要求。

职工的膳食、饮水、休息场所等应当符合卫生标准。施工单位不得在尚未竣工的建筑物内设置员工集体宿舍。

施工现场临时搭建的建筑物应当符合安全使用要求。施工现场使用的装配式活动房屋应当具有产品合格证。临时建筑物一般包括施工现场的办公用房、宿舍、食堂、仓库、卫生间等。这些设施虽然是临时搭建的，但由于直接用于现场工作人员的生产生活，因此必须符合安全使用要求。

(6) 对周边环境采取防护措施。工程建设不能以牺牲环境为代价，施工单位在进行施工时必须要采取措施以减少对周边环境的不良影响。

建筑施工企业应当遵守有关环境保护和安全生产的法律、法规的规定，采取控制和处理施工现场的各种粉尘、废气、废水、固体废物，以及噪声、振动对环境的污染和危害的措施。

施工单位对因建设工程施工可能造成损害的毗邻建筑物、构筑物和地下管线等，应当采取专项防护措施。施工单位应当遵守有关环境保护法律、法规的规定，在施工现场采取措施，防止或者减少粉尘、废气、废水、固体废物、噪声、振动和施工照明对人和环境的危害和污染。在城市市区内的建设工程，施工单位应当对施工现场实行封闭围挡。

(7) 施工现场的消防安全措施。施工单位应当在施工现场建立消防安全责任制度，确定消防安全责任人，制定用火、用电、使用易燃易爆材料等各项消防安全管理制度和操作规程，设置消防通道、消防水源、配备消防设施和灭火器材，并在施工现场入口处设置明显标志。

(8) 安全防护设备管理。施工单位采购、租赁的安全防护用具、机械设备、施工机具及配件，应当具有生产(制造)许可证、产品合格证，并在进入施工现场前进行查验。

施工现场的安全防护用具、机械设备、施工机具及配件必须由专人管理，定期进行检查、维修和保养，建立相应的资料档案，并按照国家有关规定及时报废。作业人员应当遵守安全施工的强制性标准、规章制度和操作规程，正确使用安全防护用具、机械设备等。

(9) 起重机械设备管理。施工单位在使用施工起重机械和整体提升脚手架、模板等自升式架设设施前，应当组织有关单位进行验收，也可以委托具有相应资质的检验检测机构进行验收；使用承租的机械设备和施工机具及配件的，由施工总承包单位、分包单位、出租单位和安装单位共同进行验收。验收合格的方可使用。

施工起重机械，在验收前应当经由相应资质的检验检测机构监督并检验合格。

施工单位应当自施工起重机械和整体提升脚手架、模板等自升式架设设施验收合格之日起 30 日内，向建设行政主管部门或者其他有关部门登记。登记标志应当置于或者附着于该设备的显著位置。

作为特种设备的施工起重机械指的是"涉及生命安全、危险性较大"的起重机械。

(10) 办理意外伤害保险。施工单位应当为施工现场从事危险作业的人员办理意外伤害保险。意外伤害保险费由施工单位支付。实行施工总承包的，由总承包单位支付意外伤害保险费。意外伤害保险期限自建设工程开工之日起至竣工验收合格止。

> **知识链接**
>
> 《建设工程安全生产管理条例》第三十八条规定:"施工单位应当为施工现场从事危险作业的人员办理意外伤害保险。分包单位的从事危险作业人员的意外伤害保险的保险费是由总承包单位支付的。"而这个结论是与 2003 年建设部、国家工商行政管理总局颁发的《建设工程施工劳务分包合同(示范文本)》(GF—2003—0214)是矛盾的。该文本第十五条第四款规定:"劳务分包人必须为从事危险作业的职工办理意外伤害保险,并为施工场地内自有人员生命财产和施工机械设备办理保险,支付保险费用。"但是,由于《建设工程施工劳务分包合同(示范文本)》(GF—2003—0214)不具有强制约束力,所以,在工程实践中还是要由总承包单位来支付分包单位职工的意外伤害保险。

▶▶ 归纳小结

施工单位的安全责任
- 管理人员的安全责任
  - 主要负责人
  - 项目负责人
  - 安全生产管理机构和专职安全生产管理人员
- 总、分包单位的安全责任
  - 总承包单位的安全责任
  - 总、分包单位的安全责任划分
- 安全生产教育培训
  - 管理人员的考核
  - 新岗位培训
  - 特种作业人员的培训
- 应采取的安全措施
  - 编制安全技术措施、施工现场临时用电方案和专项施工方案
  - 安全施工技术交底
  - 施工现场安全警示标志的设置
  - 施工现场的安全防护
  - 施工现场的布置应当符合安全和文明施工要求
  - 对周边环境采取保护措施
  - 施工现场的消防安全措施
  - 安全防护设备管理
  - 起重机械设备管理
  - 办理意外伤害保险

7.5.6 其他相关单位的安全责任

1. 机械设备和配件供应单位的安全责任

为建设工程提供机械设备和配件的单位,应当按照安全施工的要求配备齐全、有效的保险、限位等安全设施和装置。

2. 出租机械设备和施工机具及配件单位的安全责任

出租的机械设备和施工机具及配件。应当具有生产(制造)许可证、产品合格证，并应当对出租的机械设备和施工机具及配件的安全性能进行检测。在签订租赁协议时，应当出具检测合格证明。禁止出租检测不合格的机械设备和施工机具及配件。

3. 施工起重机械和自升式架设设施的安全管理

1) 安装与拆卸

施工起重机械和自升式架设设施等的安装、拆卸属于特殊专业安装。其安装与拆卸具有高度危险性，容易造成重大伤亡事故，和施工安全具有密切关系。因此，有必要将其纳入资质管理。

在施工现场安装、拆卸施工起重机械和整体提升脚手架、模板等自升式架设设施，必须由具有相应资质的单位承担。

安装、拆卸施工起重机械，以及整体提升脚手架、模板等自升式架设设施，应当编制拆装方案、制定安全施工措施，并由专业技术人员现场监督。施工起重机械和整体提升脚手架、模板等自升式架设设施安装完毕后，安装单位应当自检，出具自检合格证明，并向施工单位进行安全使用说明，办理验收手续并签字。

> **知识链接**
>
> 《建筑业企业资质等级标准》分别规定了起重设备安装工程专业承包资质(分为3个等级)和整体提升脚手架专业承包资质。

2) 检验检测

(1) 强制检测。施工起重机械和整体提升脚手架、模板等自升式架设设施的使用达到国家规定的检验检测期限的，必须经具有专业资质的检验检测机构检测。经检测不合格的，不得继续使用。

(2) 检验检测机构的安全责任。检验检测机构对检测合格的施工起重机械和整体提升脚手架、模板等自升式架设设施，应出具安全合格证明文件，并对检测结果负责。

设备检验检测机构进行设备检验检测时发现严重事故隐患，应当及时告知施工单位，并立即向特种设备安全监督管理部门报告。

▶▶ 引例7.4 小结

(1) 必须由专职安全生产管理人员进行现场监督的工程有基坑支护与降水工程，土方开挖工程，模板工程，起重吊装工程，脚手架工程，拆除、爆破工程和危险性较大的其他工程。

(2) 施工单位应建立的规章制度有安全生产责任制度，安全生产教育培训制度，安全生产规章制度和安全生产操作流程。

(3) 《建设工程安全生产管理条例》制定的依据是《建筑法》和《安全生产法》。

本 章 小 结

1. 生产经营单位的安全生产保障(四大保障措施)：组织保障措施(建立安全生产保障体系、明确岗位责任)，管理保障措施(人力资源管理、物力资源管理)，经济保障措施(四项内容)，技术保障措施(八项内容)。

2. 从业人员权利(七大权利)，从业人员义务(三项义务)。

3. 生产安全事故的应急救援与处理：应急救援，安全事故报告的和生产安全事故调查。

4. 安全生产的监督管理：监督管理部门，监督管理措施，监督管理部门的权限和监督检查人员的义务

5. 建设工程安全生产管理条例的主要内容：建设工程安全生产管理制度(六大制度)，建设单位安全责任(六大责任)，监理单位安全责任(两大责任)，施工单位安全责任，勘察、设计单位安全责任和其他相关单位安全责任。

复习思考题

一、简答题

1. 生产经营单位的安全生产保障措施有哪些？
2. 简述从业人员安全生产权利与义务。
3. 简述生产安全事故的调查处理程序。
4. 简述工程建设安全事故的等级及其划分。
5. 施工单位应采取的安全措施有哪些？

二、案例题

某建筑企业，企业经理为法定代表人，没有现场安全生产管理负责人。该企业在其注册地的某项施工过程中，甲班队长在指挥组装塔吊时没有严格按规定把塔吊吊臂的防滑板装入燕尾槽中用螺栓固定，而是用电焊机将防滑板焊死。某日，甲班作业过程中发生吊臂防滑板开焊、吊臂折断脱落事故，造成3人死亡、1人重伤。这次事故造成的损失包括医疗费用(含护理费用)45万元，丧葬及抚恤等费用60万元，处理事故和现场抢救费用28万元，设备损失200万元，停产损失150万元。

根据以上场景，回答下列问题。

(1) 此次事故的主要责任人为(　　)。
A. 企业经理　　　　　　　　B. 现场安全生产管理负责人
C. 与此次事故有关的甲班作业人员　D. 甲班队长　　　E. 甲班队员

(2) 根据上述情况描述，此次事故的直接经济损失为(　　)。
A. 45万元　　　B. 105万元　　　C. 133万元　　　D. 333万元　　　E. 483万元

(3) 该安全事故的类别应为(　　)。
A．物体打击　　B．机械伤害　　C．起重伤害　　D．车辆伤害　　E．其他伤害
(4) 根据《建设工程安全生产管理条例》，以下说法正确的有(　　)。
A．该企业所在行政区的县级以上人民政府负责安全生产监督管理的部门，对该企业的建筑工程安全生产工作实施行业监督管理
B．该项工程应取得施工许可证
C．对建筑工程安全生产违法行为可以实施罚款的处罚
D．建筑企业应当为本企业所有人员办理意外伤害保险
E．甲班队长应取得《特种作业操作资格证书》
(5) 此次事故发生后，组成事故调查组的部门和单位应包括(　　)。
A．地市级安全生产监督管理部门　　B．工程监理单位
C．地市级公安部门　　　　　　　　D．县级环保部门　　　　　　　　E．县级工会
(6) 该起事故的直接原因包括(　　)。
A．私自改装、使用不牢固的设施　　B．塔吊司机作业时未加注意
C．现场安全生产管理不到位　　　　D．塔吊吊臂防滑板开焊
E．安全生产责任制不健全
(7) 下列说法不正确的有(　　)。
A．塔吊设计文件应经安全生产监督管理部门组织的专家鉴定后方可用于制造
B．该企业塔吊安装后，应经检测检验机构进行监督检验后方可使用
C．该企业应制定塔吊的事故应急措施和应急救援预案
D．此次事故发生后，企业应及时向特种设备安全监督管理部门等有关部门报告

第8章 建设工程其他相关法律制度

教学目标

通过学习本章重点掌握《中华人民共和国劳动法》(以下简称《劳动法》)、《安全生产法》。理解《中华人民共和国环境保护法》(以下简称《环境保护法》)中有关工程建设的规定,了解《中华人民共和国节约能源法》(以下简称《节约能源法》)和《消防法》。

教学要求

知识要点	能力要求	相关知识	所占分值(100分)	自评分数
劳动法	1. 掌握劳动合同制度 2. 掌握劳动保护的规定 3. 掌握劳动争议的处理	劳动合同、劳动保护、劳动争议处理	40	
环境保护法	1. 了解环境影响评价制度 2. 掌握环境保护"三同时"制度 3. 了解水、大气、噪声、固体废物污染防治规定	环境影响评价制度、环境保护"三同时"制度、四大污染防治	20	
节约能源法	1. 了解建筑节能含义 2. 了解新建建筑节能 3. 了解既有建筑节能	新建建筑节能、既有建筑节能	20	
消防法	1. 了解消防设计的审核与验收 2. 了解工程建设消防安全措施	消防设计的审核与验收、消防安全措施	20	

> **章节导读**

《劳动法》于1994年7月5日第八届全国人民代表大会常务委员会第八次会议通过，自1995年1月1日起施行。2008年1月1日起施行的《中华人民共和国劳动合同法》(以下简称《劳动合同法》)，为劳动合同的管理提供了法律依据。

为了推进全社会节约能源，提高能源利用效率和经济效益，保护环境，保障国民经济和社会的发展，满足人民生活需要，我国于1997年11月1日发布了《节约能源法》。2007年10月28日第十届全国人民代表大会常务委员会第三十次会议修订，修订后的《节约能源法》于2008年4月1日施行。2006年施行的《民用建筑节能规定》和2008年施行的《民用建筑节能条例》与《节约能源法》一起构成了关于节能的法律体系。

《消防法》于1998年4月29日第九届全国人民代表大会常务委员会第二次会议通过，自1998年9月1日起施行。2008年10月28日第十一届全国人民代表大会常务委员会第五次会议对《消防法》进行了修订。

8.1 劳 动 法

▶▶ 引例 8.1

王某应聘到某施工单位，双方于2010年4月15日签订为期3年的劳动合同，其中约定试用期3个月，次日合同开始履行。7月18日，王某拟解除劳动合同。王某应如何解除合同？

8.1.1 劳动合同制度

1. 劳动合同的订立

1) 劳动关系与劳动合同的关系

劳动关系是指劳动者与用人单位(包括各类企业、个体工商户、事业单位等)在实现劳动过程中建立的社会经济关系。劳动合同是劳动者与用人单位确立劳动关系、明确双方权利和义务的协议。

2) 劳动关系的建立

用人单位自用工之日起即与劳动者建立劳动关系。用人单位与劳动者在用工前订立劳动合同的，劳动关系自用工之日起建立。

用人单位招用劳动者，不得扣押劳动者的居民身份证和其他证件，不得要求劳动者提供担保或者以其他名义向劳动者收取财物。

3) 劳动合同的类型

劳动合同分为固定期限劳动合同、无固定期限劳动合同和以完成一定工作任务为期限的劳动合同。

(1) 固定期限劳动合同。固定期限劳动合同是指用人单位与劳动者约定合同终止时间的劳动合同。与劳动者协商一致，可以订立固定期限劳动合同。

(2) 无固定期限劳动合同。无固定期限劳动合同是指用人单位与劳动者约定无确定终止时间的劳动合同。用人单位与劳动者协商一致，可以订立无固定期限劳动合同。有下列情形之一者提出或者同意续订、订立劳动合同的，除劳动者提出订立固定期限劳动合同外，均立无固定期限劳动合同。

① 劳动者在该用人单位连续工作满10年的。

② 用人单位初次实行劳动合同制度或者国有企业改制重新订立劳动合同时，在该用人单位连续工作满10年且距法定退休年龄不足10年的。

③ 连续订立两次固定期限劳动合同，且劳动者没有用人单位可以解除劳动合同的条件和劳动者患病或者非因工负伤，在规定的医疗期满后不能从事原工作，也不能从事由用人单位另行安排的工作的，以及劳动者不能胜任工作，经过培训或者调整工作岗位，仍不能胜任工作的情形，续订劳动合同的。

(3) 以完成一定工作任务为期限的劳动合同。以完成一定工作任务为期限的劳动合同是指用人单位与劳动者约定以某项工作成为合同期限的劳动合同。用人单位与劳动者协商一致，可以订立以完成一定工作任务为期限的劳动合同。

4) 试用期

(1) 试用期的时间长度限制。劳动合同期限3个月以上不满一年的，试用期不得超过一个月；劳动合同期限一年以上不满3年的，试用期不得超过2个月；3年以上固定期限和无固定期限的劳动合同，试用期不得超过6个月。

(2) 试用期的次数限制。同一用人单位与同一劳动者只能约定一次试用期。

以完成一定工作任务为期限的劳动合同或者劳动合同期限不满3个月的，不得约定试用期。

试用期包含在劳动合同期限内。劳动合同仅约定试用期的，试用期不成立。该期限为劳动合同期限。

> **知识链接**
>
> 1. 试用期内的最低工资
>
> 《劳动合同法》第二十条规定，劳动者在试用期的工资不得低于本单位相同岗位最低档工资或者劳动合同约定工资的80%，并不得低于用人单位所在地的最低工资标准。
>
> 2008年9月3日公布实施的《中华人民共和国劳动合同法实施条例》对此进一步解释道，劳动者在试用期的工资不得低于本单位相同岗位最低档工资的80%或者不得低于劳动合同约定工资的80%，并不得低于用人单位所在地的最低工资标准。
>
> 2. 试用期内合同解除条件的限制
>
> 在试用期中，除劳动者有用人单位可以解除劳动合同的条件和劳动者患病或者非因工负伤，在规定的医疗期满后不能从事原工作，也不能从事由用人单位另行安排的工作的，以及劳动者不能胜任工作，经过培训或者调整工作岗位，仍不能胜任工作的情形外，用人单位不得解除劳动合同。用人单位在试用期解除劳动合同的，应当向劳动者说明理由。

2. 劳动合同的履行和变更

1) 劳动合同的履行

用人单位与劳动者应当按照劳动合同的约定，全面履行各自的义务。用人单位应当按照劳动合同约定和国家规定，向劳动者及时足额支付劳动报酬。用人单位拖欠或者未足额支付劳动报酬的，劳动者可以依法向当地人民法院申请支付令，人民法院应当依法发出支付令。

用人单位应当严格执行劳动定额标准，不得强迫或者变相强迫劳动者加班。用人单位安排加班的，应当按照国家有关规定向劳动者支付加班费。

劳动者拒绝用人单位管理人员违章指挥、强令冒险作业的，不视为违反劳动合同。劳动者对危害生命安全和身体健康的劳动条件，有权对用人单位提出批评、检举和控告。

2) 劳动合同的变更

用人单位变更名称、法定代表人、主要负责人或者投资人变更等事项，不影响劳动合同的履行。

用人单位发生合并或者分立等情况，原劳动合同继续有效，劳动合同由承继其权利和义务的用人单位继续履行。

用人单位与劳动者协商一致，可以变更劳动合同约定的内容。变更劳动合同，应当采用书面形式。

变更后的劳动合同文本由用人单位和劳动者各执一份。

3. 劳动合同的解除与终止

用人单位与劳动者协商一致，可以解除劳动合同。用人单位向劳动者提出解除劳动合同并与劳动者协商一致解除劳动合同的，用人单位应当向劳动者给予经济补偿。

劳动者提前30日以书面形式通知用人单位，可以解除劳动合同。劳动者在试用期内提前3日通知用人单位，可以解除劳动合同。

1) 劳动者可以解除劳动合同的情形

《劳动合同法》第三十八条规定，用人单位有下列情形之一的，劳动者可以解除劳动合同。

(1) 未按照劳动合同约定提供劳动保护或者劳动条件的。

(2) 未及时足额支付劳动报酬的。

(3) 未依法为劳动者缴纳社会保险费的。

(4) 用人单位的规章制度违反法律、法规的规定，损害劳动者权益的。

(5) 因以欺诈、胁迫的手段或者乘人之危，使对方在违背真实意思的情况下订立或者变更劳动合同致使劳动合同无效的。

(6) 法律、行政法规规定劳动者可以解除劳动合同的其他情形。

用人单位以暴力、威胁或者非法限制人身自由的手段强迫劳动者劳动的，或者用人单位违章指挥、强令冒险作业危及劳动者人身安全的，劳动者可以立即解除劳动合同，不需事先告知用人单位。

具备下列情形之一的，劳动者可以与用人单位解除固定期限劳动合同、无固定期限劳动合同，或者以完成一定工作任务为期限的劳动合同。

(1) 劳动者与用人单位协商一致的。
(2) 劳动者提前 30 日以书面形式通知用人单位的。
(3) 劳动者在试用期内提前 3 日通知用人单位的。
(4) 用人单位在劳动合同中免除自己的法定责任、排除劳动者权利的。
(5) 用人单位违反法律、行政法规强制性规定的。
2) 用人单位可以解除劳动合同的情形

用人单位单方解除劳动合同，应当事先将理由通知工会。用人单位违反法律、行政法规规定或者劳动合同约定的，工会有权要求用人单位纠正。用人单位应当研究工会的意见，并将处理结果书面通知工会。

除用人单位与劳动者协商一致，用人单位可以与劳动者解除合同外，有下列情形的，用人单位也可以与劳动者解除合同。

(1) 随时解除。劳动者有下列情形之一的，用人单位可以解除劳动合同。
① 在试用期间被证明不符合录用条件的。
② 严重违反用人单位的规章制度的。
③ 严重失职，营私舞弊，给用人单位造成重大损害的。
④ 劳动者同时与其他用人单位建立劳动关系，对完成本单位的工作任务造成严重影响，或者经用人单位提出，拒不改正的。
⑤ 因以欺诈、胁迫的手段或者乘人之危，使对方在违背真实意思的情况下订立或者变更劳动合同的情形致使劳动合同无效的。
⑥ 被依法追究刑事责任的。

(2) 预告解除。有下列情形之一的，用人单位提前 30 日以书面形式通知劳动者本人或者额外支付劳动者一个月工资后，可以解除劳动合同，用人单位应当向劳动者支付经济补偿。
① 劳动者患病或者非因工负伤，在规定的医疗期满后不能从事原工作，也不能从事由用人单位另行安排的工作的。
② 劳动者不能胜任工作，经过培训或者调整工作岗位，仍不能胜任工作的。
③ 劳动合同订立时所依据的客观情况发生重大变化，致使劳动合同无法履行，经用人单位与劳动者协商，未能就变更劳动合同内容达成协议的。

用人单位依照此规定，选择额外支付劳动者一个月工资解除劳动合同的，其额外支付的工资应当按照该劳动者上一个月的工资标准确定。

(3) 经济性裁员。有下列情形之一，需要裁减人员 20 人以上，或者裁减不足 20 人但占企业职工总数 10%以上的，用人单位提前 30 日向工会或者全体职工说明情况；听取工会或者职工的意见后，裁减人员方案经向劳动行政部门报告，可以裁减人员，用人单位应当向劳动者支付经济补偿。
① 依照企业破产法规定进行重整的。
② 生产经营发生严重困难的。
③ 企业转产、重大技术革新或者经营方式调整，经变更劳动合同后，仍需裁减人员的；
④ 其他因劳动合同订立时所依据的客观经济情况发生重大变化，致使劳动合同无法履行的。

裁减人员时，应当优先留用下列人员。

① 与本单位订立较长期限的固定期限劳动合同的。

② 与本单位订立无固定期限劳动合同的。

③ 家庭无其他就业人员，有需要扶养的老人或者未成年人的。

用人单位依照本条第一款规定裁减人员，在 6 个月内重新招用人员的，应当通知被裁减的人员，并在同等条件下优先招用被裁减的人员。

(4) 用人单位不得解除劳动合同的情形。劳动者有下列情形之一的，用人单位不得解除劳动合同。

① 从事接触职业病危害作业的劳动者未进行离岗前职业健康检查，或者疑似职业病病人在诊断或者医学观察期间的。

② 在本单位患职业病或者因工负伤并被确认丧失或者部分丧失劳动能力的。

③ 患病或者非因工负伤，在规定的医疗期内的。

④ 女职工在孕期、产期、哺乳期的。

⑤ 在本单位连续工作满 15 年，且距法定退休年龄不足 5 年的。

⑥ 法律、行政法规规定的其他情形。

3) 劳动合同终止

有下列情形之一的，劳动合同终止。用人单位与劳动者不得在劳动合同法规定的劳动合同终止情形之外约定其他的劳动合同终止条件。

(1) 劳动者达到法定退休年龄的，劳动合同终止。

(2) 劳动合同期满的。除用人单位维持或者提高劳动合同约定条件续订劳动合同，劳动者不同意续订的情形外，依照本项规定终止固定期限劳动合同的，用人单位应当向劳动者支付经济补偿。

(3) 劳动者开始依法享受基本养老保险待遇的。

(4) 劳动者死亡，或者被人民法院宣告死亡或者宣告失踪的。

(5) 用人单位被依法宣告破产的；依照本项规定终止劳动合同的，用人单位应当向劳动者支付经济补偿。

(6) 用人单位被吊销营业执照、责令关闭、撤销或者用人单位决定提前解散的；依照本项规定终止劳动合同的，用人单位应当向劳动者支付经济补偿。

(7) 法律、行政法规规定的其他情形。劳动合同期满，有用人单位不得解除劳动合同规定情形之一的，劳动合同应当续延至相应的情形消失时终止。但是，丧失或者部分丧失劳动能力劳动者的劳动合同的终止，必须按照国家有关工伤保险的规定执行。

8.1.2 掌握劳动保护的规定

1. 劳动安全卫生

劳动安全卫生又称劳动保护，是指直接保护劳动者在劳动中的安全和健康的法律保障。

(1) 用人单位必须建立、健全劳动安全卫生制度，严格执行国家劳动安全卫生规程和标准，对劳动者进行劳动安全卫生教育，防止劳动过程中的事故，减少职业危害。

(2) 劳动安全卫生设施必须符合国家规定的标准。新建、改建、扩建工程的劳动安全卫生设施，必须与主体工程同时设计、同时施工、同时投入生产和使用。

(3) 用人单位必须为劳动者提供符合国家规定的劳动安全卫生条件和必要的劳动防护用品，对从事有职业危害作业的劳动者应当定期进行健康检查。

(4) 从事特种作业的劳动者必须经过专门培训并取得特种作业资格。

(5) 劳动者在劳动过程中必须严格遵守安全操作规程。劳动者对用人单位管理人员违章指挥、强令冒险作业，有权拒绝执行；对危害生命安全和身体健康的行为，有权提出批评、检举和控告。

2. 女职工和未成年工的特殊保护

1) 女职工的特殊保护

根据我国《劳动法》的有关规定，对女职工的特殊保护规定主要包括以下内容。

(1) 禁止安排女职工从事矿山井下、国家规定的第四级体力劳动强度的劳动和其他禁忌从事的劳动。

(2) 不得安排女职工在经期从事高处、低温、冷水作业和国家规定的第三级体力劳动强度的劳动。

(3) 不得安排女职工在怀孕期间从事国家规定的第三级体力劳动强度的劳动和孕期禁忌从事的劳动。对怀孕 7 个月以上的女职工，不得安排其延长工作时间和夜班劳动。

(4) 女职工生育享受不少于 90 天的产假。

(5) 不得安排女职工在哺乳未满一周岁的婴儿期间从事国家规定的第三级体力劳动强度的劳动和哺乳期禁忌从事的其他劳动，不得安排其延长工作时间和夜班劳动。

2) 未成年工的特殊保护

所谓未成年工，是指年满 16 周岁未满 18 周岁的劳动者。根据我国《劳动法》的有关规定，对未成年工的特殊保护规定主要包括以下内容。

(1) 不得安排未成年工从事矿山井下、有毒有害、国家规定的第四级体力劳动强度的劳动和其他禁忌从事的劳动。

(2) 用人单位应当对未成年工定期进行健康检查。

8.1.3 掌握劳动争议的处理

1. 协商解决劳动争议

协商是指当事人各方在自愿、互谅的基础上，按照法律、政策的规定，通过摆事实讲道理解决纠纷的一种方法。协商的方法是一种简便易行、最有效、最经济的方法，能及时解决争议，消除分歧，提高办事效率，节省费用，也有利于双方的团结和相互的协作关系。

发生劳动争议，劳动者可以与用人单位协商，也可以请工会或者第三方共同与用人单位协商，达成和解协议。

2. 申请调解解决劳动争议

1) 调解组织

发生劳动争议，当事人可以到下列调解组织申请调解。

(1) 企业劳动争议调解委员会。
(2) 依法设立的基层人民调解组织。
(3) 在乡镇、街道设立的具有劳动争议调解职能的组织。

企业劳动争议调解委员会由职工代表和企业代表组成。职工代表由工会成员担任或者由全体职工推举产生，企业代表由企业负责人指定。企业劳动争议调解委员会主任由工会成员或者双方推举的人员担任。

当事人申请劳动争议调解可以书面申请，也可以口头申请。口头申请的，调解组织应当当场记录申请人基本情况、申请调解的争议事项、理由和时间。

2) 调解协议书

经调解达成协议的，应当制作调解协议书。

调解协议书由双方当事人签名或者盖章，经调解员签名并加盖调解组织印章后生效，对双方当事人具有约束力，当事人应当履行。

自劳动争议调解组织收到调解申请之日起 15 日内未达成调解协议的，当事人可以依法申请仲裁。

3) 调解协议的履行

达成调解协议后，一方当事人在协议约定期限内不履行调解协议的，另一方当事人可以依法申请仲裁。

因支付拖欠劳动报酬、工伤医疗费、经济补偿或者赔偿金事项达成调解协议，用人单位在协议约定期限内不履行的，劳动者可以持调解协议书依法向人民法院申请支付令。人民法院应当依法发出支付令。

3. 通过劳动争议仲裁委员会进行裁决

1) 劳动争议仲裁的特点

与其他解决方式以及《中华人民共和国仲裁法》(以下简称《仲裁法》)规定的仲裁相比，劳动争议仲裁有以下基本特点。

(1) 从仲裁主体上看，劳动争议仲裁委员会由劳动行政部门代表、工会代表和企业方面代表组成。劳动争议仲裁委员会组成人员应当是单数，是带有司法性质的行政执行机关。它不是一般的民间组织，也区别于司法结构、群众自治性组织和行政机构。

(2) 从解决对象看，劳动争议仲裁解决劳动争议，这是与《仲裁法》规定的仲裁方式的重大区别。

(3) 从仲裁实行的原则看，劳动争议仲裁实行的是法定管辖，而《仲裁法》规定的是约定管辖。

(4) 从与诉讼的关系看，当事人对劳动争议仲裁裁决不服的，可以向法院起诉。《仲裁法》规定的仲裁，则采用或裁或审的体制。

2) 劳动争议仲裁的原则

劳动争议仲裁原则是指劳动争议仲裁机构在仲裁程序中应遵守的准则，它是劳动争议仲裁的特有原则，反映了劳动争议仲裁的本质要求。

(1) 一次裁决原则，即劳动争议仲裁实行一个裁级一次裁决制度，一次裁决即为终局裁决。当事人如不服仲裁裁决，只能依法向人民法院起诉，不得向上一级仲裁委员会申请复议或要求重新处理。

(2) 合议原则。仲裁庭裁决劳动争议案件，实行少数服从多数的原则。合议原则是民主集中制在仲裁工作中的体现，其目的是为了保证仲裁裁决的公正性。

(3) 强制原则。劳动争议仲裁实行强制原则，主要表现：当事人申请仲裁无须双方达成一致协议，只要一方申请，仲裁委员会即可受理；在仲裁庭对争议调解不成时，无须得到当事人的同意，可直接行使裁决权；对发生法律效力的仲裁文书，可申请人民法院强制执行。

3) 劳动争议仲裁委员会与仲裁庭

(1) 劳动争议仲裁委员会。劳动争议仲裁委员会是依法成立的，通过仲裁方式处理劳动争议的专门机构，它独立行使劳动争议仲裁权。省、自治区人民政府可以决定在市和县设立；直辖市人民政府可以决定在区、县设立。直辖市、设区的市也可以设立一个或者若干个劳动争议仲裁委员会。劳动争议仲裁委员会不按行政区划层层设立。劳动争议仲裁委员会负责管辖本区域内发生的劳动争议。

劳动争议由劳动合同履行地或者用人单位所在地的劳动争议仲裁委员会管辖。双方当事人分别向劳动合同履行地和用人单位所在地的劳动争议仲裁委员会申请仲裁的，由劳动合同履行地的劳动争议仲裁委员会管辖。

(2) 仲裁庭。仲裁庭在仲裁委员会领导下处理劳动争议案件，实行一案一庭制。

仲裁庭由一名首席仲裁员、两名仲裁员组成。简单案件，仲裁委员会可以指定一名仲裁员独任处理。

仲裁庭的首席仲裁员由仲裁委员会负责人或授权其办事机构负责人指定，另两名仲裁员由仲裁委员会授权其办事机构负责人指定或由当事人各选一名，具体办法由省、自治区直辖市自行确定。

仲裁庭组成不符合规定的，由仲裁委员会予以撤销，重新组成仲裁庭。

> **知识链接**
>
> 仲裁委员会组成人员或者仲裁员有下列情形之一的，应当回避，当事人有权以口头或者书面方式申请其回避。
> (1) 是本案当事人或者当事人、代理人的近亲属的。
> (2) 与本案有利害关系的。
> (3) 与本案当事人、代理人有其他关系，可能影响公正裁决的。
> (4) 私自会见当事人、代理人，或者接受当事人、代理人的请客送礼的。

4) 劳动争议仲裁的申请与受理

(1) 申请。根据《中华人民共和国劳动争议调解仲裁法》(以下简称《劳动争议调解仲裁法》)第二十七条的规定："劳动争议申请仲裁的时效期间为一年。仲裁时效期间从当事人知道或者应当知道其权利被侵害之日起计算。前款规定的仲裁时效，因当事人一方向对方当事人主张权利，或者向有关部门请求权利救济，或者对方当事人同意履行义务而中断。从中断时起，仲裁时效期间重新计算。因不可抗力或者有其他正当理由，当事人不能在本条第一款规定的仲裁时效期间申请仲裁的，仲裁时效中止。从中止时效的原因消除之日起，仲裁时效期间继续计算。"

(2) 受理。劳动争议仲裁委员会收到仲裁申请之日起 5 日内，认为符合受理条件的，应当受理，并通知申请人；认为不符合受理条件的，应当书面通知申请人不予受理，并说明理由。对劳动争议仲裁委员会不予受理或者逾期未做出决定的,申请人可以就该劳动争议事项向人民法院提起诉讼。

(3) 审理。仲裁庭应当在开庭 5 日前,将开庭日期、地点书面通知双方当事人。当事人有正当理由的,可以在开庭 3 日前请求延期开庭。是否延期,由劳动争议仲裁委员会决定。

申请人收到书面通知,无正当理由拒不到庭或者未经仲裁庭同意中途退庭的,可以视为撤回仲裁申请。被申请人收到书面通知,无正当理由拒不到庭或者未经仲裁庭同意中途退庭的,可以缺席裁决。

仲裁庭裁决劳动争议案件,应当自劳动争议仲裁委员会受理仲裁申请之日起 45 日内结束。案情复杂需要延期的,经劳动争议仲裁委员会主任批准,可以延期并书面通知当事人,但是延长期限不得超过 15 日。逾期未做出仲裁裁决的,当事人可以就该劳动争议事项向人民法院提起诉讼。

仲裁庭裁决劳动争议案件时,其中一部分事实已经清楚,可以就该部分先行裁决。

(4) 执行。当事人对仲裁裁决不服的,自收到裁决书之日起 15 日内,可以向人民法院起诉;期满不起诉的,裁决书即发生法律效力。但是,下列劳动争议仲裁裁决为终局裁决,裁决书自做出之日起发生法律效力。

① 追索劳动报酬、工伤医疗费、经济补偿或者赔偿金,不超过当地月最低工资标准 12 个月金额的争议。

② 因执行国家的劳动标准在工作时间、休息休假、社会保险等方面发生的争议。

当事人对发生法律效力的调解书和裁决书,应当依照规定的期限履行。一方当事人逾期不履行的,另一方当事人可以依照《中华人民共和国民事诉讼法》(以下简称《民事诉讼法》)的有关规定向人民法院申请强制执行。

4. 通过人民法院处理劳动争议

人民法院受理劳动争议案件的条件:其一是争议案件已经过劳动争议仲裁委员会仲裁,其二是争议案件的当事人在接到仲裁决定书之日起 15 日内向法院提起。人民法院处理劳动争议适用《民事诉讼法》规定的程序,由各级人民法院民庭受理,实行两审终审。

▶▶归纳小结

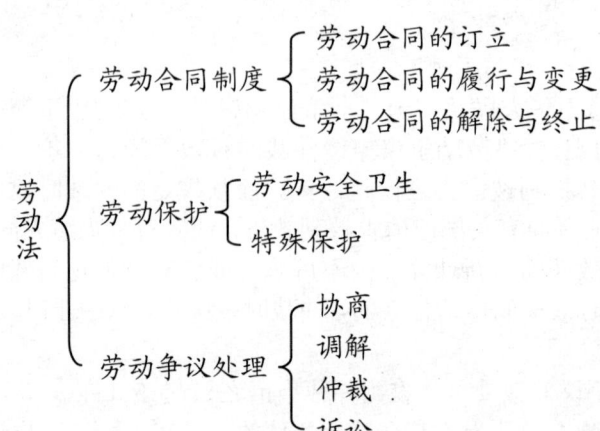

▶▶引例 8.1 小结

由于试用期已过,所以王某解除合同必须提前 30 日以书面形式通知用人单位。

8.2 环境保护法

▶▶引例 8.2

某酒店是一家中美合资的三星级酒店。该酒店开业半年每天噪声不断,周围居民苦不堪言,纷纷向当地环保局投诉。经环保部门检测,该店的噪声超过国家标准,且未办理"三同时"手续。于是环保部门做出该酒店停业的决定,并要求在停业期间限期治理。与此同时,周围居民和酒店部分职工以酒店噪声超过排放标准为由向当地人民法院提出了民事赔偿诉讼。

(1) 该酒店以自己为中外合资企业为由,提出应当享受优惠政策,可以不执行《环境保护法》的有关规定,这一理由是否成立?
(2) 环保部门做出的决定是否符合法律规定?
(3) 法院是否应当受理居民和酒店职工的诉讼?

8.2.1 建设工程项目环境影响评价制度

环境影响评价是指对规划和建设项目实施后可能造成的环境影响进行分析、预测和评估,提出预防或者减轻不良环境影响的对策和措施,进行跟踪监测的方法与制度。

1. 建设项目环境影响评价的分类管理

根据《中华人民共和国环境影响评价法》(以下简称《环境影响评价法》)第十六条的规定,我国根据建设项目对环境的影响程度,对建设项目的环境影响评价实行分类管理,建设单位应当依法组织编制相应的环境影响评价文件。

(1) 可能造成重大环境影响的,应当编制环境影响报告书,对产生的环境影响进行全面评价。
(2) 可能造成轻度环境影响的,应当编制环境影响报告表,对产生的环境影响进行分析或者专项评价。
(3) 对环境影响很小、不需要进行环境影响评价的,应当填报环境影响登记表。

2. 建设项目环境影响评价文件的审批管理

根据《环境影响评价法》的规定,建设项目的环境影响评价文件,由建设单位按照国务院的规定报有审批权的环境保护行政主管部门审批;建设项目有行业主管部门的,其环境影响报告书或者环境影响报告表应当经行业主管部门预审后,报有审批权的环境保护行政主管部门审批。建设项目的环境影响评价文件未经法律规定的审批部门审查或者审查后未予批准的,该项目审批部门不得批准其建设,建设单位不得开工建设。

特别提示

建设项目的环境影响评价文件经批准后,建设项目的性质、规模、地点,采用的生产工艺或者防治污染、防止生态破坏的措施发生重大变动的,建设单位应当重新报批建设项目的环境影响评价文件。建设项目的环境影响评价文件自批准之日起超过 5 年,方决定该项目开工建设的,其环境影响评价文件应当报原审批部门重新审核。

8.2.2 掌握环境保护"三同时"制度

所谓环境保护"三同时"制度,是指建设项目需要配套建设的环境保护设施,必须与主体工程同时设计、同时施工、同时投产使用。

1. 设计阶段

根据《建设项目环境保护管理条例》第十七条的规定,建设项目的初步设计,应当按照环境保护设计规范的要求,编制环境保护篇章,并依据经批准的建设项目环境影响报告书或者环境影响报告表,在环境保护篇章中落实防治环境污染和生态破坏的措施以及环境保护设施投资概算。

2. 试生产阶段

根据《建设项目环境保护管理条例》第十八条、第十九条的规定,建设项目的主体工程完工后,需要进行试生产的,其配套建设的环境保护设施必须与主体工程同时投入试运行。建设项目试生产期间,建设单位应当对环境保护设施运行情况和建设项目对环境的影响进行监测。

3. 竣工验收和投产使用阶段

根据《建设项目环境保护管理条例》第二十条至第二十三条的规定,建设项目竣工后,建设单位应当向审批环境影响评价文件的环境保护行政主管部门申请该建设项目需要配套建设的环境保护设施竣工验收。环境保护设施竣工验收,应当与主体工程竣工验收同时进行。需要进行试生产的建设项目,建设单位应当自建设项目投入试生产之日起 3 个月内,向审批环境影响评价文件的环境保护行政主管部门申请该建设项目需要配套建设的环境保护设施竣工验收。分期建设、分期投入生产或者使用的建设项目,其相应的环境保护设施应当分期验收。建设项目需要配套建设的环境保护设施经验收合格,该建设项目方可正式投入生产或者使用。

8.2.3 熟悉水、大气、噪声和固体废物环境污染防治

1. 水污染防治

水污染是指水体因某种物质的介入,而导致其化学、物理、生物或者放射性等方面特性的改变,从而影响水的有效利用,危害人体健康或者破坏生态环境,造成水质恶化的现象。在我国,《中华人民共和国水污染防治法》(以下简称《水污染防治法》)是规范水污染防治的基本法律。

1) 防止地表水污染的具体规定

(1) 在生活饮用水源地、风景名胜区水体、重要渔业水体和其他有特殊经济文化价值的水体的保护区内,不得新建排污口。在保护区附近新建排污口,必须保证保护区水体不受污染。《水污染防治法》公布前已有的排污口,排放污染物超过国家或者地方标准的,应当治理;危害饮用水源的排污口,应当搬迁。

(2) 排污单位发生事故或者其他突然性事件,排放污染物超过正常排放量,造成或者可能造成水污染事故的,必须立即采取应急措施,通报可能受到水污染危害和损害的单位,并向当地环境保护部门报告。

(3) 禁止向水体排放油类、酸液、碱液或者剧毒废液。

(4) 禁止在水体清洗装贮过油类或者有毒污染物的车辆和容器。

(5) 禁止将含有汞、镉、砷、铬、铅、氰化物、黄磷等的可溶性剧毒废渣向水体排放,倾倒或者直接埋入地下。存放可溶性剧毒废渣的场所,必须采取防水、防渗漏、防流失的措施。

(6) 禁止向水体排放、倾倒工业废渣、城市垃圾和其他废弃物。

(7) 禁止在江河、湖泊、运河、渠道、水库最高水位线以下的滩地和岸坡堆放,存贮固体废弃物和其他污染物。

(8) 禁止向水体排放或者倾倒放射性固体废弃物或者含有高放射性和中放射性物质的废水。向水体排放含低放射性物质的废水,必须符合国家有关放射防护的规定和标准。

(9) 向水体排放含热废水,应当采取措施,保证水体的水温符合水环境质量标准,防止热污染危害。

(10) 排放含病原体的污水,必须经过消毒处理;符合国家有关标准后,方准排放。

2) 防止地下水污染的具体规定

(1) 禁止企事业单位利用渗井、渗坑、裂隙和溶洞排放和倾倒含有毒污染物的废水,含病原体的污水及其他废弃物。

(2) 在无良好隔渗地层,禁止企事业单位使用无防止渗漏措施的沟渠、坑塘等输送或者存贮含有毒污染物的废水,含病原体的污水和其他废弃物。

(3) 在开采多层地下水的时候,如果各含水层的水质差异大,应当分层开采;对已受污染的潜水和承压水,不得混合开采。

(4) 兴建地下工程设施或者进行地下勘探、采矿等活动,应当采取防护性措施,防止地下水污染。

(5) 人工回灌补给地下水,不得恶化地下水质。

2. 大气污染防治

所谓"大气污染"是指有害物质进入大气,对人类和生物造成危害的现象。如果对它不加以控制和防治,将严重地破坏生态系统和人类生存条件。

依据《中华人民共和国大气污染防治法》(以下简称《大气污染防治法》),与工程建设相关的具体规定包括以下内容。

(1) 向大气排放粉尘的排污单位,必须采取除尘措施。

(2) 严格限制向大气排放含有毒物质的废气和粉尘;确需排放的,必须经过净化处理,不超过规定的排放标准。

(3) 在人口集中地区和其他依法需要特殊保护的区域内，禁止焚烧沥青、油毡、橡胶、塑料、皮革、垃圾以及其他产生有毒有害烟尘和恶臭气体的物质。

(4) 运输、装卸、贮存能够散发有毒有害气体或者粉尘物质的，必须采取密闭措施或者其他防护措施。

(5) 在城市市区进行建设施工或者从事其他产生扬尘污染活动的单位，必须按照当地环境保护的规定，采取防治扬尘污染的措施。

3. 环境噪声污染防治

环境噪声是指在工业生产、建筑施工、交通运输和社会生活中所产生的干扰周围生活环境的声音。环境噪声污染则是指所产生的环境噪声超过国家规定的环境噪声排放标准，并干扰他人正常生活、工作和学习的现象。

《中华人民共和国环境噪声污染防治法》(以下简称《环境噪声污染防治法》)中与工程建设有关的噪声是建筑施工噪声和交通运输噪声。建筑施工噪声是指在建筑施工过程中产生的干扰周围生活环境的声音。交通运输噪声是指机动车辆、铁路机车、机动船舶、航空器等交通运输工具在运行时所产生干扰周围生活环境的声音。具体有以下规定。

(1) 在城市市区范围内向周围生活环境排放建筑施工噪声的，应当符合国家规定的建筑施工场界环境噪声排放标准。

(2) 在城市市区范围内，建筑施工过程中使用机械设备，可能产生环境噪声污染的，施工单位必须在工程开工 15 日以前向工程所在地县级以上地方人民政府环境保护行政主管部门申报该工程的项目名称，施工场所和期限，可能产生的环境噪声值，以及所采取的环境噪声污染防治措施的情况。

(3) 在城市市区噪声敏感建筑物集中区域内，禁止夜间进行产生环境噪声污染的建筑施工作业，但抢修、抢险作业和因生产工艺上要求或者特殊需要必须连续作业的除外。

因特殊需要必须连续作业的，必须有县级以上人民政府或者其有关主管部门的证明。前款规定的夜间作业，必须公告附近居民。

(4) 建设经过已有的噪声敏感建筑物集中区域的高速公路和城市高架、轻轨道路，有可能造成环境噪声污染的，应当设置声屏障或者采取其他有效的控制环境噪声污染的措施。

知识链接

"噪声敏感建筑物"是指医院、学校、机关、科研单位、住宅等需要保持安静的建筑物。"噪声敏感建筑物集中区域"是指医疗区、文教科研区和以机关或者居民住宅为主的区域。

(5) 在已有的城市交通干线的两侧建设噪声敏感建筑物的，建设单位应当按照国家规定间隔一定距离，并采取减轻、避免交通噪声影响的措施。

4. 固体废物污染防治

固体废物污染环境是指固体废物在产生、收集、储存、运输、利用、处置的过程中产生的危害环境的现象。

固体废物是指在生产建设、日常生活和其他活动中产生的污染环境的固态和半固态废弃物质。依据《中华人民共和国固体废物污染环境防治法》(以下简称《固体废物污染环境防治法》)，与工程建设有关的具体规定包括以下内容。

(1) 产生固体废物的单位和个人,应当采取措施,防止或者减少固体废物对环境的污染。

(2) 收集、储存、运输、利用、处置固体废物的单位和个人,必须采取防扬散、防流失、防渗漏或者其他防止污染环境的措施。不得在运输过程中沿途丢弃、遗撒固体废物。

(3) 在国务院和国务院有关主管部门及省、自治区、直辖市人民政府划定的自然保护区,风景名胜区,生活饮用水源地和其他需要特别保护的区域内,禁止建设工业固体废物集中储存、处置设施、场所和生活垃圾填埋场。

(4) 转移固体废物出省、自治区、直辖市行政区域储存和处置的,应当向固体废物移出地的省级人民政府环境保护行政主管部门报告,并经固体废物接受地的省级人民政府环境保护行政主管部门许可。

(5) 禁止我国境外的固体废物进境倾倒、堆放、处置。

(6) 国家禁止进口不能用做原料的固体废物,限制进口可以用做原料的固体废物。

(7) 露天贮存冶炼渣、化工渣、燃煤灰渣、废矿石、尾矿和其他工业固体废物的,应当设置专用的储存设施、场所。

(8) 施工单位应当及时清运、处置建筑施工过程中产生的垃圾,并采取措施,防止污染环境。

▶▶归纳小结

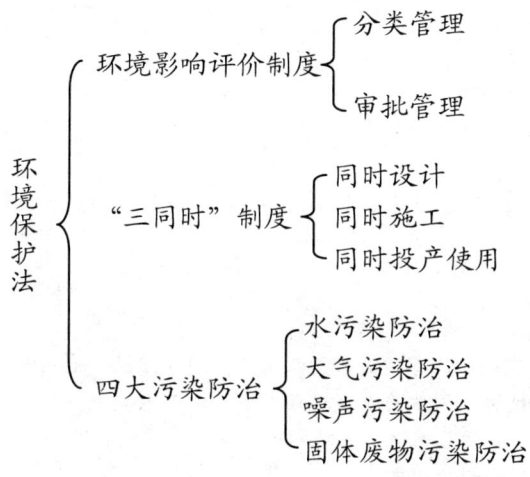

▶▶引例 8.2 小结

(1) 当地人民法院的裁定是有法律依据的。因为环保局进行的调解不属于司法调解,而是具有第三人居中性质的行政调解。甲、乙双方在环保局主持下达成的调解协议,对当事人双方既不具强制约束力也无强制执行力。所以甲方不能以环保局为被告提起行政诉讼。

若甲方仍坚持通过司法途径解决纠纷,应当依照民事诉讼程序以乙方为被告重新提起民事损害赔偿诉讼。而不是上诉。

此类环境损害民事赔偿诉讼的主要特点:实行举证责任的转移或倒置,实行因果关系推定原则，诉讼时效期间延长(《环境保护法》规定："因环境污染损害赔偿提起诉讼时效期间为 3 年")。

该酒店以自己为中外合资企业为由，提出应当享受优惠政策，可以不执行《环境保护法》的有关规定，这一理由不成立。因《环境保护法》适用于我国境内所有的单位和个人。

(2) 环保部门做出的决定不符合法律规定。因责令停业和限期治理都是人民政府的职权范围，环保部门无权做出该两项决定。

(3) 法院应当受理居民的诉讼，但不能受理酒店职工的诉讼。因与职工之间的纠纷属于劳动争议，应先由劳动行政主管部门解决。

8.3 节约能源法

▶▶引例 8.3

某地区拟建设一项大型工程项目。按照项目建设程序，该项目的可行性研究报告已上报给国家具有审批权限的审批机构。但在审查中发现该项目没有合理用能的专题论证，那么该项目能否通过审批？为什么？

8.3.1 民用建筑节能的含义

民用建筑是指居住建筑、国家机关办公建筑，以及商业、服务业、教育、卫生等其他公共建筑。

民用建筑节能是指在保证民用建筑使用功能和室内热环境质量的前提下，降低其使用过程中能源消耗的活动。

> **特别提示**
>
> 国家鼓励和扶持在新建建筑和既有建筑节能改造中采用太阳能、地热能等可再生能源。在具备太阳能利用条件的地区，有关地方人民政府及其部门应当采取有效措施，鼓励和扶持单位与个人安装使用太阳能热水系统、照明系统、供热系统、采暖制冷系统等太阳能利用系统。
>
> 民用建筑节能项目依法享受税收优惠。

8.3.2 新建建筑节能

1. 节能材料与设备的使用

国家推广使用民用建筑节能的新技术、新工艺、新材料和新设备，限制使用或者禁止使用能源消耗高的技术、工艺、材料和设备。国务院节能工作主管部门、建设主管部门应当制定、公布，并及时更新推广使用、限制使用、禁止使用目录。

国家限制进口或者禁止进口能源消耗高的技术、材料和设备。

建设单位、设计单位和施工单位，不得在建筑活动中使用列入禁止使用目录的技术、工艺、材料和设备。

2. 建设节能主体的节能义务

1) 城乡规划主管部门与建设主管部门的节能义务

编制城市详细规划、镇详细规划，应当按照民用建筑节能的要求，确定建筑的布局、形状和朝向。

城乡规划主管部门依法对民用建筑进行规划审查，应当就设计方案是否符合民用建筑节能强制性标准征求同级建设主管部门的意见；建设主管部门应当自收到征求意见材料之日起10日内提出意见。征求意见时间不计算在规划许可的期限内。

对不符合民用建筑节能强制性标准的，不得颁发建设工程规划许可证。

2) 施工图审查机构的节能义务

施工图设计文件审查机构应当按照民用建筑节能强制性标准对施工图设计文件进行审查；经审查不符合民用建筑节能强制性标准的，县级以上地方人民政府建设主管部门不得颁发施工许可证。

3) 建设单位的节能义务

建设单位不得明示或者暗示设计单位和施工单位违反民用建筑节能强制性标准进行设计、施工，不得明示或者暗示施工单位使用不符合施工图设计文件要求的墙体材料、保温材料、门窗、采暖制冷系统和照明设备。

按照合同约定由建设单位采购墙体材料、保温材料、门窗、采暖制冷系统和照明设备的，建设单位应当保证其符合施工图设计文件要求。

建设单位组织竣工验收，应当对民用建筑是否符合民用建筑节能强制性标准进行查验；对不符合民用建筑节能强制性标准的，不得出具竣工验收合格报告。

房地产开发企业销售商品房，应当向购买人明示所售商品房的能源消耗指标、节能措施和保护要求、保温工程保修期等信息，并在商品房买卖合同和住宅质量保证书、住宅使用说明书中载明。

4) 设计单位、施工单位、工程监理单位的节能义务

设计单位、施工单位、工程监理单位及其注册执业人员，应当按照民用建筑节能强制性标准进行设计、施工、监理。

施工单位应当对进入施工现场的墙体材料、保温材料、门窗、采暖制冷系统和照明设备进行查验；不符合施工图设计文件要求的，不得使用。

工程监理单位发现施工单位不按照民用建筑节能强制性标准施工的，应当要求施工单位改正；施工单位拒不改正的，工程监理单位应当及时报告建设单位，并向有关主管部门报告。

墙体、屋面的保温工程施工时，监理工程师应当按照工程监理规范的要求，采取旁站、巡视和平行检验等形式实施监理。

未经监理工程师签字，墙体材料、保温材料、门窗、采暖制冷系统和照明设备不得在建筑上使用或者安装，施工单位不得进行下一道工序的施工。

8.3.3 既有建筑节能

1. 既有建筑节能的含义

既有建筑节能改造是指对不符合民用建筑节能强制性标准的既有建筑的围护结构，供热系统，采暖制冷系统，照明设备和热水供应设施等实施节能改造的活动。

既有建筑节能改造应当根据当地经济、社会发展水平和地理气候条件等实际情况，有计划、分步骤地实施分类改造。

2. 节能改造

国家机关办公建筑、政府投资和以政府投资为主的公共建筑的节能改造，应当制定节能改造方案，经充分论证，并按照国家有关规定办理相关审批手续方可进行。各级人民政府及其有关部门、单位不得违反国家有关规定和标准，以节能改造的名义对前款规定的既有建筑进行扩建、改建。

此外的其他公共建筑和居住建筑不符合民用建筑节能强制性标准的，在尊重建筑所有权人意愿的基础上，可以结合扩建、改建，逐步实施节能改造。

实施既有建筑节能改造，应当符合民用建筑节能强制性标准，优先采用遮阳、改善通风等低成本改造措施。既有建筑围护结构的改造和供热系统的改造应当同步进行。

▶▶归纳小结

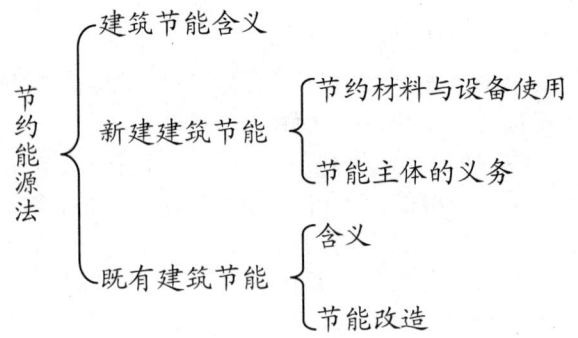

▶▶引例 8.3 小结

根据《节约能源法》的规定，固定资产投资工程项目的可行性研究报告，应当包括合理用能的专题论证。固定资产投资工程项目的设计和建设，应当遵守合理用能标准和节能设计规范。达不到合理用能标准和节能设计规范要求的项目，依法审批的机关不得批准建设。引例中，可行性研究报告没有合理用能的专题论证，所以审批不会通过。

8.4 消 防 法

▶▶引例 8.4

对某施工现场检查时发现，存储建筑材料的仓库内有 15 名建筑工人居住。施工单位的解释为，由于现场场地狭窄，且工期紧，暂时无法解决这些建筑工人的居住问题。经行政监管部门核实，施工单位的说法属实，对此问题该如何解决？

8.4.1 消防设计的审核与验收

1. 消防设计文件的审核与备案

建设、设计、施工、工程监理等单位依法对建设工程的消防设计和施工质量负责。

1) 需要进行消防设计审核工程范围

国务院公安部门规定的大型的人员密集场所和其他特殊建设工程，建设单位应当将消防设计文件报送公安机关消防机构审核。公安机关消防机构依法对审核的结果负责。

依法应当经公安机关消防机构进行消防设计审核的建设工程，未经依法审核或者审核不合格的，负责审批该工程施工许可的部门不得给予施工许可，建设单位、施工单位不得施工；其他建设工程取得施工许可后经依法抽查不合格的，应当停止施工。

2) 需要进行消防设计备案的工程范围

按照国家工程建设消防技术标准需要进行消防设计的建设工程，除上文需要进行消防设计审核的工程外，建设单位应当自依法取得施工许可之日起 7 个工作日内，将消防设计文件报公安机关消防机构备案，公安机关消防机构应当进行抽查。

2. 消防设计竣工的验收与备案

1) 需要进行消防设计竣工验收的工程范围

按照国家工程建设消防技术标准需要进行消防设计的建设工程竣工，属于国务院公安部门规定的大型的人员密集场所和其他特殊建设工程的，建设单位应当向公安机关消防机构申请消防验收。

未经消防验收或者消防验收不合格的，禁止投入使用。

2) 需要进行消防设计竣工备案的工程范围

其他按照国家工程建设消防技术标准需要进行消防设计的建设工程竣工，建设单位在验收后应当报公安机关消防机构备案，公安机关消防机构应当进行抽查。

经依法抽查不合格的，应当停止使用。

3) 建设工程投入使用前的消防安全检查

公众聚集场所在投入使用、营业前，建设单位或者使用单位应当向场所所在地的县级以上地方人民政府公安机关消防机构申请消防安全检查。公安机关消防机构应当自受理申请之日起 10 个工作日内，根据消防技术标准和管理规定，对该场所进行消防安全检查。未经消防安全检查或者经检查不符合消防安全要求的，不得投入使用、营业。

8.4.2 工程建设中的消防安全

1. 机关、团体、企事业单位应当履行的消防安全职责

单位的主要负责人是本单位的消防安全责任人。机关、团体、企事业单位应履行的消防安全职责为以下内容。

(1) 落实消防安全责任制，制定本单位的消防安全制度、消防安全操作规程，制定灭火和应急疏散预案。

(2) 按照国家标准、行业标准配置消防设施和器材，设置消防安全标志，并定期组织

检验、维修,确保完好有效。

(3) 对建筑消防设施每年至少进行一次全面检测,确保完好有效,检测记录应当完整准确,存档备查。

(4) 保障疏散通道、安全出口、消防车通道畅通,保证防火防烟分区、防火间距符合消防技术标准。

(5) 组织防火检查,及时消除火灾隐患。

(6) 组织进行有针对性的消防演练。

(7) 法律、法规规定的其他消防安全职责。

2. 工程建设中应当采取的消防安全措施

(1) 在设有车间或仓库的建筑物内不得设置员工集体宿舍。在设有车间或仓库的建筑物内,已经设置员工集体宿舍的,应当限期加以解决。对于暂时确有困难的,应当采取必要的消防安全措施,经公安消防机构批准后,可以继续使用。

(2) 禁止在具有火灾、爆炸危险的场所吸烟和使用明火。因施工等特殊情况需要使用明火作业的,应当按照规定事先办理审批手续,采取相应的消防安全措施;作业人员应当遵守消防安全规定。

进行电焊、气焊等具有火灾危险作业的人员和自动消防系统的操作人员,必须持证上岗,并遵守消防安全操作规程。

(3) 生产、储存、装卸易燃和易爆危险品的工厂、仓库,以及专用车站、码头的设置,应当符合消防技术标准。易燃易爆气体和液体的充装站、供应站、调压站,应当设置在符合消防安全要求的位置,并符合防火、防爆要求。

已经设置的生产、储存、装卸易燃和易爆危险品的工厂、仓库,以及专用车站、码头,易燃易爆气体和液体的充装站、供应站、调压站,不再符合前款规定的,地方人民政府应当组织、协调有关部门、单位限期解决,消除安全隐患。

(4) 生产、储存、运输、销售、使用、销毁易燃和易爆危险品,必须执行消防技术标准和管理规定。

进入生产、储存易燃和易爆危险品的场所,必须执行消防安全规定。禁止非法携带易燃、易爆危险品进入公共场所或者乘坐公共交通工具。

储存可燃物资仓库的管理,必须执行消防技术标准和管理规定。

(5) 建筑构件、建筑材料和室内装修、装饰材料的防火性能必须符合国家标准;没有国家标准的,必须符合行业标准。

人员密集场所室内装修、装饰,应当按照消防技术标准的要求,使用不燃、难燃材料。

(6) 任何单位和个人不得损坏、挪用,或者擅自拆除、停用消防设施和器材,不得埋压、圈占、遮挡消火栓或者占用防火间距,不得占用、堵塞、封闭疏散通道的安全出口和消防车通道。人员密集场所的门窗不得设置影响逃生和灭火救援的障碍物。

(7) 负责公共消防设施维护管理的单位,应当保持消防供水、消防通信、消防车通道等公共消防设施的完好有效。在修建道路以及停电、停水、截断通信线路时有可能影响消防队灭火救援的,有关单位必须事先通知当地公安机关消防机构。

▶▶归纳小结

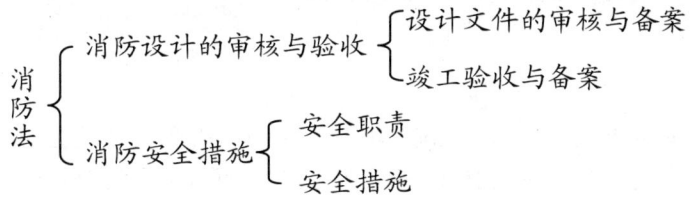

▶▶引例 8.4 小结

根据《消防法》的规定，在设有车间或仓库的建筑物内不得设置员工集体宿舍。在设有车间或仓库的建筑物内，已经设置员工集体宿舍的，应当限期加以解决。对于暂时确有困难的，应当采取必要的消防安全措施，经公安消防机构批准后，可以继续使用。所以正确的解决方法是，经公安消防机构批准后，这些建筑工人可以继续居住，但要采取必要的消防安全措施。注意与《建设工程安全生产管理条例》中类似规定的区别，"施工单位不得在尚未竣工的建筑物内设置员工集体宿舍"。如果引例 8.4 的背景是"在建工程建筑物内"，那么无论是否得到批准，都是不允许居住的。

本 章 小 结

1.《劳动法》的相关内容。劳动合同是劳动者与用人单位确立劳动关系，明确双方权利和义务的书面协议。用人单位与劳动者应当按照劳动合同的约定全面履行各自义务，用人单位与劳动者协商一致，可以解除劳动合同。

用人单位和劳动者应当遵守有关劳动安全卫生的法律规定。对女职工与未成年工应进行特殊保护。

劳动争议发生后，当事人可以选择协商、调解、仲裁、诉讼方式处理劳动争议。

2.《环境保护法》的相关内容。我国根据建设项目对环境的影响程度，对建设项目环境影响评价实行分类管理。建设项目需要配套建设的环境保护设施，必须与主体工程同时设计、同时施工、同时投产使用。

3.《节约能源法》的相关内容。民用建筑节能包括新建建筑节能和既有建筑节能。

4.《消防法》的相关内容。建设单位应当将建筑工程的消防设计图纸报送公安消防机构审核。按照国家工程建筑消防技术标准设计的建筑工程竣工时，必须经公安消防机构进行消防验收。

复习思考题

一、简答题

1. 劳动争议有哪几种处理方式？

2．简述生产安全事故的分类。

3．简述建设项目环境影响评价的分类管理方式。

二、案例题

1．大学毕业生小张、小李于 2009 年 7 月 1 日应聘到某建筑公司参加工作。该公司在与小张订立的劳动合同中约定的劳动期限为 2 年，而与小李没有约定劳动期限，只约定试用期 6 个月。

对此，依据《劳动法》，请回答下列问题：

(1) 该建筑公司最迟应在何时与小张、小李订立书面劳动合同？

(2) 小张的试用期不超过几个月？

2．某化工厂是一家生产化学添加剂的企业。2004 年，该厂通过了区环保局环境影响评估审批。在废水处理设施验收合格后，正式投入生产。2007 年，该化工厂为了扩大生产规模、增加企业利润，在未向环保局申报的情况下扩建了加工精制 3-硝基、4-氨基苯酚(NAP)工艺和设备，但是污染防治设施没有相应改造，在投入生产使用前也未履行相应的审批手续。扩建的设备投入使用后，因原废水处理设施无法处理大量的新增废水，造成处理池废水外溢和直接排放，污染了附近的河道。区环保局接到举报后对化工厂进行了现场检查。但化工厂以保守技术秘密为由阻拦环保人员进入生产车间，并拒绝提供扩建工程的任何资料。经环保局对排污口污水排放进行监测，表明污染物排放严重超过规定的排放标准。

请说明该化工厂的行为违反了我国哪些环境保护基本法律制度。

第 9 章 建设工程纠纷的处理

教学目标

了解建设工程纠纷、行政复议、行政诉讼、民事诉讼、仲裁的概念和证据的种类；理解证据的应用、管辖与回避制度、财产保全与先予执行，行政与民事诉讼参加人；掌握行政复议和行政诉讼的受理范围，以及行政复议、行政诉讼、民事诉讼、仲裁等法定程序。

教学要求

知识要点	能力要求	相关知识	所占分值(100分)	自评分数
建设工程纠纷处理概述	1. 了解建设工程纠纷的概念、处理方式 2. 掌握行政复议和行政诉讼的受理范围	建设工程纠纷、行政复议受理范围、行政诉讼受理范围	10	
民事诉讼	1. 了解民事诉讼概念、基本特征和基本制度 2. 理解管辖与回避制度、财产保全与先予执行 3. 掌握民事诉讼的一般程序	民事诉讼、管辖与回避制度、财产保全与先予执行、民事诉讼的一般程序、审判监督程序	30	
仲裁	1. 了解仲裁的概念和基本特点 2. 理解仲裁的三个法律制度 3. 掌握仲裁协议和仲裁的一般程序	仲裁及仲裁的特点、仲裁协议、仲裁程序	20	
证据	1. 了解证据的种类 2. 理解证据的应用和证据的保全	证据,证据保全,举证期限、证据交换,质证,认证	20	
行政复议与行政诉讼	1. 了解行政复议和行政诉讼概念 2. 掌握行政复议和行政诉讼的一般程序	行政复议、行政诉讼、行政诉讼证据特别规则	20	

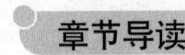

> **章节导读**

建设活动具有投资巨大、生产周期长、技术要求高、不可预见因素多、受环境影响强、协作关系复杂，以及政府监管严格等特点。因此，建设工程纠纷不可避免。作为建设工程各方当事人，为了维护自身权利以及承担合理义务，可在自愿友好的基础上，互相沟通、互相谅解，从而解决纠纷，除此之外，还可以通过行政复议、行政诉讼、民事诉讼、仲裁等法律途径来解决。本章主要介绍建设工程纠纷、建设工程纠纷处理方式以及证据制度。

9.1 建设工程纠纷处理概述

▶▶ 引例 9.1

某建筑公司承揽了某住宅小区的施工任务，并与建设单位签订了施工合同，2006年8月30日竣工。但是，建设单位却没有按照合同约定及时支付工程款。为此，该建筑公司可以采取哪些法律途径维护自己的权利？如果该建筑公司选择诉讼的方式，应当向哪一级法院起诉？

9.1.1 建设工程纠纷种类

建设工程纠纷是指建设工程当事人对建设过程中的权利和义务产生了不同的理解。建设纠纷主要分为民事纠纷和行政纠纷两大类。

1. 民事纠纷

民事纠纷是指平等主体的当事人之间发生的纠纷。这种纠纷又可分为两大类：合同纠纷和侵权纠纷。前者是指当事人之间对合同是否成立、生效、对合同的履行和不履行出现的后果等产生的纠纷。例如，建设工程勘查设计合同纠纷、建设工程施工合同纠纷、建设工程委托监理合同纠纷、建材及设备采购合同纠纷等。后者是指由于当事人对另一方侵权而产生的纠纷。例如，工程施工中对施工单位未采取安全措施而对他人造成损害而产生的纠纷等。其中，合同纠纷是建设活动中最常出现的纠纷。

2. 行政纠纷

行政纠纷是指行政机关与相对人之间因行政管理而产生的纠纷，如在办理施工许可证时符合办证条件而不予办理所导致的纠纷；在招投标过程中行政机关进行行政处罚而产生的纠纷等。其中既有因行政机关滥用职权、越权管理、不作为等而产生的纠纷，也有因被管理人逃避监督管理、非法抗拒管理等而产生的纠纷。

9.1.2 建设工程纠纷处理方式

1. 民事纠纷处理的方式

民事纠纷，特别是发包人和承包人就有关工期、质量、造价等方面产生的建设工程合同争议，是工程建设领域最常见的纠纷形式。

建设工程民事纠纷的处理方式主要有4种，分别是和解、调解、仲裁和诉讼。

> **知识链接**
> 我国《合同法》第一百二十八条规定，当事人可以通过和解或者调解解决合同争议。当事人不愿和解、调解，或者和解、调解不成的，可以根据仲裁协议向仲裁机构申请仲裁。……当事人没有订立仲裁协议或者仲裁协议无效的，可以向人民法院起诉。当事人应当履行发生法律效力的判决、仲裁裁决、调解书；拒不履行的，对方可以请求人民法院执行。

2. 行政纠纷的处理方式

(1) 行政复议。是指行政机关根据上级行政机关对下级行政机关的监督权，在当事人的申请和参加下，按照行政复议程序对具体行政行为进行合法性和适当性审查，并作出裁决以解决行政侵权争议的活动。在我国，行政复议的基本法律依据是《中华人民共和国行政复议法》（以下简称《行政复议法》）。

(2) 行政诉讼。是指人民法院应当事人的请求，通过审查行政行为合法性的方式，解决特定范围内行政争议的活动。在我国，行政诉讼的基本法律依据是《中华人民共和国行政诉讼法》（以下简称《行政诉讼法》）。行政诉讼和民事诉讼、刑事诉讼构成我国基本诉讼制度。

行政复议与行政诉讼的基本关系：除法律、法规规定必须先申请行政复议的以外，行政纠纷当事人可以自由选择申请行政复议还是提起行政诉讼。行政纠纷当事人对行政复议决定不服的，除法律规定行政复议决定为最终裁决的以外，可以依照《行政诉讼法》的规定向人民法院提起行政诉讼。

9.1.3 行政诉讼受理范围

1. 应当受理的行政案件

《行政诉讼法》第十一条规定，人民法院受理公民、法人和其他组织对下列具体行政行为不服提起的诉讼。

(1) 对拘留、罚款、吊销许可证和执照、责令停产停业、没收财物等行政处罚不服的。

(2) 对限制人身自由或者对财产的查封、扣押、冻结等行政强制措施不服的。

(3) 认为行政机关侵犯法律规定的经营自主权的。

(4) 认为符合法定条件申请行政颁发许可证和执照，行政机关拒绝颁发或者不予答复的。

(5) 申请行政机关履行保护人身权、财产权的法定职责，行政机关拒绝履行或者不予答复的。

(6) 认为行政机关没有依法发给抚恤金的。

(7) 认为行政机关违法要求履行其他义务的。

(8) 认为行政机关侵犯其他人身权、财产权的。

2. 不予受理的行政案件

根据《行政诉讼法》第十二条规定,人民法院不予受理公民、法人或者其他组织对下列事项提起的诉讼。

(1) 国防、外交等国家行为。
(2) 行政法规、规章或者行政机关制定、发布的具有普遍约束力的决定、命令。
(3) 行政机关对行政机关工作人员的奖惩、任免等决定。
(4) 法律规定由行政机关最终裁决的具体行政行为。

9.1.4 行政复议受理范围

1. 可以申请行政复议的事项

行政复议保护的是公民、法人或其他组织的合法权益。行政争议当事人认为行政机关的行政行为侵犯其合法权益的,有权依法提出行政复议申请。根据《行政复议法》第六条的有关规定,在工程建设领域,建设工程行政纠纷当事人可以申请复议的情形通常包括以下内容。

(1) 行政处罚,即当事人对行政机关做出的警告、罚款、没收违法所得、没收非法财物、责令停产停业、暂扣或者吊销许可证、暂扣或者吊销执照、行政拘留等行政处罚决定不服的。
(2) 行政强制措施,即当事人对行政机关作出的限制人身自由,或者查封、扣押、冻结财产等行政强制措施决定不服的。
(3) 行政许可,包括当事人对行政机关作出的有关许可证、执照、资质证、资格证等证书,变更、中止、撤销的决定不服的,以及当事人认为符合法定条件,申请行政机关颁发许可证、执照、资质证、资格证等证书,或者申请行政机关审批、登记等有关事项,行政机关没有依法办理的。
(4) 认为行政机关侵犯其合法的经营自主权的。
(5) 认为行政机关违法集资、征收财物、摊派费用或者违法要求履行其他义务的。
(6) 认为行政机关的其他具体行政行为侵犯其合法权益的等。

2. 不得申请行政复议的事项

根据《行政复议法》第八条规定,下列事项应按规定的纠纷处理方式解决,而不能提起行政复议。

(1) 行政机关的行政处分或者其他人事处理决定。当事人不服行政机关作出的行政处分的,应当依照有关法律、行政法规的规定(如《中华人民共和国国家公务员法》等)提起申诉。
(2) 行政机关对民事纠纷作出的调解或者其他处理。当事人不服行政机关对民事纠纷作出的调解或者处理,如建设行政管理部门对有关建设工程合同争议进行的调解,劳动部门对劳动争议的调解,公安部门对治安争议的调解等,当事人应当依法申请仲裁,或者向法院提起民事诉讼。

▶▶ 归纳小结

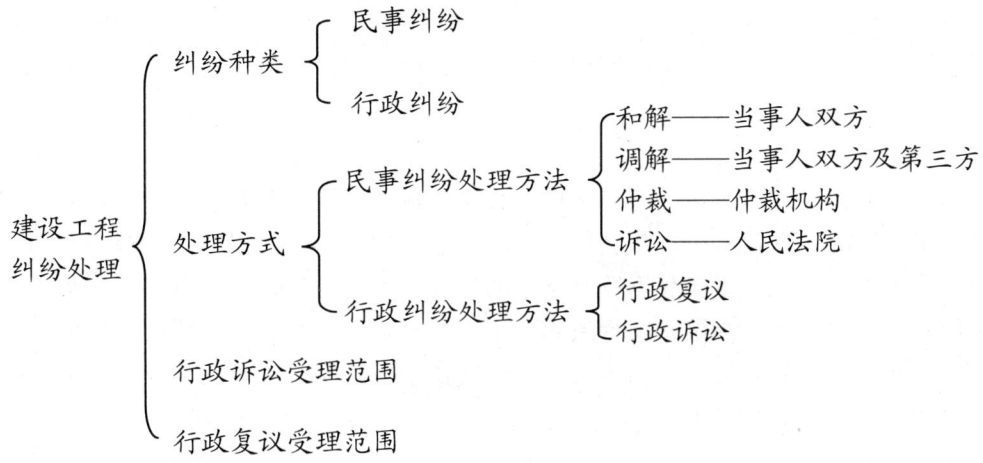

▶▶ 引例9.1 小结

该建筑公司可以采取诉讼的方式，如果有仲裁协议，也可以选择仲裁的途径。如果该建筑公司选择诉讼的方式，应当向基层人民法院起诉。

9.2 民事诉讼

▶▶ 引例9.2

某市规划局批准某房地产公司在一片旧居民区开发商品房。规划范围内的居民认为自己由于历史原因没有办理土地使用权证，但已经在该片土地上居住40年，规划局在该公司尚未取得土地使用权证的情况下批准建房是违法的。如果居民不服提起诉讼，那么谁可以作为本案的原告？法院审查的对象是行政行为的合法性，居民权益是否合法不影响其享有原告资格。

9.2.1 民事诉讼概述

1. 民事诉讼的概念

民事诉讼是指人民法院在当事人和其他诉讼参与人的参加下，以审理、裁判、执行等方式解决民事纠纷的活动，以及由此产生的各种诉讼关系的总和。诉讼参与人包括原告、被告、第三人、证人、鉴定人、勘验人等。

> **特别提示**
> 在我国《民事诉讼法》是调整和规范法院及诉讼参与人的各种民事诉讼活动的基本法律。

2. 民事诉讼的基本特征

1) 公权性

民事诉讼是由人民法院代表国家意志行使司法审判权,通过司法手段解决平等民事主体之间的纠纷,这使得民事诉讼与具有民间性质的调解和仲裁有所不同。

2) 强制性

民事诉讼的公权性,决定了其在案件的受理和执行等方面具有强制性。调解、仲裁均建立在当事人自愿的基础上,如果一方人不愿意进行调解、仲裁,调解和仲裁将不会发生。但民事诉讼则不同,只要原告起诉符合法定的条件,不论被告是否愿意,诉讼都会发生。此外,民间的和解、调解协议的履行依靠当事人的自觉,不具有强制执行的效力,但法院的裁判则具有强制执行的效力,当事人不自动履行生效裁判,法院依另一方当事人申请可依法强制执行。

3) 程序性

民事诉讼是依照法定程序进行的诉讼活动,无论是法院,还是当事人和其他诉讼参与人,均须按照民事诉讼法律规定的程序实施诉讼行为。与民事诉讼相比,民间调解通常没有严格的程序规则,仲裁虽然也要按照预先确定的程序进行,但相对灵活,当事人的选择权也较大。

3. 民事诉讼法律基本制度

《民事诉讼法》第十条规定:"人民法院审理民事案件,依照法律规定实行合议、回避、公开审判和两审终审制度。"

1) 合议制度

合议制度是指三人以上单数的审判人员组成合议庭,对民事案件进行审理的制度。合议庭评议案件,实行少数服从多数的原则。实行合议制度,是为了发挥集体的力量,弥补个人能力的不足,以保证案件的审判质量。

2) 回避制度

回避制度是指为了保证案件的公正审判,而要求与案件有一定利害关系的审判人员或其他有关人员,不得参与本案的审理活动或诉讼活动的审判制度。

3) 公开审判制度

公开审判制度是指人民法院审理民事案件,除法律规定的情况外,审判过程及结果应当向社会公开,允许群众旁听庭审和宣判过程,允许新闻媒体对庭审过程进行采访、报道,并将案件向社会披露。

4) 两审终审制度

两审终审制度是指一个民事诉讼案件经过两级法院审判后即告终结的制度。根据两审终审制度,对于一般民事诉讼案件,当事人不服一审法院的判决或裁定,可上诉至二审法院。二审法院所做的判决、裁定为生效判决、裁定,当事人不得再上诉。最高人民法院所做的一审判决、裁定,为终审判决、裁定,当事人不得上诉。

建设工程纠纷的处理　第9章

▶▶归纳小结

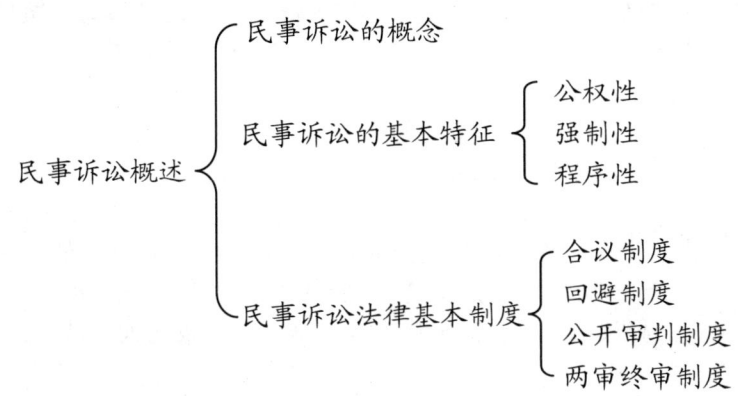

9.2.2　民事诉讼管辖与回避制度

1. 诉讼管辖

民事诉讼中的管辖是指各级法院之间和同级法院之间受理第一审民事案件的分工和权限。

1) 级别管辖

级别管辖是指按照一定的标准，划分上下级法院之间受理第一审民事案件的分工和权限。我国法院有四级，分别是基层人民法院、中级人民法院、高级人民法院和最高人民法院，每一级均受理第一审民事案件。我国《民事诉讼法》主要根据案件的性质、复杂程度和案件影响来确定级别管辖。在实践中，争议标的金额的大小，往往是确定级别管辖的重要依据，但各地人民法院确定的级别管辖的争议标的数额标准不尽相同。

2) 地域管辖与专属管辖

(1) 地域管辖。是指按照各法院的辖区和民事案件的隶属关系，划分同级法院受理第一审民事案件的分工和权限。地域管辖实际上是以法院与当事人、诉讼标的，以及法律事实之间的隶属关系和关联关系来确定的，主要包括一般地域管辖与特殊地域管辖。

(2) 专属管辖。是指法律规定某些特殊类型的案件和专门由特定的法院管辖。专属管辖是排他性管辖，排除了诉讼当事人协议选择管辖法院的权利。专属管辖与一般地域管辖和特殊地域的关系是，凡法律规定为专属管辖的诉讼，均适用专属管辖。

知识链接

我国《民事诉讼法》第三十四条规定了3种适合用于专属管辖的案件。其中，因不动产纠纷提起的诉讼，由不动产所在地人民法院管辖，如房屋买卖纠纷、土地使用权转让纠纷等。但是应当注意的是，根据《最高人民法院关于审理建设工程施工合同纠纷案件适用法律问题的解释》的规定，建设工程施工合同纠纷不适用专属管辖，而应当按照《民事诉讼法》第二十四条的规定，适用合同纠纷的地域管辖原则，即由被告住所地或者合同履行地人民法院管辖。发包人和承包人也可根据《民事诉讼法》第二十五条的规定，在书面合同中协议选择被告住所地、合同履行地、合同签订地、原告住所地、标的物所在地人民法院管辖，但不得违反《民事诉讼法》对级别管辖和专属管辖的规定。

215

3) 移送管辖和指定管辖

(1) 移送管辖。人民法院发现受理的案件不属于本院管辖的,应当移送有管辖权的人民法院,受移送的人民法院应当受理;受移送的人民法院认为受移送的案件依照规定不属于本院管辖的,应当报请上级人民法院指定管辖,不得再自行移送。

(2) 指定管辖。有管辖权的人民法院由于特殊原因,不能行使管辖权的,由上级人民法院指定管辖。人民法院之间因管辖权发生争议,由争议双方协商解决;协商解决不了的,报请它们的共同上级人民法院指定管辖。

4) 管辖权异议

管辖权异议是指当事人向受诉法院提出的该法院对案件无管辖权的主张。人民法院受理案件后,当事人对管辖权有异议的,应当在提交答辩状期间提出。人民法院对当事人提出的异议,应当审查。异议成立的,裁定将案件移交有管辖权的人民法院;异议不成立的,裁定驳回。

2. 回避制度

审判人员、书记员、翻译人员、鉴定人、勘验人有下列情形之一的,必须回避,其中当事人有权用口头或者书面方式申请回避。

(1) 是本案当事人或者当事人、诉讼当事人的近亲属。
(2) 与本案有利害关系。
(3) 与本案当事人有其他关系,可能影响对案件公正审理的。

当事人提出回避申请,应当说明理由,在案件开始审理时提出回避事由在案件开始审理后知道的,也可以在法庭辩论终结前提出。被申请回避的人员在人民法院做出是否回避的决定前,应当暂停参与本案的工作。但需要采取紧急措施的除外。

人民法院对当事人提出的回避申请,应当在申请提出的 3 日内,以口头或者书面形式做出决定。申请人对决定不服的,可以在接到决定时申请复议一次。复议期间,被申请回避的人员,不停止参与本案的工作。人民法院对复议申请,应当在 3 日内做出复议决定,并通知复议申请人。

▶▶归纳小结

民事诉讼管辖与回避制度
- 诉讼管辖
  - 级别管辖
  - 地域管辖与专属管辖
    - 一般地域管辖
    - 特殊地域管辖
    - 专属管辖
  - 移送管辖和指定管辖
- 回避制度
  - 审判人员、书记员、翻译人员、鉴定人、勘验人有下列情形之一的,必须回避,当事人有权用口头或者书面方式申请他们回避
  - 回避的情形:是本案当事人或者当事人、诉讼代理人近亲属;与本案有利害关系;与本案当事人有其他关系,可能影响案件公正审理的

9.2.3 诉讼参加人

1. 当事人

民事诉讼中的当事人，是指因民事权利和义务发生争议，以自己的名义进行诉讼，请求人民法院进行裁判的公民、法人或其他组织。民事诉讼当事人主要包括原告和被告。原告是指维护自己的权益或自己所管理的他人权益，以自己名义起诉，从而引起民事诉讼程序的当事人。被告是指原告诉称侵犯原告民事权益而由法院通知其应诉的当事人。

> **特别提示**
>
> 公民、法人和其他组织可以作为民事诉讼的当事人。法人由其法定代表人进行诉讼。其他组织由其主要负责人进行诉讼。

2. 诉讼代理人

诉讼代理人是指根据法律规定或当事人的委托，代理当事人进行民事诉讼活动的人。与代理分为法定代理、委托代理和指定代理相一致，诉讼代理人通常也可分为法定诉讼代理人、委托诉讼代理人和指定诉讼代理人。在工程建设领域，最常见的是委托诉讼代理人。

当事人、法定代理人可以委托一至二人作为诉讼代理人。委托诉讼代理人既可以是律师，也可以是当事人的近亲属、有关的社会团体或者所在单位推荐的人，以及经人民法院许可的其他公民。

委托他人代为诉讼的，必须向人民法院提交由委托人签名或盖章的授权委托书。授权委托书必须记明委托事项和权限。诉讼代理人代为承认、放弃、变更诉讼请求，进行和解，提起反诉或者上诉，必须有委托人的特别授权。针对实践中经常出现的授权委托书仅写"全权代理"而无具体授权的情形，最高人民法院还特别规定，在这种情况下不能认定为诉讼代理人已获得特别授权，即诉讼代理人无权代为承认、放弃、变更诉讼请求，进行和解，提起反诉或者上诉。

▶▶ 归纳小结

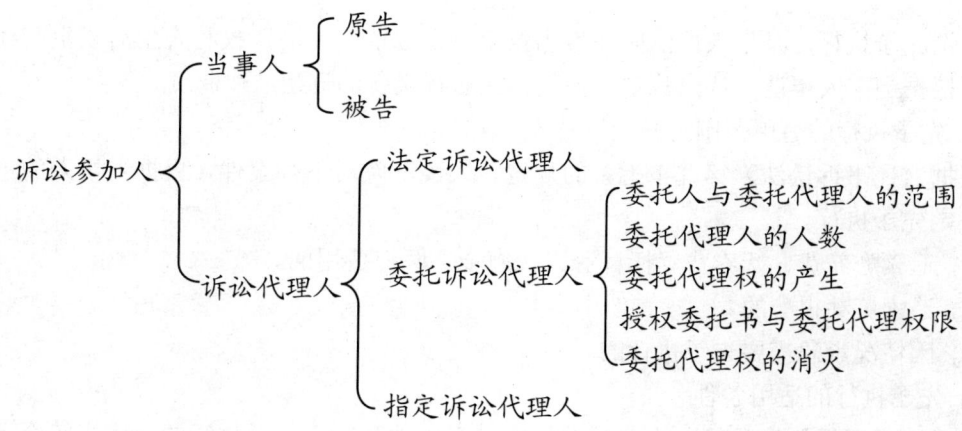

9.2.4 财产保全及先予执行

在民事诉讼中,从人民法院受理当事人的起诉开始,到做出生效的法律文书并实现文书所确定的权利,往往需要较长的时间。为了防止过长的诉讼时间带来的对当事人权利无法周密保护的问题,民事诉讼法规定了财产保全和先予执行制度。

1. 财产保全

所谓财产保全,是指当可能因发生有关财产被一方当事人转移、隐匿、毁损等情形,导致法院将来的判决不能执行或难以执行,进而另一方当事人(或利害关系人)的合法利益受到损害的,根据当事或者利害关系人的申请或人民法院的裁定,由人民法院对有关财产采取保全措施的诉讼法律制度。

2. 财产保全的种类

诉讼财产保全,即在诉讼过程中,为了保证人民法院的判决能够执行,人民法院根据当事人的申请,或在必要时依职权裁定对有关财产采取保全措施的制度。人民法院采取诉讼财产保全措施的,可以责令申请人提供担保。申请人不提供担保的,驳回申请。人民法院接受申请后,对情况紧急的必须在 48 小时内做出裁定。裁定采取诉讼财产保全措施的,应当立即开始执行。

诉前财产保全,即在诉讼发生前,利害关系人因情况紧急,不立即申请财产保全将会使其合法权益受到难以弥补的情况下,人民法院根据利害关系人的申请,对有关的财产采取保全措施制度。

> **知识链接**
> 利害关系人请求人民法院采取诉前财产保全措施,应当提供担保,不提供担保的,驳回申请。人民法院接受申请后,必须在 48 小时内做出裁定。裁定采取诉前财产保全措施的,应当立即开始执行。申请人应当在人民法院采取诉前财产保全措施后 15 日内起诉。未在该期限内起诉的,人民法院应当解除诉前财产保全。

3. 先予执行

所谓先予执行,是指人民法院在做出终审判决以前,为解决权利人生活或生产经营的急需,根据当事人申请,依法裁定义务人预先履行义务的诉讼法律制度。

1) 先予执行的适用范围

根据《民事诉讼法》第九十七条的规定,人民法院对下列案件,根据当事人的申请,可以裁定先予执行。

(1) 追索赡养费、抚养费、抚育费、抚恤金、医疗费用的。

(2) 追索劳动报酬的。

(3) 因情况紧急需要先予执行的。

2) 先予执行的适用条件

根据《民事诉讼法》第九十八条的规定,人民法院裁定先予执行的,应当符合下列条件：①当事人之间权利义务关系明确，不先予执行将严重影响申请人的生活或者生产经营的；②被审请人有履行能力的。人民法院可以责令申请人提供担保，申请人不提供担保的，驳回申请。申请人败诉的，应当赔偿被申请人因先予执行遭受的财产损失。

9.2.5 民事诉讼审判程序

审判程序是民事诉讼法规定的最为重要的内容，它是人民法院审理案件使用的程序，可以分为第一审程序、第二审程序和审判监督程序。

1. 第一审程序

第一审程序包括普通程序和简易程序。普通程序是指人民法院审理第一审民事案件通常适用的程序。普通程序是第一审程序中最基本的程序，具有独立性和广泛性，是整个民事审判程序的基础。普通程序是《民事诉讼法》规定的民事诉讼当事人进行第一审民事诉讼和人民法院审理第一审民事案件所通常适用的诉讼程序。同时，由于我国现行《民事诉讼法》并未单独规定有关审判程序的总则，普通程序的有关规定在一定程度上还起着程序总则的作用。

适用普通程序审理的案件，应当在立案之日起 6 个月内审结。有特殊情况需要延长的，由本院院长批准，可以延长 6 个月；还需要延长的，报请上级法院批准。

1) 起诉

起诉必须符合下列条件。

(1) 原告是与本案有直接关系的公民、法人和其他组织。
(2) 有明确的被告。
(3) 有具体的诉讼请求、事实和理由。
(4) 属于人民法院受理民事诉讼的范围和受诉人民法院管辖。

起诉方式应当以书面起诉为原则，口头起诉为例外。而在工程实践中，基本都是采用书面起诉方式。起诉应当向人民法院提交起诉状，并按照被告人数提出副本。

> **知识链接**
>
> 根据《民事诉讼法》第一百一十条规定，起诉状应当记明下列事项。
> (1) 当事人的姓名、性别、年龄、民族、职业、工作单位和住所，法人或者其他组织的名称，住所，以及法定代表人或者主要负责人的姓名、职务。
> (2) 诉讼请求和所根据的事实与理由。
> (3) 证据和证据来源，证人姓名和住所。

2) 受理

人民法院收到起诉状，经审查，认为符合起诉条件的，应当在 7 日内立案并通知当事人。认为不符合起诉条件的，应当在 7 日内裁定不予受理。原告对裁定不服的，可以提起上诉。

受理主要包括审理前的主要准备工作、送达起诉状副本和提出答辩状、告知当事人诉讼权利义务及组成合议庭。

3) 开庭审理

开庭审理主要包括法庭调查、法庭辩论、法庭笔录等。

4) 宣判

法庭辩论终结，应当依法做出判决。根据《民事诉讼法》的有关规定，判决前能够调解的，还可以进行调解。调解书经双方事人签收后，即具有法律效力。调解不成的，如调解未达成协议或者调解书送达前一方反悔的，人民法院应当及时判决。

原告经传票传唤，无正当理由拒不到庭的，或者未经法庭许可中途退庭的，可以按撤诉处理；被告反诉的，可以缺席判决。被告经传票传唤，无正当理由拒不到庭的，或者未经法庭许可中途退庭的，可以缺席判决。

人民法院一律公开宣告判决，同时必须告知当事人上诉权利、上诉期限和上诉的法院。最高人民法院的判决、裁定，以及超过上诉期没有上诉的判决、裁定，是发生法律效力的判决、裁定。

2. 第二审程序

第二审程序又称上诉程序或终审程序，是指由于民事诉讼当事人不服地方各级人民法院尚未生效的第一审判决或裁定，在法定上诉期间内，向上一级人民法院提起上诉而引起的诉讼程序。由于我国实行两审终审制，上诉案件经第二审法院审理后，做出的判决、裁定为终审的判决、裁定，诉讼程序即告终结。

1) 上诉期间

当事人不服地方人民法院第一审判决的，有权在判决书送达之日起 15 日内向上一级人民法院提起上诉；不服地方人民法院第一审裁定的，有权在裁定书送达之日起 10 日内向上一级人民法院提起上诉。

2) 上诉状

《民事诉讼法》规定当事人提起上诉，应当递交上诉状。上诉状应当通过原审法院提出，并按照对方当事人的人数提出副本。

3) 第二审人民法院对上诉案件的处理

第二审人民法院对上诉案件，经过审理，按照下列情形，分别做如下处理。

(1) 原判决认定事实清楚，适用法律正确的，判决驳回上诉，维持原判决。

(2) 原判决适用法律错误的，依法改判。

(3) 原判决认定事实错误，或者原判决认定事实不清，证据不足，裁定撤销原判决，发回原审人民法院重审，或者查清事实后改判。

(4) 原判决违反法定程序，可能影响案件正确判决的，裁定撤销原判决，发回原审人民法院重审。

第二审人民法院的判决、裁定，是终审的判决、裁定。第二审法院做出的具有给付内容的判决，具有强制执行力，如果有履行义务的当事人拒不履行，对方当事人有权向法院申请强制执行。对于发回原审法院重审的案件，原审法院仍将按照第一审程序进行审理。因此，当事人对重审案件的判决、裁定，仍然可以上诉。

3. 审判监督程序

1) 审判监督程序的概念

审判监督程序即再审程序，是指对已经发生法律效力的判决、裁定、调解书，人民法院认为确有错误，对案件再行审理的程序。

2) 审判监督程序的提起

(1) 人民法院提起再审的程序。人民法院提起再审，必须是已经发生法律效力的判决、裁定确有错误。其程序为"各级人民法院院长对本院已经发生法律效力的判决、裁定，发现确有错误，认为需要再审的，应当提交审判委员会讨论决定。最高人民法院对地方各级人民法院已经发生法律效力的判决、裁定，上级人民法院对下级人民法院已经发生法律效力的判决、裁定，发现确有错误的，有权提审或者指令下级人民法院再审"。再审的裁定中同时写明中止原判决裁定的执行。

(2) 当事人申请再审的程序。当事人申请不一定引起审判监督程序，只有在同时符合下列条件的前提下，由人民法院依法决定，才可以启动再审程序。

(3) 人民检察院抗诉。抗诉是指人民检察院对人民法院发生法律效力的判决、裁定，发现有提起抗诉的法定情形，提请人民法院对案件重新审理。最高人民检察院对各级人民法院已经发生法律效力的判决、裁定，上级人民检察院对下级人民法院已经发生法律效力的判决、裁定，发现有上述情形之一的，应当提请上级人民检察院向同级人民检察院提出抗诉。

▶▶归纳小结

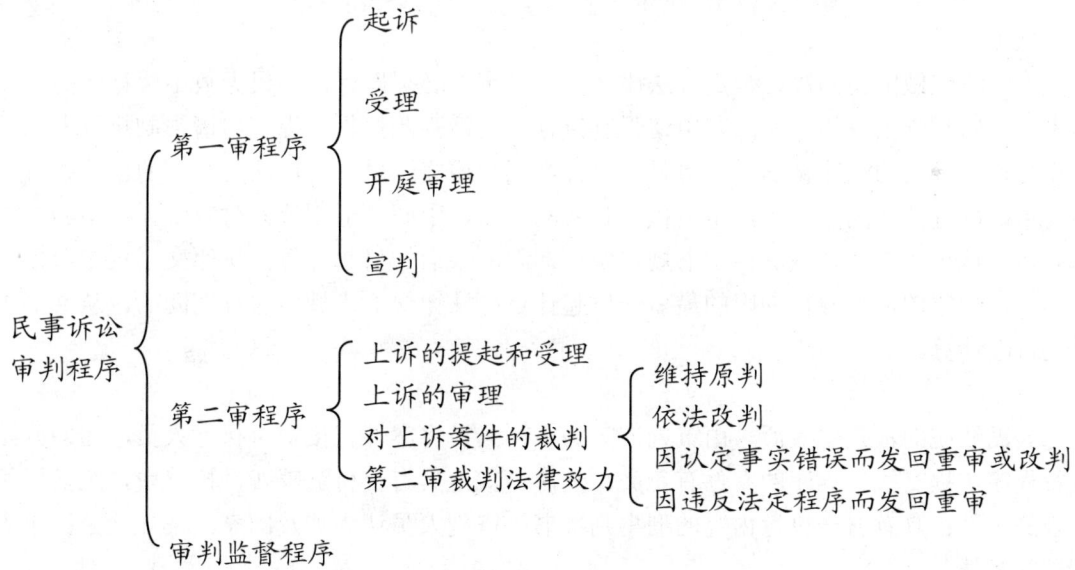

9.2.6 民事诉讼执行程序

审判程序与执行程序是并列的独立程序。审判程序是产生裁判书的过程，执行程序是实现裁判书内容的过程。

1. 执行程序的概念

执行程序是指人民法院的执行组织依照法定的程序，对发生法律效力的法律文书确定的给付内容，以国家强制力为后盾，依法采取强制措施，迫使义务人履行义务的行为。

2. 执行根据

执行根据是当事人申请执行,人民法院移交执行以及人民法院采取强制措施的依据。执行根据是执行程序发生的基础,没有执行根据,当事人不能向人民法院申请执行,人民法院也不得采取强制措施,执行根据主要有以下内容。

(1) 人民法院制作的发生法律效力的民事判决书、裁定书以及生效的调解书等。
(2) 人民法院做出的具有财产给付内容的发生法律效力的刑事判决书、裁定书。
(3) 仲裁机构制作的依法由人民法院执行的仲裁裁决书、生效的仲裁调解书。
(4) 公证机关依法做出的赋予强制执行效力的公证债权文书。
(5) 人民法院做出的先予执行的裁定、执行回转的裁定,以及承认并协助执行外国判决、裁定或裁决的裁定。
(6) 我国行政机关做出的法律明确规定中人民法院执行的行政决定。

3. 执行案件的管辖

发生法律效力的民事判决、裁定,以及刑事判决、裁定中的财产部分,由第一审人民法院或者与第一审人民法院同级的被执行的财产所在地人民法院执行。

4. 执行程序

1) 申请

人民法院做出的判决、裁定等法律文书,当事人必须履行。如果无故不履行,另一方当事人可向有管辖权的人民法院申请强制执行。申请强制执行应提交申请强制执行书,并附作为执行根据的法律文书。申请强制执行,还须遵守《民事诉讼法》规定的申请执行期限。申请执行的期间为两年,申请执行时效的中止、中断,适用诉讼时效中止、中断的法律规定。这里的期间,从法律文书规定履行期限的最后一日起计算,法律文书规定分期履行的,从规定的每次履行期限的最后一日起计算;法律文书未规定履行期间的,从文书生效之日起计算。

2) 执行

人民法院的裁判生效后,由审判该案的审判人员将案件直接交付执行人员,随即开始执行程序。提交执行程序的案件有三类:判决、裁定具有交付赡养费,抚养费,医药费等内容的案件;具有财产执行内容的刑事判决书;审判人员认为涉及国家、集体或公民重大利益的案件。

3) 再申请

人民法院自收到申请执行书之日起超过六个月未执行的,申请执行人可以向上一级人民法院申请执行。上一级人民法院经审查,可以责令原人民法院在一定期限内执行,也可以决定由本院执行或者指令其他人民法院执行。

5. 执行中的其他特殊问题

1) 委托执行

被执行人或被执行的财产在外地的,负责执行的人民法院可以委托当地人民法院代为执行,也可以直接到当地执行。直接到当地执行的,负责执行的人民法院可以要求当地人民法院协助执行,当地人民法院应当根据要求协助执行。

2) 执行异议

当事人、利害关系人提出的异议。当事人、利害关系人认为执行行为违反法律规定的,可以向负责执行的人民法院提出书面异议。当事人、利害关系人提出书面异议的,人民法院应当自收到书面异议之日起 15 日内审查。理由成立的,裁定撤销或者改正;理由不成立的,裁定驳回。当事人、利害关系人对裁定不服的,可以自裁定送达之日起十日内向上一级人民法院申请复议。

案外人提出的异议。执行过程中,案外人对执行标的提出书面异议的,人民法院应当自收到书面异议之日起 15 日内审查,理由成立的,裁定中止对该标的的执行;理由不成立的,裁定驳回。案外人、当事人对裁定不服,认为原判决、裁定错误的,依照审判监督程序办理;与原判决、裁定无关的,可以自裁定送达之日起 15 日内向人民法院提起诉讼。

3) 执行和解

在执行中,双方当事人自行和解达成协议的,执行员应当将协议内容记入笔录,由双方当事人签名或者盖章。一方当事人不履行和解协议的,人民法院可以根据对方当事人的申请,恢复对原失效法律文书的执行。

6. 执行措施

执行措施是指人民法院依照法定程序强制执行生效法律文书的方法和手段。在执行中,执行措施和执行程序是合为一体的。执行员接到申请执行书或者移交执行书,应当向被执行人发出执行通知,责令其在指定的期间履行,逾期不履行的,强制执行。被执行人不履行法律文书确定的义务,并有可能隐匿、转移财产的,执行员可以立即采取强制执行措施。

7. 执行中止和终结

1) 执行中止

执行中止是指在执行过程中,因发生特殊情况,需要暂时停止执行程序。有下列情况之一的,人民法院应裁定中止执行:申请人表示可以延期执行的;案外人对执行标的提出确有理由异议的;作为一方当事人的公民死亡,需要等待继承人继承权利或承担义务的;作为一方当事人的法人或其他组织终止,尚未确定权利义务承受人的;人民法院认为应当中止执行的其他情形如被执行人确无财产可供执行等。中止的情形消失后,恢复执行。

2) 执行终结

执行终结是指在执行过程中,由于出现某些特殊情况,执行工作无法继续进行或没有必要继续进行时,结束执行程序。

有下列情况之一的,人民法院应当裁定终结执行:①申请人撤销申请的;②据以执行的法律文书被撤销的;③作为被执行人的公民死亡,无遗产可供执行,又无义务承担人的;④追索赡养费、抚养费、抚育费案件的权利人死亡的;⑤作为被执行人的公民因生活困难无力偿还借款,无收入来源,又丧失劳动能力的;⑥人民法院认为应当终结执行的其他情形。

▶▶ 归纳小结

民事诉讼执行程序 ⎧ 执行程序的概念
　　　　　　　　　 执行依据
　　　　　　　　　 执行案件的管辖
　　　　　　　　　 执行程序的发生 ⎨ 申请
　　　　　　　　　　　　　　　　　 执行
　　　　　　　　　 执行中的其他特殊问题 ⎨ 委托执行
　　　　　　　　　　　　　　　　　　　　 执行异议
　　　　　　　　　　　　　　　　　　　　 执行和解
　　　　　　　　　 执行措施
　　　　　　　　　 执行中止和终结

▶▶ 引例 9.2 小结

居民不服提起诉讼，自己可以作为本案的原告。因为，法院审查的对象是行政行为的合法性，居民权益是否合法不影响其享有原告资格。

9.3 仲　　裁

▶▶ 引例 9.3

海南省甲公司与乙公司于 1998 年 6 月签订了一份融资租赁合同，约定由甲公司进口一套化工生产设备，租给乙公司使用，乙公司按年交付租金。海南省 A 银行出具担保函，为乙公司提供担保。后来甲公司与乙公司因履行合同发生争议。如果甲公司与乙公司签订的合同中约定的仲裁条款为"因本合同的履行所发生的一切争议，均提交珠海仲裁委员会仲裁"，甲公司因乙公司无力支付租金，向珠海仲裁委员会申请仲裁，将乙公司和 A 银行作为被申请人，请求裁决被申请人给付拖欠的租金。则甲公司的行为是否正确？

9.3.1 仲裁的概念和适用范围

仲裁作为一个法律概念有有其特定的含义，即指发生争议的当事人(申请人与被申请人)，根据达成的仲裁协议，自愿将该争议提交中立的第三者(仲裁机构)进行裁判的争议解决制度。

在我国，《仲裁法》是调整和规范仲裁制度的基础法律，但该法律的调整范围仅限于民商事仲裁，即"平等主体的公民、法人和其他组织之间发生的合同纠纷和其他财产权纠纷"仲裁，劳动争议仲裁和农业承包合同纠纷仲裁不受仲裁法的调整。此外，根据《仲裁法》第三条的规定，下列纠纷不能仲裁：婚姻、收养、监护、扶养、继承纠纷，依法应当由行政机关处理的行政争议。

9.3.2 仲裁的基本特点

1. 自愿性

当事人的自愿性是仲裁最突出的特点。仲裁以当事人的意思自治为前提，即是否将纠纷提交仲裁，向哪个仲裁委员会申请仲裁，仲裁庭如何组成，仲裁员的选择，以及仲裁的审理方式等都是在当事人自愿的基础上，由当事人协商确定的。仲裁的自愿性也决定了仲裁与诉讼相比，前者更加灵活和方便。

2. 专业性

专家裁案是民商事仲裁的重要特点之一。民商事仲裁往往涉及不同行业的专业知识。例如，建设工程的纠纷处理不仅涉及有工程建设有关的法律法规，还常常需要运用大量的工程造价，工程质量方面的专业知识和熟悉建筑业自身特有的交易习惯和行业惯例。因此，仲裁由具有一定专业水平的专家担任仲裁员。是确保仲裁结果准确、公正的重要保障。

3. 独立性

仲裁委员会独立于行政机关，与行政机关没有隶属关系。仲裁委员会之间也没有隶属关系。在仲裁过程中，仲裁庭独立进行仲裁，不受任何行政机关、社会团体和个人的干涉，也不受其他仲裁机构的干涉，具有独立性。

4. 保密性

仲裁以不公开审理为原则。同时，按照各仲裁规则的规定，当事人及其代理人、证人、翻译、仲裁员、仲裁庭咨询的专家和指定的鉴定人、仲裁委员会有关工作人员亦要遵守保密义务，不得对外界透露案件文体和程序的有关情况。因此，当事人之间的纠纷及有关的商业秘密，不会因仲裁活动而泄露。

5. 快捷性

仲裁实行一裁终局制度，仲裁裁决一经做出即发生法律效力。这使得当事人之间的纠纷能够迅速得以解决。

9.3.3 仲裁法律基本制度

1. 协议仲裁制度

仲裁协议是当事人仲裁自愿的体现，当事人申请仲裁、仲裁委员会受理仲裁、仲裁庭对仲裁案件的审理和裁决，都必须以当事人依法订立的仲裁协议为前提。可以说，没有有效的仲裁协议，就不会有仲裁。

> **特别提示**
>
> 没有仲裁协议，一方申请仲裁的，仲裁委员会不予受理。

2. 或裁或审制度

仲裁和诉讼是两种不同的争议解决方式，当事人只能选择其中一种加以采用。当事人达成仲裁协议，一方向人民法院起诉的，人民法院不予受理，但仲裁无效的除外。因此，有效的仲裁协议即排除法院对案件的司法管辖权，只有在没有仲裁协议或者仲裁协议无效的情况下，法院才可以对当事人的纠纷予以受理。

3. 一裁终局制度

仲裁实行一裁终局的制度。裁决做出后，当事人就同一纠纷再申请仲裁或者向人民法院起诉的，仲裁委员会或者人民法院不予受理。当事人应当履行仲裁裁决。一方当事人不履行的，另一方当事人可以依照民事诉讼法的有关规定向人民法院申请强制执行。

▶▶归纳小结

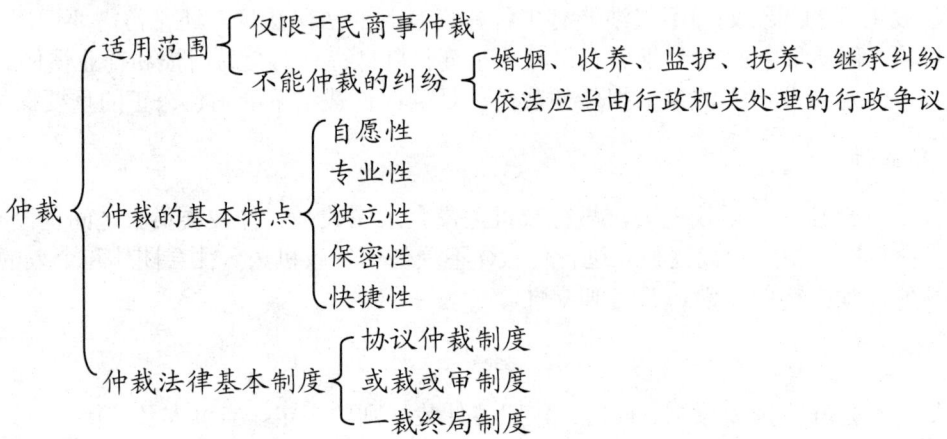

9.3.4 仲裁协议

仲裁协议是指当事人自愿将已经发生或者可能发生的争议通过仲裁解决的书面协议。在民商事仲裁中，仲裁协议是仲裁的前提，没有仲裁协议，就不存在有效的仲裁。

1. 仲裁协议的类型

仲裁协议包括合同中订立的仲裁条款和其他以书面形式在纠纷发生前或者纠纷发生后达成的请求仲裁的协议。仲裁协议应当采用书面形式的，口头方式达成的仲裁意思表示无效。仲裁协议既可以表现为合同中的仲裁条款，也可以表现为独立于合同而存在的仲裁协议书。而在实践中，仲裁条款是最常见的仲裁协议形式。

2. 仲裁协议的内容

仲裁协议应当具有下列内容：请求仲裁的意思表示、仲裁事项、选定的仲裁委员会。这三项内容必须同时具备，仲裁协议才能有效。其中，由于仲裁没有法定管辖的规定，因此当事人选择仲裁委员会可以不受地点的限制，但必须明确、具体。如果仲裁协议对仲裁事项或者仲裁委员会没有约定或约定不明确，且当事人达不成补充协议的，仲裁协议无效。

3. 仲裁协议的效力

(1) 对当事人的法律效力。仲裁协议一经有效成立，即对当事人产生法律约束力。发生纠纷后，当事人只能通过向仲裁协议中所约定的仲裁机构申请仲裁的方式解决该纠纷，而丧失了就该纠纷向法院提起诉讼的权利。

(2) 对法院的约束力。有效的仲裁协议将排除法院的司法管辖权。当事人达成仲裁协议，一方向人民法院起诉未声明有仲裁协议，人民法院受理后，另一方在首次开庭前提交仲裁协议的，人民法院应当驳回起诉(但仲裁协议无效的除外)。

(3) 对仲裁机构的法律效力。仲裁协议是仲裁委员会受理仲裁案件的基础，是仲裁庭审理和裁决仲裁案件的依据。没有有效的仲裁协议，仲裁委员会将不能获得仲裁案件的管辖权。同时，仲裁委员会还只能对当事人在仲裁协议中约定的争议事项进行仲裁，对超出仲裁协议约定范围的其他争议无权仲裁。

9.3.5 仲裁程序

1. 申请和受理

1) 申请仲裁的条件

当事人申请仲裁，应当符合下列条件：有仲裁协议，有具体的仲裁请求和事实、理由，属于仲裁委员会的受理范围。

2) 申请仲裁的方式

当事人申请仲裁，应当向仲裁委员会递交仲裁协议、仲裁申请书及副本。其中，仲裁申请书应当载明下列事项。

(1) 当事人的姓名、性别、年龄、职业、工作单位和住所，法人或者其他组织的名称、住所和法定代表人或者主要负责人的姓名、职务。

(2) 仲裁请求和所根据的事实、理由。

(3) 证据和证据来源、证人姓名和住所。

3) 审查与受理

仲裁委员会收到仲裁申请书之日起 5 日内，认为符合受理条件的应当受理，并通知当事人；认为不符合受理条件的，应当书面通知当事人不予受理，并说明理由。

仲裁委员会受理仲裁申请后，应当在仲裁规则规定的期限内将仲裁规则和仲裁员名册送达申请人，并将仲裁申请书副本和仲裁规则、仲裁员名册送达被申请人。被申请人收到仲裁申请书副本后，应当在仲裁规则规定的期限内向仲裁委员会提交答辩书。仲裁委员会收到答辩书后，应当在仲裁规则规定的期限内将答辩书副本送达申请人。被申请人未提交答辩书的，不影响仲裁程序的进行。被申请人有权提出反请求。

当事人申请财产保全的，仲裁委员会应当将当事人的申请依照民事诉讼法的有关规定提交人民法院。

2. 仲裁庭的组成

1) 仲裁庭的组成形式和程序

仲裁庭可以由三名仲裁员或者一名仲裁员组成。由三名仲裁员组成的，设首席仲裁员。根据该规定，仲裁庭的组成形式包括合议仲裁庭和独任仲裁庭两种。

2) 仲裁员的回避

仲裁员有下列情形之一的，必须回避，当事人也有权提出回避申请：是本案当事人或者当事人、代理人的近亲属，与本案有利害关系，与本案当事人、代理人有其他关系，可能影响公正仲裁的，私自会见当事人、代理人，或者接受当事人、代理人的请客送礼的。

3. 开庭和裁决

1) 仲裁开庭和审理

仲裁应当开庭进行，当事人可以协议不开庭。当事人应当对自己的主张提供证据。仲裁庭认为有必要收集的证据，可以自行收集。证据应当在开庭时出示，当事人可以质证。当事人在仲裁过程中有权进行辩论。仲裁庭应当将开庭情况记入笔录。

2) 仲裁中的和解、调解

(1) 仲裁中的和解。当事人申请仲裁后，可以自行和解。达成和解协议的，可以请求仲裁庭根据和解协议做出裁决书，也可以撤回仲裁申请。当事人达成和解协议，撤回仲裁申请后反悔的，可以根据仲裁协议申请仲裁。

(2) 仲裁中的调解。仲裁庭在做出裁决前，可以先行调解。当事人自愿调解的，仲裁庭应当调解。调解不成的，应当及时做出裁决。调解达成协议的，仲裁庭应当制作调解书或者根据协议的结果制作裁决书。调解书与裁决书具有同等法律效力。调解书经双方当事人签收后，即发生法律效力。在调解书签收前当事人反悔的，仲裁庭应当及时做出裁决。

3) 仲裁裁决

仲裁裁决应当按照多数仲裁员的意见做出，少数仲裁员的不同意见可以记入笔录。仲裁庭不能形成多数意见时，裁决应当按照首席仲裁员的意见做出。裁决书自做出之日起发生法律效力，具体体现：当事人不得就已经裁决的事项再申请仲裁，也不得就此提起诉讼；仲裁裁决具有强制执行力。

4. 仲裁裁决的撤销

仲裁实行一裁终局制度，仲裁裁决一经做出，即发生法律效力。如果仲裁裁决发生错误就必然损害当事人的合法权益，而仲裁制度没有内部的监督制度，因此，只能由法院进行外部监督，具体体现在仲裁裁决的撤销与不予执行。

▶▶归纳小结

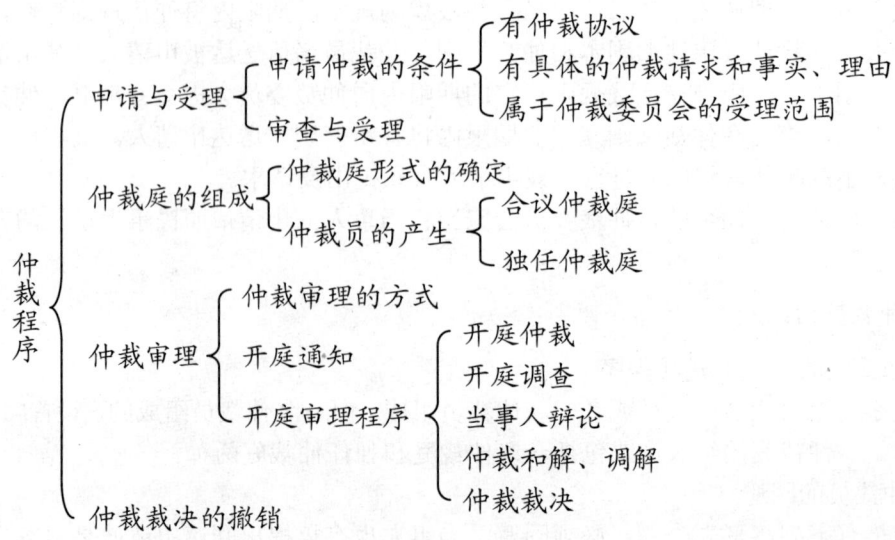

9.3.6 仲裁裁决的执行

1. 仲裁裁决的强制执行

仲裁裁决做出后,当事人应当履行裁决。一方当事人不履行的,另一方当事人可以依照民事诉讼法的有关规定,向人民法院申请执行。

2. 仲裁裁决的不予执行

被申请人提出证据证明裁决有下列情形之一的,经人民法院组成合议庭审查核实,裁定不予执行。

(1) 当事人在合同中没有仲裁条款或者事后没有达成书面仲裁协议的。
(2) 裁决的事项不属于仲裁协议的范围或者仲裁机构无权仲裁的。
(3) 仲裁庭的组成或者仲裁的程序违反法定程序的。
(4) 认定事实的主要证据不足的。
(5) 适用法律确有错误的。
(6) 仲裁员在仲裁该案时有索贿受贿、徇私舞弊、枉法裁决行为的。

仲裁裁决被人民法院依法裁定不予执行的,当事人就该纠纷可以重新达成仲裁协议,并依据该仲裁协议申请仲裁,也可以向人民法院提起诉讼。

▶▶ 引例 9.3 小结

《仲裁法》第四条规定:"当事人采用仲裁方式解决纠纷,应当双方自愿,达成仲裁协议。没有仲裁协议,一方申请仲裁的,仲裁委员会不予受理。"《仲裁法》第六条规定:"仲裁委员会应当由当事人协议选定。"因为本案中的仲裁协议是合法有效的,同时 A 银行作为连带责任保证人,可以与乙公司一同成为被申请人,所以甲公司的行为是正确的。

9.4 证 据

▶▶ 引例 9.4

某建筑公司承揽了某住宅小区的施工任务,2006 年 8 月 30 日竣工。但是,建设单位却没有按照合同约定及时支付工程款,2006 年 11 月 10 日,该建筑公司将建设单位告上法庭,要求建设单位支付工程款合计 200 万元。庭审中,该建筑公司出示了施工承包合同以证明索要工程款的正当性;建设单位则指出该建筑公司所承建的工程质量不合格,要求鉴定,同时指出该建筑公司在施工过程中使用了劣质材料,请求人民法院对该材料证据保全。试问庭审中,该建筑公司出示的施工承包合同属于证据的哪一种?

9.4.1 证据的种类

证据是指在诉讼中能够证明案件真实情况的各种资料。根据表现形式的不同,民事证据主要有以下 7 种,分别是书证、物证、视听资料、证人证言、当事人陈述、鉴定结论、勘验笔录。

1. 书证

书证是指以所载文字、符号、图案等方式所表达的思想内容来证明案件事实的书面材料或者其他物品。书证在民事诉讼和仲裁中普遍存在,大量运用,具有非常重要的作用。书证一般表现为各种书面形式文件或纸面文字材料(但非纸类材料亦可成为书证载体),如合同文件、各种信函、会议纪要、电报、传真、电子邮件、图纸、图表等。

2. 物证

物证则是指能够证明案件事实的物品及其痕迹,凡是以其存在的外形、重量、规格、损坏程度等物体的内部或者外部特征来证明待证事实的一部或者全部的物品及痕迹,均属于物证范畴。例如,在工程实践中,在对建筑材料、设备以及工程质量进行鉴定的过程中所涉及的各种证据,往往表现为物证这种形式。

3. 视听资料

视听资料是指利用录音和录像等技术手段反映的声音、图像以及电子计算机(以下简称计算机)储存的数据证明案件事实的证据。在实践中,常见的视听资料包括录像带、录音带、传真资料、胶卷、电话录音、雷达扫描资料,以及储存于软盘、硬盘或光盘中的计算机数据等。

> **知识链接**
>
> 视听资料虽然具有易于保存、生动逼真等优点,但另一方面,视听资料也有容易通过技术手段被篡改的缺点。因此,存在有疑点的视听资料,不能单独作为认定案件事实的依据。
>
> 此外,对于未经对方当事人同意私自录制其谈话取得的资料,根据《最高人民法院关于民事诉讼证据的若干规定》的有关规定,只要不是以侵害他人合法权益(如侵害隐私)或者违反法律禁止性规定的方法(如窃听)取得的,仍可以作为认定案件事实的依据。

4. 证人证言

证人是指了解案件情况并向法院、仲裁机构或当事人提供证词的人。证人就案件情况所做的陈述即为证人证言。凡是知道案件情况的单位和个人,都有义务出庭作证。有关单位的负责人应当支持证人作证。证人确有困难不能出庭的,经人民法院许可,可以提交书面证言。不能正确表达意志的人,不能作证。与一方当事人或者其代理人有利害关系的证人出具的证言,以及无正当理由未出庭作证的证人证言,不能单独作为认定案件事实的依据。

5. 当事人陈述

当事人陈述是指当事人在诉讼或仲裁中,就本案的事实向法院或仲裁机构所做的陈述。人民法院对当事人的陈述,应当结合本案的其他证据,审查确定能否作为认定事实的根据。当事人对自己的主张,只有本人陈述而不能提出其他相关证据的,其主张不予支持。但对方当事人认可的除外。

6. 鉴定结论

在对工程建设领域诸如工程质量、造价等方面的纠纷进行处理的过程中，针对有关的专业问题，由法院或仲裁机构委托具有相应资格的专业鉴定机构进行鉴定，并出具相应的鉴定结论，是法院或仲裁机构据以查明案件事实、进行裁判的重要手段之一。因此，鉴定结论作为我国民事证据的一种，在建设工程纠纷的处理过程中，具有特殊的重要性。

当事人申请鉴定，应当注意在举证期限内提出。对需要鉴定的事项负有举证责任的当事人，在人民法院指定的期限内无正当理由不提出鉴定申请的，应当对该事实承担举证不能的法律后果。当事人申请鉴定经人民法院同意后，由双方当事人协商确定有鉴定资格的鉴定机构、鉴定人员，协商不成的，由人民法院指定。

7. 勘验笔录

勘验笔录是指人民法院为了查明案件的事实，指派勘验人员对与案件争议有关的现场、物品或物体，进行查验、拍照、测量，并将查验的情况与结果制成的笔录。勘验物证或者现场，勘验人必须出示人民法院的证件，并邀请当地基层组织或者当事人所在单位派人参加。当事人或者当事人的成年家属应当到场，拒不到场的，不影响勘验的进行。勘验笔录应由勘验人、当事人和被邀参加人签名或者盖章。

9.4.2 证据的保全

解决纠纷的过程就是证明的过程，在诉讼或仲裁中，哪些事实需要证据证明，哪些不需证明。需要证明的事实由谁证明，靠什么证明，怎么证明，证明到什么程度，这几个问题构成了证据应用的全部内容，即证明对象、举证责任、证据收集、证明过程、证明标准。证据保全是重要的证据固定措施。

1. 证据保全的概念和作用

所谓证据保全，是指在证据可能灭失或以后难以取得的情况下，法院根据申请人的申请或依职权，对证据加以规定和保护的制度。

民事诉讼或仲裁均是以证据为基础展开的。依据有关证据，当事人和法院、仲裁机构才能够了解或者查明案件真相，确定争议的原因，从而正确的处理纠纷。但是，从纠纷的产生直至案件开庭审理必然有一个时间间隔。在这段时间内，有些证据由于自然原因或人为原因，可能会灭失或难以取得。为了防止这种情况可能给当事人的举证以及法院、仲裁机构的审理带来困难，《民事诉讼法》规定了证据保全制度。

> **特别提示**
>
> 在证据可能灭失或者以后难以取得的情况下，诉讼参加人可以向人民法院申请保全证据，人民法院也可以主动采取保全措施。

2. 证据保全的申请

当事人向人民法院申请保全证据的，不得迟于举证期限届满前 7 日。当事人申请保全证据的，人民法院可以要求其提供相应的担保。

在证据可能灭失或者以后难以取得的情况下，当事人可以申请证据保全。当事人申请证据保全的，仲裁委员会应当将当事人的申请提交证据所在地的基层人民法院。

3. 证据保全的实施

人民法院进行证据保全，可以根据具体情况，采用查封、扣押、拍照、录音、录像、复制、鉴定、勘验、制作笔录等方法。人民法院进行证据保全，可以要求当事人或者诉讼代理人到场。

9.4.3 证据的应用

1. 举证时限

所谓举证时限，是指法律规定或法院、仲裁机构指定的当事人能够有效举证的期限。举证时限是一种限制当事人诉讼行为的制度，其主要目的在于促使当事人积极举证，提高诉讼效率，防止当事人违背诚实信用原则，在证据上搞"突然袭击"。

举证时限制度对当事人举证的有效性和法院裁判有很大的影响。如果当事人没有在法律规定或法院、仲裁机构指定的期限内提交证据，将视为当事人放弃举证权利，法院、仲裁机构有权利不组织质证或不予接受，当事人将承担举证不能的法律后果。

人民法院在送达案件受理通知书和应诉通知书的同时向当事人送达举证通知书，举证通知书应载明人民法院根据案件情况指定的举证期限以及逾期提供证据的法律后果。由人民法院指定举证期限的，该指定的期限不得少于30日，自当事人收到案件受理通知书和应诉通知书的次日起计算。举证期限也可以由当事人协商一致，并经人民法院认可。

当事人应当在举证期限内向人民法院提交证据材料，当事人在举证期限内不提交的，视为放弃举证权利。对于当事人逾期提交的证据材料，人民法院审理时不组织质证。当事人增加、变更诉讼请求或者提起反诉的，也应当在举证期届满前提出。当事人在举证期限内提交证据材料确有困难的，应在举证期限内申请延期举证，经人民法院批准，可以适当延长举证期限。

2. 证据交换

我国民事诉讼中的证据交换，是指在诉讼答辩期届满后开庭审理前，在人民法院的主持下，当事人之间相互明示其持有证据的过程。证据交换制度的设立，有利于当事人之间明确争议焦点，集中辩论；有利于法院尽快了解案件争议焦点，集中审理；有利于当事人尽快了解对方的事实依据，促进当事人进行和解和调解。

人民法院对于证据较多或者复杂疑难的案件，应当组织当事人在答辩期届满后、开庭审理前交换证据。人民法院组织当事人交换证据的，交换证据之日举证期限届满。当事人申请延期举证经人民法院准许的，证据交换日相应顺延。

证据交换应当在审判人员的主持下进行。在证据交换的过程中，审判人员对当事人无异议的事实、证据应当记录在卷；对有异议的证据，按照需要证明的事实分类记录在卷，并记载异议的理由。通过证据交换，确定双方当事人争议的主要问题。

3. 质证

质证是指当事人在法庭的主持下，围绕证据的真实性、合法性、关联性，针对证据证明力有无以及证明力大小,进行质疑、说明与辩驳的过程。证据应当在法庭上出示,由当事人质证。未经质证的证据,不能作为认定案件事实的依据。

1) 书证、物证、视听资料的质证

对书证、物证、视听资料进行质证时,当事人有权要求出示证据的原件或者原物,但有下列情况之一的除外:出示原件或者原物确有困难并经人民法院准许出示复制件或者复制品的;原件或者原物已不存在,但有证据证明复制件、复制品与原件或原物一致的。

2) 证人、鉴定人和勘验人的质证

证人应当出庭作证。证人确有困难不能出庭的,经人民法院许可,证人可以提交书面证言或者视听资料或者通过双向视听传输技术手段作证。审判人员和当事人可以对证人进行询问。证人不得旁听法庭审理;询问证人时,其他证人不得在场。人民法院认为有必要的,可以让证人进行对质。

鉴定人应当出庭接受当事人质询。鉴定人确因特殊原因无法出庭的,经人民法院准许,可以书面答复当事人的质询。经法庭许可,当事人可以向证人、鉴定人、勘验人发问。

4. 认证

认证即证据的审核认定,是指人民法院对经过质证或当事人在证据交换中认可的各种证据材料做出审查判断,确认其能否作为认定案件事实的根据。认证是正确认定案件事实的前提和基础,其具体内容是对证据有无证明力和证明力大小进行审查确认。

审判人员应当依照法定程序,全面、客观地审核证据,依据法律的规定,遵循法官职业道德,运用逻辑推理和日常生活经验,对证据有无证明力和证明力大小独立进行判断,并公开判断的理由和结果。

▶▶ 归纳小结

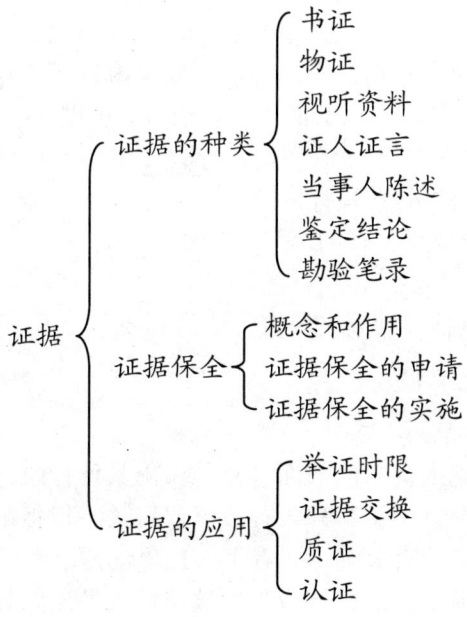

▶▶引例 9.4 小结

该建筑公司出示的施工承包合同属于证据中的书证。

9.5 行政复议与行政诉讼

▶▶引例 9.5

熊某与李某同为某乡农民。2004 年 12 月 6 日,两人因宅基地的事发生争执。李某趁熊某不备向其腰间踢了一脚。熊某被送往医院,经诊断后认定肋骨骨折,但后果并非特别严重,未构成犯罪,乡派出所对此事进行调查后对李某作出罚款 1000 元的行政处罚。李某不服,委托其兄长向市公安局提出行政复议。市公安局认为行政复议不能由他人代为提起,告知不予受理。李某仍不服,向人民法院提起行政诉讼。李某未经复议提起行政诉讼,法院是否受理?

9.5.1 行政复议

1. 行政复议申请

当事人认为具体行政行为侵犯其合法权益的,可以自知道该具体行政行为之日起 60 日内提出行政复议申请,但法律规定的申请期限超过 60 日的除外。因不可抗力或者其他正当理由耽误法定申请期限的,申请期限自障碍消除之日起继续计算。

申请人对县级以上地方各级人民政府工作部门的具体行政行为不服的,申请人可以向该部门的本级人民政府申请行政复议,也可以向上一级主管部门申请行政复议。

2. 行政复议受理

行政复议机关收到复议申请后,应当在法定期限内进行审查。对不符合法律规定的行政复议申请,决定不予受理的,应当书面告知申请人。根据《中华人民共和国行政复议法》(以下简称《行政复议法》)第二十一条规定,行收复议期间具体行政行为不停止执行。但是,有下列情形之一的,可以停止执行。

(1) 被申请人认为需要停止执行的。
(2) 行收复议机关认为需要停止执行的。
(3) 申请人申请停止执行,行政复议机关认为其要求合理,决定停止执行的。
(4) 法律规定停止执行的。

3. 行政复议决定

申请人可以查阅被申请人提出的书面答复、做出具体行政行为的证据、依据和其他有关材料,除法律规定不得公开的情形外,行政复议机关不得拒绝。行政复议过程中,被申请人不得自行向申请人和其他有关组织或者个人搜集证据。

行政复议机关负责法制工作的机构应当对被申请人做出的具体行政行为进行审查,提出意见。经行政复议机关的负责人同意或者集体讨论通过后，按照下列规定作出行政复议决定。

(1) 具体行政行为认定事实清楚，证据确凿，适用法律正确，程序合法，内容适当的，决定维持。

(2) 被申请人不履行法定职责的，决定其在一定期限内履行。

(3) 具体行政行为有下列情形之一的，决定撤销、变更或者确认该具体行政行为违法，可以责令被申请人在一定期限内重新作出具体行政行为：主要事实不清、证据不足的，适用依据错误的，违反法定程序的，超越或者滥用职权的，具体行政行为明显不当的。

(4) 被申请人不按照法律规定提出书面答复及提交当初做出具体行政行为的证据、依据和其他材料的，视为该具体行政行为没有证据、依据，决定撤销该具体行政行为。

申请人在申请行政复议时，可以一并提出行政赔偿请求。行政复议机关对于符合法律规定的赔偿要求，在做出行政复议决定时，应当同时决定被申请人依法给予赔偿。

除非法律另有规定，行政复议机关一般应当自受理申请之日起 60 日内做出行政复议决定。行政复议决定书一经送达，即发生法律效力。申请人不服行政复议决定的，除法律规定为最终裁决的行政复议决定外，可以根据《行政诉讼法》的规定，在法定期间内提起行政诉讼。

9.5.2 行政诉讼

1. 行政诉讼证据的特别规则

行政诉讼证据的规则与民事诉讼证据规则有相近之处，但也有其自身的特别规则，主要表现在以下方面。

(1) 民事诉讼举证责任分配的基本规则是"谁主张，谁举证"。而在行政诉讼中，被告对其做出的具体行政行为负有举证责任，并应当提供该具体行政行为的证据和所依据的规范性文件。

(2) 在行政诉讼中，行政诉讼证据主要是在做出具体行政行为程序中已产生或确定的证据，并主要由被告提供。在诉讼过程中，被告不得自行向原告和证人搜集证据。

2. 起诉

公民、法人或者其他组织(原告)提起行政诉讼，应当在法定期间内进行，具体包括以下内容。

(1) 除法律另有规定的以外，行政复议申请人不服行政复议决定，可以在收到行政复议决定书之日起 15 日内向法院提起诉讼。行政复议机关逾期不作决定的，申请人可以在复议期满之日起 15 日内向法院提起诉讼。

(2) 不申请行政复议，直接向法院提起行政诉讼的，除法律另有规定的以外，应当知道作出具体行政行为之日起 3 个月内提出。

此外，原告认为其合法权益受到行政机关或其工作人员做出的具体行政行为侵犯造成损害，有权在提起行政诉讼时一并提出。

3. 受理

人民法院接到起诉状，经审查，应当在 7 日内受案或者做出裁定不予受理。原告对裁定不服的,可以在裁定送达之日起 10 日内提起上诉。

4. 审理和判决

行政诉讼期间,除法律规定的情形外,不停止具体行政行为的执行。法院审理行政案件,不适用调解。

人民法院审理行政案件,应主要对具体行政行为是否合法进行审查。人民法院经过审理,根据不同情况,分别做出如下判决。

(1) 具体行政行为证据确凿,适用法律、法规正确,符合法定程序的,判决维持。

(2) 具体行政行为有下列情形之一的,判决撤销或者部分撤销,并可以判决被告重新作出具体行政行为:主要证据不足的,适用法律、法规错误的,违反法定程序的,超越职权的,滥用职权的。

(3) 被告不履行或者拖延履行法定职责的,判决其在一定期限内履行。

(4) 行政处罚显失公平的,可以判决变更。

当事人不服第一审判决的,有权在判决书送达之日起 15 日内提起上诉。第二审判决、裁定,是终审判决、裁定。当事人对已经发生法律效力的判决、裁定,认为确有错误的,可以提出申诉,申请再审,但判决、裁定不停止执行。

5. 执行

当事人必须履行人民法院发生法律效力的判决、裁定。原告拒绝履行判决、裁定的,被告行政机关可以向第一审法院申请强制执行,或者依法强制执行。被告行政机关拒绝履行判决、裁定的,第一审法院可以采取以下措施。

(1) 对应当归还的罚款或者应当给付的赔偿金,通知银行从该行政机关的账户内划拨。

(2) 在规定期限内不履行的,从期满之日起,对该行政机关按日处以罚款。

(3) 向该行政机关的上一级行政机关或者监察、人事机关提出司法建议,接受司法建议的机关,根据有关规定进行处理,并将处理情况告知人民法院。

(4) 拒不履行判决、裁定,情节严重构成犯罪的,依法追究主管人员和直接责任人员的刑事责任。

▶▶归纳小结

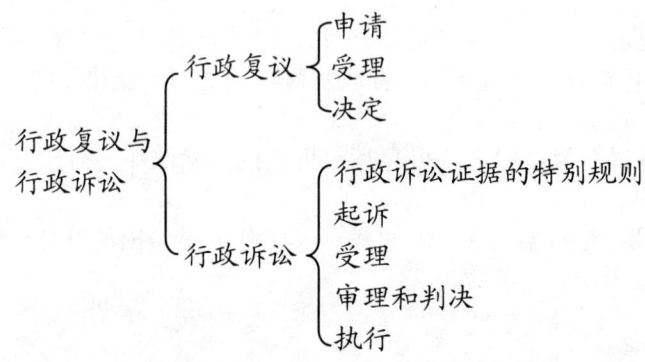

▶▶ 引例 9.5 小结

应予受理，复议机关不受理复议申请或在法定期间不作决定的，公民、法人或者其他组织可以向人民法院起诉。

本 章 小 结

1. 建设工程纠纷是指建设工程当事人对建设过程中的权利和义务产生了不同的理解。建设工程纠纷主要分为民事纠纷和行政纠纷两大类。处理建设工程的纠纷主要有行政复议、行政诉讼、民事诉讼和仲裁等方式。

2. 民事诉讼是指人民法院在当事人和其他诉讼参与人的参加下，以审理、裁判、执行等方式解决民事纠纷的活动，以及由此产生的各种诉讼关系的总和。诉讼参与人包括原告、被告、第三人、证人、鉴定人、勘验人等。

3. 民事诉讼具有公权性、强制性、程序性等特征，人民法院在审理民事案件，应依照法律规定实行合议、回避、公开审判和两审终审制度。

4. 民事诉讼的第一审程序和第二审程序。审判监督程序是指对已经发生法律效力的判决、裁定、调解书，人民法院认为确有错误，对案件再行审理的程序。执行程序是指人民法院的执行组织依照法定的程序，对发生法律效力的法律文书确定的给付内容，以国家强制力为后盾，依法采取强制措施，迫使义务人履行义务的行为。

5. 仲裁指发生争议的当事人(申请人与被申请人)，根据达成的仲裁协议，自愿将该争议提交中立的第三者(仲裁机构)进行裁判的争议解决制度。仲裁包括协议仲裁、或裁或审以及一裁终局等基本制度。

6. 仲裁包括申请受理、组成仲裁庭、裁决等程序，以及在此基础上的仲裁执行。

7. 证据主要包括书证、物证、视听资料、证人证言、当事人陈述、鉴定结论以及勘验笔录。证据可以进行保全，证据受到举证期间的限制。

8. 行政复议和行政诉讼的一般程序。

复习思考题

一、简答题

1. 建设工程纠纷及其处理方式有哪些？
2. 简述行政复议和行政诉讼的受理范围。
3. 我国仲裁法律制度包括哪些？
4. 试列举有关建设工程中的证据及其种类。
5. 行政诉讼和行政复议的一般程序是什么？
6. 简述民事诉讼的一般程序。

7. 简述民事诉讼的回避与管辖制度。
8. 简述仲裁的一般程序和仲裁裁决执行制度。

二、案例题

　　2001年，胶州某建筑装潢公司与青岛某饭店签订了装饰装修合同。合同履行后，该饭店以装修质量低劣为由拒绝付款。在多次协商未果的情况下，该装潢公司依据合同约定，向青岛仲裁委员会提请仲裁。青岛仲裁委员会受理此案后，依据仲裁规则和当事人双方的约定，组成了合议庭审理此案。开庭后，该装潢公司发现仲裁庭的一名仲裁员与该饭店的代理人曾经是同事，认为这可能影响本案的公正裁决，于是向青岛仲裁委员会提出回避该仲裁员的申请。

　　问：青岛仲裁委员会是否会同意申请人的回避请求？

第 10 章 建设工程法律责任

教学目标

了解法律责任的概念、特点、分类和构成,理解法律责任的归责原则,掌握建设单位、勘察设计单位、施工单位、监理单位以及建设行政主管部门可能承担的法律责任。

教学要求

知识要点	能力要求	相关知识	所占分值(100分)	自评分数
法律责任概述	1. 了解法律责任的概念、特点、分类和构成 2. 理解法律责任的归责原则	法律责任,法律责任的分类与构成,归责与免责	10	
建设单位的法律责任	1. 了解建设单位承担法律责任的类型 2. 掌握《建筑法》关于建设单位应承担法律责任的内容	《建筑法》规定的建设单位应承担的三类法律责任内容	20	
勘察、设计单位的相关法律责任	1. 了解勘察、设计单位承担法律责任的类型 2. 掌握勘察、设计单位应承担法律责任的内容	违法资质管理制度的法律责任 违法转、分包的法律责任,违反安全生产、质量管理制度的法律责任	20	
施工单位的相关法律责任	1. 了解施工单位承担法律责任的类型 2. 掌握施工建设单位应承担法律责任的内容	违法资质管理制度的法律责任 违法转、分包的法律责任,违反安全生产、质量管理制度的法律责任	20	
监理单位的相关法律责任	1. 了解监理单位承担法律责任的类型 2. 掌握监理单位应承担法律责任的内容	违法资质管理制度的法律责任 违法转、分包的法律责任,违反安全生产、质量管理制度的法律责任	20	
建设行政主管部门的法律责任	1. 了解建设行政主管部门承担法律责任的类型 2. 掌握建设行政主管部门应承担法律责任的内容	《建筑法》和《建设工程质量管理条例》中的相关规定	10	

> **章节导读**

1997年11月1日，第八届全国人民代表大会常务委员会第二十八次会议通过《建筑法》。2011年4月22日，第十一届全国人民代表大会常务委员会第二十次会议通过了《关于修改〈中华人民共和国建筑法〉的决定》的修正案。《建筑法》第七章规定了建设工程中各主体应承担的相关法律责任。本章主要就法律责任的概念、特点、分类和构成进行介绍，厘清法律责任的归责原则；分别就建设单位、勘察设计单位、施工单位、监理单位以及建设行政主管部门可能承担的法律责任进行阐明。

10.1 法律责任概述

▶▶ **引例10.1**

2000年11月30日，嘉兴市某区人民检察院依法将被告人丁某重大事故一案向法院提起公诉。经查，被告人在任法人代表的嘉兴市某清洗有限责任公司无建筑企业资质的情况下，超越经营范围，擅自承接了属于建筑工程分项工程的嘉兴市某小区房管幼儿园的外墙修补业务，无视《建筑施工高处作业安全技术规范》的有关规定，指派既没有经过专业技术培训和专业考试，又无操作证的公司合同工杨某和沈某对房管幼儿园的北侧外墙进行违章冒险作业。杨某在无任何防护设备进行作业的过程中，因操作不当致身体失去控制，头部直接撞击在北侧外墙墙面上，因伤势过重抢救无效死亡。试问根据《建设工程质量管理条例》，施工方应该承担什么样的法律责任？

10.1.1 法律责任的概念

法律责任是指当事人由于违反法律规定的义务而应承担的法律后果。一般将法律责任分为民事责任、行政责任、经济法责任、刑事责任、违宪责任和国家赔偿责任。关于法律责任，必须注意把握以下几个关系。

1. 法律责任与违法行为的关系

违法行为是法律责任产生的主要原因，但不是唯一原因，法律责任也可能产生于法律的规定，如公平责任。因此，一般地，有违法行为，必然产生法律责任；但有法律责任，未必是由违法行为导致的。

2. 法律责任与国家权力的关系

法律责任的认定、归结和实现均依赖国家权力的行使；国家权力的不当行使或者超越法定范围行使的，应承担法律责任。

3. 法律责任与法定权利、义务的关系

权利行使不当或滥用权利、义务的不履行或不完全履行会导致法律责任的产生；权利受到妨碍，法定义务没有得到履行时，法律责任可以保证权利、义务的顺利实现。

10.1.2 法律责任的特点

法律责任首先表示一种因违反法律上的义务(包括违约等)关系而形成的责任关系,它是以法律义务的存在为前提的。法律责任还表示为一种责任方式,即承担不利后果。法律责任具有内在逻辑性,即存在前因与后果的逻辑关系。法律责任的追究是由国家强制力实施或者潜在保证的。

10.1.3 法律责任的分类

根据违法行为所违反的法律的性质,可以把法律责任分为民事责任、行政责任、经济法责任、刑事责任、违宪责任和国家赔偿责任。

(1) 民事责任是指由于违反民事法律、违约或者由于民法规定所应承担的一种法律责任。

(2) 刑事责任是指行为人因其犯罪行为所必须承受的,由司法机关代表国家所确定的否定性法律后果。

(3) 行政责任是指因违反行政法规或因行政法规而应承担的法律责任。

(4) 违宪责任是指由于有关国家机关制定的某种法律和法规、规章,或有关国家机关、社会组织或公民从事了与宪法规定相抵触的活动而产生的法律责任。

(5) 国家赔偿责任是指在国家机关行使公权力时,由国家机关及其工作人员违法行使职权所引起的由国家作为承担主体的赔偿责任。

根据主观过错在法律责任中的地位,可以把法律分为过错责任,无过错责任和公平责任。根据行为主体的名义,分为职务责任和个人责任。根据责任承担的内容可以分为财产责任和非财产责任。

10.1.4 法律责任的构成

法律责任的构成要件是指构成法律责任必须具备的各种条件或必须符合的标准,它是国家机关要求行为人承担法律责任时进行分析、判断的标准。根据违法行为的一般特点,可以把法律责任的构成要件概括为主体、过错、违法行为、损害事实和因果关系5个方面。

(1) 主体。法律责任主体是指违法主体或者承担法律责任的主体。责任主体不完全等同于违法主体。

(2) 过错。过错即承担法律责任的主观故意或者过失。

(3) 违法行为。违法行为是指违反法律所规定的义务、超越权利界限所行使的权利以及侵权行为的总称,一般认为违法行为包括犯罪行为和一般违法行为。

(4) 损害事实。损害事实即受到的损失和伤害的事实,包括对人身、财产、精神(或者三方面兼有的)的损失和伤害。

(5) 因果关系。因果关系即行为与损害之间的因果关系,它是存在于自然界和人类社会中的各种因果关系的特殊形式。

10.1.5 归责与免责

法律责任的认定和归结简称"归责",它是指对违法行为所引起的法律责任进行判断、确认、归结、缓减以及免除的活动。

1. 归责原则

归责原则体现了立法者的价值取向,是责任立法的指导方针,也是指导法律适用的基本准则。归责一般必须遵循以下法律原则。

(1) 责任法定原则。其含义包括:违法行为发生后应当按照法律事先规定的性质、范围、程度、期限、方式追究违法者的责任;作为一种否定性法律后果,它应当由法律规范预先规定;排除无法律依据的责任,即责任擅断和"非法责罚";在一般情况下要排除对行为人有害的既往追溯。

(2) 因果联系原则。其含义包括:在认定行为人违法责任之前,应当首先确认行为与危害或损害结果之间的因果联系,这是认定法律责任的重要事实依据;在认定行为人违法责任之前,应当首先确认意志、思想等主观方面因素与外部行为之间的因果联系,有时这也是区分有责任与无责任的重要因素;在认定行为人违法责任之前,应当区分这种因果联系是必然的还是偶然的,直接的还是间接的。

(3) 责任相称原则。其含义包括:法律责任的性质与违法行为性质相适应;法律责任的轻重和种类应当与违法行为的危害或者损害相适应;法律责任的轻重和种类还应当与行为人主观恶性相适应。

(4) 责任自负原则。其含义包括:违法行为人应当对自己的违法行为负责;不能让没有违法行为的人承担法律责任,即反对株连或变相株连;要保证责任人受到法律追究,也要保证无责任者不受法律追究,做到不枉不纵。

2. 免责

免责是指行为人实施了违法行为,应当承担法律责任,但由于法律的特别规定,可以部分或全部免除其法律责任,即不实际承担法律责任。

免责的条件和方式可以分为以下几方面。

(1) 时效免责。

(2) 不诉免责。

(3) 自首、立功免责。

(4) 有效补救免责,即对于那些实施违法行为,造成一定损害,但在国家机关归责之前采取及时补救措施的人,免除其部分或全部责任。

(5) 协议免责或意定免责。这是指双方当事人在法律允许的范围内通过协商所达成的免责,即所谓"私了"。

(6) 自助免责。自助免责是对自助行为所引起的法律责任的减轻或免除。所谓自助行为是指权利人为保护自己的权利,在情势紧迫而又不能及时请求国家机关予以救助的情况下,对他人的财产或自由施加扣押、拘束或其他相应措施,而为法律或公共道德所认可的行为。

(7) 人道主义免责。在权利相对人没有能力履行责任或全部责任的情况下,有关的国家机关或权利主体可以出于人道主义考虑,免除或部分免除有责主体的法律责任。

10.1.6 惩罚性责任与补偿性责任

根据追究责任的目的可将法律责任分为补偿性责任和惩罚性责任。

惩罚即法律制裁，是国家以法律的道义性为基础，通过强制对责任主体的人身和精神实施制裁的责任方式。

补偿是国家以功利性为基础，通过强制力或当事人要求责任主体以作为或不作为形式弥补或赔偿所造成损失的责任方式。

10.1.7 建筑法律责任

《建筑法》共有十一条规定了依法追究刑事责任的内容，主要体现：第六十五条规定诈骗的刑事责任；第六十八条规定索贿、受贿、行贿构成犯罪的追究刑事责任；第六十九条规定降低工程质量标准的刑事责任；第七十一条规定安全事故的刑事责任；第七十二条建设单位违反建筑工程质量、安全标准，降低工程质量的刑事责任；第七十三条规定建筑设计单位质量事故的刑事责任；第七十四条规定施工企业质量事故的刑事责任；第七十七条和第七十九条规定有关主管部门滥用职权或玩忽职守、徇私舞弊的刑事责任；第七十八条规定政府及有关主管部门限定招标单位的刑事责任。

《建筑法》共有九条规定了依法承担民事责任的内容，主要体现：第六十六条规定转让、出借资质证书的民事责任；第六十七条规定转包、非法分包的民事责任；第六十九条规定降低工程质量标准的民事责任；第七十条规定擅自改变建筑主体或者承重结构的民事责任；第七十三条规定建筑设计单位不按照建筑工程质量、安全标准进行设计的民事责任；第七十四条规定施工企业质量事故的民事责任；第七十五条规定施工企业不履行保修义务的民事责任；第七十九条规定有关主管部门滥用职权或玩忽职守，徇私舞弊的民事责任；第八十条规定建筑质量责任的赔偿责任。

《建筑法》共有三条规定了依法承担行政责任的内容，主要体现：第六十八条规定索贿、受贿、行贿构成犯罪的行政责任；第七十七条规定有关主管部门人员滥用职权或玩忽职守、徇私舞弊颁发资质等级证书的行政责任；第七十九条规定有关主管部门的人员滥用职权或玩忽职守，徇私舞弊颁发施工许可证或违法竣工验收的行政责任。

> **特别提示**
>
> 建筑法律责任按照主体分类为建设单位的法律责任，勘察、设计单位的法律责任，监理单位的法律责任，施工单位的法律责任，建设行政主管部门的法律责任和其他责任。

▶▶归纳小结

法律责任
- 法律责任的概念
- 法律责任的特点
- 法律责任的分类
- 法律责任的构成——主体、过错、违法行为、损害事实和因果关系5个方面
- 归责与免责
- 惩罚性责任与补偿性责任
- 建筑法律责任

▶▶ 引例 10.1 小结

重大责任事故罪是指由于工厂、矿山、林场、建筑企业或者其他企事业单位职工(包括从事生产的工人、科学技术人员和直接指挥生产的领导人员)不服管理,违反规章制度,或者强令工人违章冒险作业,因而发生重大伤亡事故,造成严重后果的行为。该罪具有以下法律特征。

(1) 犯罪主体是特殊主体,即企事业单位的职工及群众合作经营组织或个体经营户的从业人员。对于群众合作经营组织和个体经营户的主管负责人,在管理工作中玩忽职守,从而发生重大伤亡事故,造成严重后果的,也可按本罪追究刑事责任。

(2) 行为人必须具有不服管理,违反规章制度,或者强令工人违章冒险作业的行为。

(3) 必须因违反规章制度造成了重大伤亡事故或者其他严重后果。重大伤亡事故是指死亡1人以上或者重伤3人以上。造成其他严重后果是指直接经济损失巨大或者使生产、工作受到重大损害等。

(4) 重大事故必须发生在生产、作业活动过程中,并同有关职工及从业人员的生产、作业有不可分离的联系。

(5) 行为人对自己行为引起的重大事故后果主观上是出于过失,而行为人违反规章制度的行为则往往是明知故犯。根据《中华人民共和国刑法》(以下简称《刑法》)第一百三十四条规定,依法应处3年以下有期徒刑或拘役。

10.2 建设单位的法律责任

▶▶ 引例 10.2

2000年10月和12月,湛江市某公安分局建设办公楼工程和干警住宅楼工程在均未办施工许可证、未招标投标的情况下,该局先后决定直接发包给包工头黄某施工。该局办公楼主体工程实际建筑面积为19183m^2,工程造价预算为2200.9万元;干警住宅楼建筑面积为16813m^2,工程造价预算1381.4万元。2001年2月,当办公楼建至第二层时,被当地建设行政主管部门发现。试问,建设行政主管部门应该如何处理?

10.2.1 违反建筑许可制度的法律责任

《建筑法》规定,未取得施工许可证或者开工报告未经批准擅自施工的,责令改正,对不符合开工条件的责令停止施工,可以处以罚款。《建设工程质量管理条例》规定,建设单位未取得施工许可证或者开工报告未经批准,擅自施工的,责令停止施工,限期改正,处工程合同价款1%以上、2%以下的罚款。

10.2.2 违反建筑发包制度的法律责任

《建筑法》规定,发包单位将工程发包给不具有相应资质条件的承包单位的,责令改正,处以罚款。《建设工程质量管理条例》规定，建设单位将建设工程发包给不具有相应资质等级的勘察、设计、施工单位，或者委托给不具有相应资质等级的工程监理单位的，责令改正，处50万元以上、100万元以下的罚款。

《建筑法》规定，将建筑工程肢解发包的，责令改正，处以罚款。《建设工程质量管理条例》规定，建设单位将建设工程肢解发包的，责令改正，处工程合同价款0.5%以上、1%以下的罚款；对全部或者部分使用国有资金的项目，并可以暂停项目执行或者暂停资金拨付。

《建筑法》规定，在工程发包与承包中索贿、受贿、行贿，构成犯罪的，依法追究刑事责任；不构成犯罪的，分别处以罚款，没收贿赂的财物，对直接负责的主管人员和其他直接责任人员给予处分。

10.2.3 违反安全生产、质量管理制度的法律责任

《建筑法》规定，建筑设计单位或者建筑施工企业违反建筑工程质量、安全标准，降低工程质量的，责令改正，可以处以罚款；构成犯罪的，依法追究刑事责任。

《建筑法》规定涉及建筑主体或者承重结构变动的装修工程擅自施工的，责令改正，可以处以罚款；造成损失的，承担赔偿责任；构成犯罪的，依法追究刑事责任。《建设工程质量管理条例》规定，涉及建筑主体及承重结构变动的装修工程，没有设计方案，擅自施工的，责令改正，处50万元以上、100万元以下罚款；房屋建筑使用者在装修过程中擅自改变建筑主体及承重结构的，责令改正，处5万元以上、10万元以下罚款；造成损失的，依法承担赔偿责任。

《建设工程质量管理条例》规定，建设单位有下列行为之一的，责令改正，处20万元以上、50万元以下的罚款。

(1) 迫使承包方以低于成本的价格竞标的。
(2) 任意压缩合理工期的。
(3) 明示或者暗示设计单位或者施工单位违反工程建设强制性标准，降低工程质量的。
(4) 施工图设计文件未经审查或者审查不合格，擅自施工的。
(5) 建设项目必须实行工程监理而未实行工程监理的。
(6) 未按照国家规定办理工程质量监督手续的。
(7) 明示或者暗示施工单位使用不合格的建筑材料、建筑构配件和设备的。
(8) 未按照国家规定将竣工验收报告、有关认可文件或者准许使用文件报送备案的。

《建设工程质量管理条例》规定，建设单位有下列行为之一的，责令改正，处工程合同价款2%以上、4%以下的罚款；造成损失的，依法承担赔偿责任。

(1) 未组织竣工验收，擅自交付使用的。
(2) 验收不合格，擅自交付使用的。
(3) 对不合格的建设工程按照合格工程验收的。
(4) 违反《建设工程质量管理条例》规定，建设工程竣工验收后，建设单位未向建设行政主管部门或者其他有关部门移交建设项目档案的，责令改正，处1万元以上、10万以下的罚款。

《建设工程安全生产管理条例》规定，违反本条例的规定，建设单位未提供建设工程安

全生产作业环境及安全施工措施所需费用的,责令限期改正;逾期未改正的,责令该建设工程停止施工。建设单位未将保证安全施工的措施或者拆除工程的有关资料报送有关部门备案的,责令限期改正,给予警告。

《建设工程安全生产管理条例》规定,违反本条例的规定,建设单位有下列行为之一的,责令限期改正,处 20 万元以上、50 万元以下的罚款;造成重大安全事故,构成犯罪的,对直接责任人员,依照刑法有关规定追究刑事责任;造成损失的,依法承担赔偿责任。

(1) 对勘察、设计、施工、工程监理等单位提出不符合安全生产法律、法规和强制性标准规定的要求的。

(2) 要求施工单位压缩合同约定的工期的。

(3) 将拆除工程发包给不具有相应资质等级的施工单位的。

▶▶ 引例 10.2 小结

《建筑法》规定,未取得施工许可证或者开工报告未经批准擅自施工的,责令改正,对不符合开工条件的责令停止施工,可以处以罚款。《建设工程质量管理条例》规定,建设单位未取得施工许可证或者开工报告未经批准,擅自施工的,责令停止施工,限期改正,处工程合同价款 1% 以上、2% 以下的罚款。

《招标投标法》第四条规定任何单位和个人不得将依法必须进行招标的项目化整为零或者以其他任何方式规避招标。《招标投标法》第四十九条规定,违反本法规定,必须进行招标的项目而不招标的,可以处项目合同金额 0.5% 以上、1% 以下的罚款;对全部或者部分使用国有资金的项目,可以暂停项目执行或者暂停资金拨付;对单位直接负责的主管人员和其他直接责任人员依法给予处分。

10.3 勘察、设计单位的相关法律责任

10.3.1 违反资质管理制度的法律责任

《建筑法》规定,超越本单位资质等级承揽工程的,责令停止违法行为,处以罚款,可以责令停业整顿,降低资质等级;情节严重的,吊销资质证书;有违法所得的,予以没收。未取得资质证书承揽工程的,予以取缔,并处罚款;有违法所得的,予以没收。以欺骗手段取得资质证书的,吊销资质证书,处以罚款;构成犯罪的,依法追究刑事责任。《建设工程质量管理条例》规定,勘察、设计单位超越本单位资质等级承揽工程的,责令停止违法行为,对勘察和设计单位处合同约定的勘察费与设计费 1 倍以上、2 倍以下的罚款,情节严重的,吊销资质证书;有违法所得的,予以没收。未取得资质证书承揽工程的,予以取缔,依照本条规定处以罚款;有违法所得的,予以没收。以欺骗手段取得资质证书承揽工程的,吊销资质证书,依照本条规定处以罚款;有违法所得的,予以没收。勘察和设计单位允许其他单位或者个人以本单位名义承揽工程的,责令改正,没收违法所得,对勘察和设计单位处以合同约定的勘察费与设计费 1 倍以上、2 倍以下的罚款,可以责令停业整顿,降低资质等级;情节严重的,吊销资质证书。

10.3.2 违法转包、分包的法律责任

《建设工程质量管理条例》规定，承包单位将承包的工程转包或者违法分包的，责令改正，没收违法所得，对勘察和设计单位处合同约定的勘察费与设计费25%以上、50%以下的罚款；可以责令停业整顿，降低资质等级；情节严重的，吊销资质证书。

> **知识链接**
> 转包与分包的主要区别在于分包是将一部分工程交由其他单位完成，而转包则是将所有工程全部交由其他单位完成。

10.3.3 违反安全生产、质量管理制度的法律责任

《建筑法》规定，建筑设计单位不按照建筑工程质量、安全标准进行设计的，责令改正，处以罚款；造成工程质量事故的，责令停业整顿，降低资质等级或者吊销资质证书，没收违法所得，并处以罚款；造成损失的，承担赔偿责任；构成犯罪的，依法追究刑事责任。《建设工程质量管理条例》规定，有下列行为之一的，责令改正，处10万元以上、30万元以下的罚款。

(1) 勘察单位未按照工程建设强制性标准进行勘察的。
(2) 设计单位未根据勘察成果文件进行工程设计的。
(3) 设计单位指定建筑材料、建筑构配件的生产厂、供应单位的。
(4) 设计单位未按照工程建设强制性标准进行设计的，造成工程质量事故的，责令停业整顿，降低资质等级；情节严重的，吊销资质证书；造成损失的，依法承担赔偿责任。

《建设工程安全生产管理条例》规定，违反本条例的规定，勘察单位、设计单位有下列行为之一的，责令限期改正，处10万元以上、30万元以下的罚款；情节严重的，责令停业整顿，降低资质等级，直至吊销资质证书；造成重大安全事故，构成犯罪的，对直接责任人员依照刑法有关规定追究刑事责任；造成损失的，依法承担赔偿责任。

(1) 未按照法律、法规和工程建设强制性标准进行勘察、设计的。
(2) 采用新结构、新材料、新工艺的建设工程和特殊结构的建设工程，设计单位未在设计中提出保障施工作业人员安全和预防生产安全事故的措施建议的。

10.4 施工单位的相关法律责任

▶▶ **引例10.4**

2003年10月2日，某市帆布厂(以下简称甲方)与某市区修建工程企业(以下简称乙方)订立了建筑工程承包工程。合同规定：乙方为甲方建一框架厂房，跨度为12m，总造价为298.9万元；承包方式为包工包料；开、竣工日期为2003年11月2日至2005年3月10日。自开工至2005年底，甲方付给乙方工程款、材料垫付封款共311.6万元。到合同规定的竣

工期限，乙方未能完工，而且已完工程质量部分不合格。为此，双方发生纠纷。经查明：乙方在工商行政管理机关登记的经营范围为维修和承建小型非生产性建筑工程，无资格承包此项工程。经有关部门鉴定：该项工程造价应为 298.9 万元，未完工程折价为 30.7 万元，已完工程的厂房屋面质量不合格，返工费为 15.6 万元。其后，帆布厂起诉修建工程企业，对此，法院应如何处理？

10.4.1 施工单位违反资质管理制度的法律责任

《建筑法》规定，超越本单位资质等级承揽工程的，责令停止违法行为，处以罚款，可以责令停业整顿，降低资质等级；情节严重的，吊销资质证书；有违法所得的，予以没收。未取得资质证书承揽工程的，予以取缔，并处罚款；有违法所得的，予以没收。以欺骗手段取得资质证书的，吊销资质证书，处以罚款；构成犯罪的，依法追究刑事责任。《建设工程质量管理条例》规定，施工单位超越本单位资质等级承揽工程的，责令停止违法行为，对施工单位处工程合同价款 2% 以上、4% 以下的罚款，可以责令停业整顿，降低资质等级；情节严重的，吊销资质证书；有违法所得的，予以没收。未取得资质证书承揽工程的，予以取缔，依照本条规定处以罚款；有违法所得的，予以没收。以欺骗手段取得资质证书承揽工程的，吊销资质证书，依照本条规定处以罚款；有违法所得的，予以没收。

《建筑法》规定，建筑施工企业转让、出借资质证书或者以其他方式允许他人以本企业的名义承揽工程的，责令改正，没收违法所得，并处罚款，可以责令停业整顿，降低资质等级；情节严重的，吊销资质证书。对因该项承揽工程不符合规定的质量标准造成的损失，建筑施工企业与使用本企业名义的单位或者个人承担连带赔偿责任。《建设工程质量管理条例》规定，施工单位允许其他单位或者个人以本单位名义承揽工程的，责令改正，没收违法所得，对施工单位处工程合同价款 2% 以上、4% 以下的罚款；可以责令停业整顿，降低资质等级；情节严重的，吊销资质证书。

10.4.2 施工单位违法转包、分包的法律责任

《建筑法》规定，承包单位将承包的工程转包的，或者违反本法规定进行分包的，责令改正，没收违法所得，并处罚款，可以责令停业整顿，降低资质等级；情节严重的，吊销资质证书。承包单位违反有关规定，对因转包工程或者违法分包的工程不符合规定的质量标准造成的损失，与接受转包或者分包的单位承担连带赔偿责任。《建设工程质量管理条例》规定，承包单位将承包的工程转包或者违法分包的，责令改正，没收违法所得，对施工单位处工程合同价款 0.5% 以上、1% 以下的罚款；可以责令停业整顿，降低资质等级；情节严重的，吊销资质证书。

10.4.3 施工单位违反安全生产、质量管理制度的法律责任

《建筑法》规定，建筑施工企业在施工中偷工减料的，使用不合格的建筑材料、建筑构配件和设备的，或者有其他不按照工程设计图纸或者施工技术标准施工的行为的，责令改正，处以罚款；情节严重的，责令停业整顿，降低资质等级或者吊销资质证书；造成建筑工程质量不符合规定质量标准的，负责返工、修理，并赔偿因此造成的损失；构成犯罪的，

依法追究刑事责任。《建设工程质量管理条例》规定，施工单位在施工中偷工减料的，使用不合格的建筑材料、建筑构配件和设备的，或者有不按照工程设计图纸或者施工技术标准施工的其他行为的，责令改正，处工程合同价款2%以上、4%以下的罚款；造成建设工程质量不符合规定的质量标准的，负责返工、修理，并赔偿因此造成的损失；情节严重的，责令停业整顿，降低资质等级或者吊销资质证书。施工单位未对建筑材料、建筑构配件、设备和商品混凝土进行检验，或者未对涉及结构安全的试块、试件及有关材料取样检测的，责令改正，处10万元以上、20万元以下的罚款；情节严重的，责令停业整顿，降低资质等级或者吊销资质证书；造成损失的，依法承担赔偿责任。

《建筑法》规定，对建筑安全事故隐患不采取措施予以消除的，责令改正，可以处以罚款；情节严重的，责令停业整顿，降低资质等级或者吊销资质证书；构成犯罪的，依法追究刑事责任。建筑施工企业的管理人员违章指挥、强令职工冒险作业，因而发生重大伤亡事故或者造成其他严重后果的，依法追究刑事责任。

《建设工程质量管理条例》规定，发生重大工程质量事故隐瞒不报、谎报或者拖延报告期限的，对直接负责责任人员依法给予行政处分。

《建筑法》规定，施工单位与监理单位或建设单位串通、弄虚作假、降低工程质量的，责令改正，处以罚款，降低资质等级或者吊销资质证书；有违法所得的，予以没收；造成损失的，承担连带赔偿责任；构成犯罪的，依法追究刑事责任。

《建筑法》规定，建筑施工企业不履行保修义务或者拖延履行保修义务的，责令改正，可以处以罚款，并对在保修期内因屋顶、墙面渗漏、开裂等质量缺陷造成的损失，承担赔偿责任。

《建设工程质量管理条例》规定，施工单位不履行保修义务或者拖延履行保修义务的，责令改正，处10万元以上、20万元以下的罚款，并对在保修期内因质量缺陷造成的损失承担赔偿责任。

《建设工程安全生产管理条例》规定，违反本条例的规定，施工单位有下列行为之一的，责令限期改正；逾期未改正的，责令停业整顿，依照《安全生产法》的有关规定处以罚款；造成重大安全事故，构成犯罪的，对直接责任人员依照刑法有关规定追究刑事责任。

(1) 未设立安全生产管理机构、配备专职安全生产管理人员或者分部分项工程施工时无专职安全生产管理人员现场监督的。

(2) 施工单位的主要负责人、项目负责人、专职安全生产管理人员、作业人员或者特种作业人员，未经安全教育培训或者经考核不合格即从事相关工作的。

(3) 未在施工现场的危险部位设置明显的安全警示标志，或者未按照国家有关规定在施工现场设置消防通道、消防水源、配备消防设施和灭火器材的。

(4) 未向作业人员提供安全防护用具和安全防护服装的。

(5) 未按照规定在施工起重机械和整体提升脚手架、模板等自升式架设设施验收合格后登记的。

(6) 使用国家明令淘汰和禁止使用的危及施工安全的工艺、设备、材料的。

《建设工程安全生产管理条例》规定，违反本条例的规定，施工单位挪用列入建设工程概算的安全生产作业环境及安全施工措施所需费用的，责令限期改正，处以挪用费用20%以上、50%以下的罚款；造成损失的，依法承担赔偿责任。

《建设工程安全生产管理条例》规定，违反本条例的规定，施工单位有下列行为之一的，责令限期改正；逾期未改正的，责令停业整顿，并处 5 万元以上、10 万元以下的罚款；造成重大安全事故，构成犯罪的，对直接责任人员依照刑法有关规定追究刑事责任。

(1) 施工前未对有关安全施工的技术要求做出详细说明的。

(2) 未根据不同施工阶段和周围环境及季节、气候的变化，在施工现场采取相应的安全施工措施，或者在城市市区内的建设工程的施工现场未实行封闭围挡的。

(3) 在尚未竣工的建筑物内设置员工集体宿舍的。

(4) 施工现场临时搭建的建筑物不符合安全使用要求的。

(5) 未对因建设工程施工可能造成损害的毗邻建筑物、构筑物和地下管线等采取专项防护措施的。

施工单位有上述(4)、(5)情形的行为，造成损失的，依法承担赔偿责任。

《建设工程安全生产管理条例》规定，违反本条例的规定，施工单位有下列行为之一的，责令限期改正；逾期未改正的，责令停业整顿，并处 10 万元以上、30 万元以下的罚款；情节严重的，降低资质等级，直至吊销资质证书；造成重大安全事故，构成犯罪的，对直接责任人员依照刑法有关规定追究刑事责任；造成损失的，依法承担赔偿责任。

(1) 安全防护用具、机械设备、施工机具及配件在进入施工现场前未经查验或者查验不合格即投入使用的。

(2) 使用未经验收或者验收不合格的施工起重机械和整体提升脚手架、模板等自升式架设设施的。

(3) 委托不具有相应资质的单位承担施工现场安装、拆卸施工起重机械和整体提升脚手架、模板等自升式架设设施的。

(4) 在施工组织设计中未编制安全技术措施、施工现场临时用电方案或者专项施工方案的。

《建设工程安全生产管理条例》规定，违反本条例的规定，施工单位的主要负责人、项目负责人未履行安全生产管理职责的，责令限期改正；逾期未改正的，责令施工单位停业整顿；造成重大安全事故、重大伤亡事故或者其他严重后果，构成犯罪的，依照刑法有关规定追究刑事责任。作业人员不服管理、违反规章制度和操作规程冒险作业造成重大伤亡事故或者其他严重后果，构成犯罪的，依照刑法有关规定追究刑事责任。施工单位的主要负责人、项目负责人有前款违法行为，尚不够刑事处罚的，处 2 万元以上、20 万元以下的罚款或者按照管理权限给予撤职处分；自刑罚执行完毕或者受处分之日起，5 年内不得担任任何施工单位的主要负责人、项目负责人。

《建设工程安全生产管理条例》规定，施工单位取得资质证书后，降低安全生产条件的，责令限期改正；经整改仍未达到与其资质等级相适应的安全生产条件的，责令停业整顿，降低其资质等级直至吊销资质证书。

《建设工程安全生产管理条例》规定，违反本条例的规定，为建设工程提供机械设备和配件的单位，未按照安全施工的要求配备齐全有效的保险、限位等安全设施和装置的，责令限期改正，处合同价款 1 倍以上、3 倍以下的罚款；造成损失的，依法承担赔偿责任。

《建设工程安全生产管理条例》规定，违反本条例的规定，出租单位出租未经安全性能检测或者经检测不合格的机械设备和施工机具及配件的，责令停业整顿，并处 5 万元以上、

10万元以下的罚款；造成损失的，依法承担赔偿责任。

《建设工程安全生产管理条例》规定，违反本条例的规定，施工起重机械和整体提升脚手架、模板等自升式架设设施安装、拆卸单位有下列行为之一的，责令限期改正，处5万元以上10万元以下的罚款；情节严重的，责令停业整顿，降低资质等级，直至吊销资质证书；造成损失的，依法承担赔偿责任。

(1) 未编制拆装方案、制定安全施工措施的。
(2) 未由专业技术人员现场监督的。
(3) 未出具自检合格证明或者出具虚假证明的。
(4) 未向施工单位进行安全使用说明，办理移交手续的。

施工起重机械和整体提升脚手架、模板等自升式架设设施安装、拆卸单位有上述(1)、(3)情形的行为，经有关部门或者单位职工提出后，对事故隐患仍不采取措施，因而发生重大伤亡事故或者造成其他严重后果，构成犯罪的，对直接责任人员依照刑法有关规定追究刑事责任。

▶▶ 引例10.4 小结

本案被告的经营范围仅能承建小型非生产性建筑工程和维修项目，其技术等级不能承建与原告所签订合同规定的生产性厂房。因此被告对合同无效及工程质量问题应负全部责任，承担工程质量的返工费，并偿还给原告多收的工程款。

10.5 监理单位的相关法律责任

▶▶ 引例10.5

某大型商业建筑工程项目，主体建筑物10层。在主体工程进行到第二层时，该层的100根钢筋混凝土柱已浇注完成并拆模后，监理人员发现混凝土外观质量不良，表面疏松，怀疑其混凝土强度不够。如果查明发生的混凝土质量事故主要是由于业主提供的水泥质量问题导致混凝土强度不足，而且在业主采购及向承包商提供这批水泥时，均未向监理方咨询和提供有关信息，协助监理方掌握材料质量和信息。虽然监理方与承包商都按规定对业主提供的材料进行了进货抽样检验，并根据检验结果确认其合格而接受。试问在这种情况下，业主及监理单位应当分别承担什么责任？

10.5.1 监理单位违反资质管理制度的法律责任

《建筑法》规定，超越本单位资质等级承揽工程的，责令停止违法行为，处以罚款，可以责令停业整顿，降低资质等级；情节严重的，吊销资质证书；有违法所得的，予以没收。未取得资质证书承揽工程的，予以取缔，并处罚款；有违法所得的，予以没收。以欺骗手段取得资质证书的，吊销资质证书，处以罚款；构成犯罪的，依法追究刑事责任。《建设工程质量管理条例》规定，工程监理单位超越本单位资质等级承揽工程的，责令停止违法行为，对工程监理单位处合同约定的监理酬金1倍以上、2倍以下的罚款；可以责令停业整顿，降低资质等级；情节严重的，吊销资质证书；有违法所得的，予以没收。未取得资质证书承揽工程的，予以取缔，依照本条规定处以罚款；有违法所得的，予以没收。以欺骗手段取得资质证书承揽工程的，吊销资质证书，依照本条规定处以罚款；有违法所得的，予以没收。工程监理单位允许其他单位或者个人以本单位名义承揽工程的，责令改正，没收违法所得，对工程监理单位处合同约定的监理酬金1倍以上、2倍以下的罚款；可以责令停业整顿，降低资质等级；情节严重的，吊销资质证书。

10.5.2 监理单位违法转包、分包的法律责任

《建筑法》规定，工程监理单位转让监理业务的，责令改正，没收违法所得，可以责令停业整顿，降低资质等级；情节严重的，吊销资质证书。《建设工程质量管理条例》规定，工程监理单位转让工程监理业务的，责令改正，没收违法所得，处合同约定的监理酬金25%以上、50%以下的罚款；可以责令停业整顿，降低资质等级，情节严重的，吊销资质证书。

10.5.3 监理单位违反安全生产、质量管理制度的法律责任

《建筑法》规定，工程监理单位与建设单位或者建筑施工企业串通，弄虚作假、降低工程质量的，责令改正，处以罚款，降低资质等级或者吊销资质证书；有违法所得的，予以没收；造成损失的，承担连带赔偿责任；构成犯罪的，依法追究刑事责任。《建设工程质量管理条例》规定，工程监理单位有下列行为之一的，责令改正，处50万元以上、100万元以下的罚款，降低资质等级或者吊销资质证书；有违法所得的，予以没收；造成损失的，承担连带赔偿责任。

(1) 与建设单位或者施工单位串通，弄虚作假、降低工程质量的。
(2) 将不合格的建设工程、建筑材料、建筑构配件和设备按照合格签字的。

《建设工程质量管理条例》规定，工程监理单位与被监理工程的施工承包单位，以及建筑材料、建筑构配件和设备供应单位有隶属关系或者其他利害关系承担该项建设工程的监理业务的，责令改正，处5万元以上、10万元以下的罚款，降低资质等级或者吊销资质证书；有违法所得的，予以没收。

《建设工程安全生产管理条例》规定，违反本条例的规定，工程监理单位有下列行为之一的，责令限期改正；逾期未改正的，责令停业整顿，并处10万元以上、30万元以下的罚款；情节严重的，降低资质等级，直至吊销资质证书；造成重大安全事故，构成犯罪的，对直接责任人员，依照刑法有关规定追究刑事责任；造成损失的，依法承担赔偿。

(1) 未对施工组织设计中的安全技术措施或者专项施工方案进行审查的。
(2) 发现安全事故隐患未及时要求施工单位整改或者暂时停止施工的。
(3) 施工单位拒不整改或者不停止施工，未及时向有关主管部门报告的。
(4) 未依照法律、法规和工程建设强制性标准实施监理的。

▶▶ 引例 10.5 小结

业主向承包商提供了质量不合格的水泥，导致出现严重的混凝土质量问题，业主应承担其质量责任、承担质量处理的一切费用，并给承包商延长工期。监理单位及施工单位都

按规定对水泥等材料质量和施工质量进行了抽样检验和试验，不承担质量责任。

10.6 建设行政主管部门的法律责任

《建筑法》规定，对不具备相应资质等级条件的单位颁发该等级资质证书的，由其上级机关责令收回所发的资质证书，对直接负责的主管人员和其他直接责任人员给予行政处分；构成犯罪的，依法追究刑事责任。

《建筑法》规定，政府及其所属部门的工作人员违反本法规定，限定发包单位将招标发包的工程发包给指定的承包单位的，由上级机关责令改正；构成犯罪的，依法追究刑事责任。

《建筑法》规定，负责颁发建筑工程施工许可证的部门及其工作人员对不符合施工条件的建筑工程颁发施工许可证的，负责工程质量监督检查或者竣工验收的部门及其工作人员对不合格的建筑工程出具质量合格文件或者按合格工程验收的，由上级机关责令改正，对责任人员给予行政处分；构成犯罪的，依法追究刑事责任；造成损失的，由该部门承担相应的赔偿责任。

《建设工程质量管理条例》规定，违反本条例规定，供水、供电、供气、公安消防等部门或者单位，明示或暗示建设单位或者施工单位购买其指定的生产供应单位生产的建筑材料、建筑构配件和设备的，责令改正。

《建设工程安全生产管理条例》规定，违反本条例的规定，县级以上人民政府建设行政主管部门或者其他有关行政管理部门的工作人员，有下列行为之一的，给予降级或者撤职的行政处分；构成犯罪的，依照刑法有关规定追究刑事责任。

(1) 对不具备安全生产条件的施工单位颁发资质证书的。
(2) 对没有安全施工措施的建设工程颁发施工许可证的。
(3) 发现违法行为不予查处的。
(4) 不依法履行监督管理职责的其他行为。

10.7 其他法律责任

《建筑法》规定，在建筑物的合理使用寿命内，因建筑工程质量不合格受到损害的，有权向责任者要求赔偿。

《建设工程质量管理条例》规定，注册建筑师、注册结构工程师、注册监理工程师等注册执业人员因过错造成质量事故的，责令停止执业 1 年；造成重大质量事故的，吊销执业资格证书，5 年以内不予注册；情节特别恶劣的，终身不予注册。

《建设工程质量管理条例》规定，建设、勘察、设计、施工、工程监理单位的工作人员因调动工作和退休等原因离开该单位后，被发现在该单位工作期间违反国家有关建设工程质量管理规定，造成重大工程质量事故的，仍应当依法追究法律责任。

《建设工程质量管理条例》规定，给予单位罚款处罚的，对单位直接负责的主管人员和其他直接责任人员处以单位罚款数额5%以上、10%以下的罚款。

《建筑法》规定，在工程中行贿的承包单位，可以责令停业，降低资质等级或者吊销资质证书。行贿人员构成犯罪的，依法追究刑事责任；不构成犯罪的，分别处以罚款，没收行贿的财物，对直接负责的主管人员和其他直接责任人员给予处分。

《建设工程安全生产管理条例》规定，注册执业人员未执行法律、法规和工程建设强制性标准的，责令停止执业3个月以上、1年以下；情节严重的，吊销执业资格证书，5年内不予注册；造成重大安全事故的，终身不予注册；构成犯罪的，依照刑法有关规定追究刑事责任。

本 章 小 结

1. 法律责任是指当事人由于违反法律规定的义务而应承担的法律后果。根据违法行为所违反的法律的性质，可以把法律责任分为民事责任、行政责任、经济法责任、刑事责任、违宪责任和国家赔偿责任。法律责任的构成要件概括为主体、过错、违法行为、损害事实和因果关系五个方面。

2. 法律责任的认定和归结简称"归责"，它是指对违法行为所引起的法律责任进行判断、确认、归结、缓减以及免除的活动。归责一般必须遵循以下法律原则：责任法定原则、因果联系原则、责任相称原则和责任自负原则。免责是指行为人实施了违法行为，应当承担法律责任，但由于法律的特别规定，可以部分或全部免除其法律责任。

3. 建设单位的法律责任主要包括违反建筑许可制度的法律责任，违反建筑发包制度的法律责任以及违反安全生产、质量管理制度的法律责任。

4. 勘察设计单位的法律责任主要包括违反资质管理制度的法律责任，违法转包、分包的法律责任，以及违反安全生产、质量管理制度的法律责任。

5. 施工单位的法律责任主要包括违反资质管理制度的法律责任，违法转包、分包的法律责任，以及违反安全生产、质量管理制度的法律责任。

6. 监理单位的法律责任主要包括违反资质管理制度的法律责任，违法转包、分包的法律责任，以及违反安全生产、质量管理制度的法律责任。

7. 建设行政主管部门违反《建筑法》以及《建设工程安全生产管理条例》规定应承担的法律责任。

复习思考题

一、简答题

1. 简述法律责任的概念、特点、分类和构成。
2. 施工单位违法资质管理制度的法律责任有哪些？
3. 勘察、设计单位违反安全生产和质量管理制度的法律责任有哪些？

4. 试举例阐述建设单位违反建筑许可制度应承担的法律责任。

二、案例题

原告：某大学
被告：某建筑公司

1. 基本案情

2004年4月，某大学为建设学生公寓，与某建筑公司签订了一份建设工程合同。合同约定：工程采用固定总价合同形式，主体工程和内外承重砖一律使用国家标准砌块，每层加水泥圈梁；该大学可预付工程款(合同价款的10%)；工程的全部费用于验收合格后一次付清；交付使用后，如果在6个月内发生严重质量问题，由承包人负责修复等。1年后，学生公寓如期完工，在该大学和该建筑公司共同进行竣工验收时，该大学发现工程3~5层的内承重墙体裂缝较多，要求该建筑公司修复后再验收，该建筑公司认为不影响使用而拒绝修复。因为很多新生亟待入住，该大学接收了宿舍楼。在使用了8个月之后，公寓楼5层的内承重墙倒塌，致使1人死亡，3人受伤，其中1人致残。受害者与该大学要求该建筑公司赔偿损失，并修复倒塌工程。该建筑公司以使用不当且已过保修期为由拒绝赔偿。无奈之下，受害者与该大学诉至法院，请法院主持公道。

2. 案件审理

法院在审理期间对工程事故原因进行了鉴定，鉴定结论为该建筑公司偷工减料致宿舍楼内承重墙倒塌。因此，法院对该建筑公司以保修期已过为由拒绝赔偿的主张不予支持，判决该建筑公司应当向受害者承担损害赔偿责任，并负责修复倒塌的部分工程。

3. 问题思考

你认为这个案件审理正确吗？它违反了哪些法律、法规？请对案例进行评析。

参 考 文 献

[1] 全国二级建造师执业资格考试用书编写委员会. 建设工程法规及相关知识[M]. 3版. 北京：中国建筑工业出版社，2010.
[2] 全国一级建造师执业资格考试用书编写委员会. 建设工程法规及相关知识[M]. 2版. 北京：中国建筑工业出版社，2010.
[3] 中国建设监理协会. 建设工程合同管理[M]. 北京：知识产权出版社，2006.
[4] 胡成建. 建设工程法规教程[M]. 北京：中国建筑工业出版社，2008.
[5] 高玉兰. 建设工程法规[M]. 北京：北京大学出版社，2010.
[6] 胡向真，等. 建设法规[M]. 北京：北京大学出版社，2007.
[7] 叶胜川，等. 工程建设法规[M]. 3版. 武汉：武汉理工大学出版社，2009.

北京大学出版社高职高专土建系列规划教材

序号	书名	书号	编著者	定价	出版时间	印次	配套情况
		基础课程					
1	工程建设法律与制度	978-7-301-14158-8	唐茂华	26.00	2012.7	6	ppt/pdf
2	建设法规及相关知识	978-7-301-22748-0	唐茂华等	34.00	2014.9	2	ppt/pdf
3	建设工程法规(第2版)	978-7-301-24493-7	皇甫婧琪	40.00	2014.8	3	ppt/pdf/答案/素材
4	建筑工程法规实务	978-7-301-19321-1	杨陈慧等	43.00	2012.1	4	ppt/pdf
5	建筑法规	978-7-301-19371-6	董伟等	39.00	2013.1	4	ppt/pdf
6	建设工程法规	978-7-301-20912-7	王先恕	32.00	2012.7	4	ppt/pdf
7	AutoCAD 建筑制图教程(第2版)	978-7-301-21095-6	郭 慧	38.00	2014.12	7	ppt/pdf/素材
8	AutoCAD 建筑绘图教程(第2版)	978-7-301-24540-8	唐英敏等	44.00	2014.7	1	ppt/pdf
9	建筑CAD项目教程(2010版)	978-7-301-20979-0	郭 慧	38.00	2012.9	2	pdf/素材
10	建筑工程专业英语	978-7-301-15376-5	吴承霞	20.00	2013.8	8	
11	建筑工程专业英语	978-7-301-20003-2	韩薇等	24.00	2014.7	2	ppt/pdf
12	★建筑工程应用文写作(第2版)	978-7-301-24480-7	赵立等	50.00	2014.7	1	ppt/pdf
13	建筑识图与构造(第2版)	978-7-301-23774-8	郑贵超	40.00	2014.12	2	ppt/pdf/答案
14	建筑构造	978-7-301-21267-7	肖 芳	34.00	2014.12	4	ppt/pdf
15	房屋建筑构造	978-7-301-19883-4	李少红	26.00	2012.1	4	ppt/pdf
16	建筑识图	978-7-301-21893-8	邓志勇等	35.00	2013.1	2	ppt/pdf
17	建筑识图与房屋构造	978-7-301-22860-9	贠禄等	54.00	2015.1	2	ppt/pdf/答案
18	建筑构造与设计	978-7-301-23506-5	陈玉萍	38.00	2014.1	1	ppt/pdf/答案
19	房屋建筑构造	978-7-301-23588-1	李元玲等	45.00	2014.1	2	ppt/pdf
20	建筑构造与施工图识读	978-7-301-24470-8	南学平	52.00	2015.7	2	ppt/pdf/答案
21	建筑工程制图与识图(第2版)	978-7-301-24408-1	白丽红	29.00	2014.7	1	ppt/pdf
22	建筑制图习题集(第2版)	978-7-301-24571-2	白丽红	25.00	2014.8	1	pdf
23	建筑制图(第2版)	978-7-301-21146-5	高丽荣	32.00	2015.4	5	ppt/pdf
24	建筑制图习题集(第2版)	978-7-301-21288-2	高丽荣	28.00	2014.12	5	pdf
25	建筑工程制图(第2版)(附习题册)	978-7-301-21120-5	肖明和	48.00	2012.8	3	ppt/pdf
26	建筑制图与识图(第2版)(新规范)	978-7-301-24386-2	曹雪梅	38.00	2015.8	1	ppt/pdf
27	建筑制图与识图习题册	978-7-301-18652-7	曹雪梅等	30.00	2012.4	4	pdf
28	建筑制图与识图	978-7-301-20070-4	李元玲	28.00	2012.8	5	ppt/pdf
29	建筑制图与识图习题集	978-7-301-20425-2	李元玲	24.00	2012.3	4	ppt/pdf
30	新编建筑工程制图	978-7-301-21140-3	方筱松	30.00	2014.8	2	ppt/pdf
31	新编建筑工程制图习题集	978-7-301-16834-9	方筱松	22.00	2014.1	2	pdf
		建筑施工类					
1	建筑工程测量	978-7-301-16727-4	赵景利	30.00	2010.2	12	ppt/pdf/答案
2	建筑工程测量(第2版)	978-7-301-22002-3	张敬伟	37.00	2015.4	6	ppt/pdf/答案
3	建筑工程测量实验与实训指导(第2版)	978-7-301-23166-1	张敬伟	27.00	2013.9	2	pdf/答案
4	建筑工程测量	978-7-301-19992-3	潘益民	38.00	2012.2	2	ppt/pdf
5	建筑工程测量	978-7-301-13578-5	王金玲等	26.00	2011.8	3	pdf
6	建筑工程测量实训(第2版)	978-7-301-24833-1	杨凤华	34.00	2015.1	1	pdf/答案
7	建筑工程测量(含实验指导手册)	978-7-301-19364-8	石 东等	43.00	2012.6	3	ppt/pdf/答案
8	建筑工程测量	978-7-301-22485-4	景 铎等	34.00	2013.6	1	ppt/pdf
9	建筑施工技术	978-7-301-21209-7	陈雄辉	39.00	2013.2	4	ppt/pdf
10	建筑施工技术	978-7-301-12336-2	朱永祥等	38.00	2012.4	7	ppt/pdf
11	建筑施工技术	978-7-301-16726-7	叶 雯等	44.00	2013.5	6	ppt/pdf/素材
12	建筑施工技术	978-7-301-19499-7	董伟等	42.00	2011.9	2	ppt/pdf
13	建筑施工技术	978-7-301-19997-8	苏小梅	38.00	2013.5	3	ppt/pdf
14	建筑工程施工技术(第2版)	978-7-301-21093-2	钟汉华等	48.00	2013.8	6	ppt/pdf
15	数字测图技术	978-7-301-22656-8	赵 红	36.00	2013.6	1	ppt/pdf
16	数字测图技术实训指导	978-7-301-22679-7	赵 红	27.00	2013.6	1	ppt/pdf
17	基础工程施工	978-7-301-20917-2	董伟等	35.00	2012.7	2	ppt/pdf
18	建筑施工技术实训(第2版)	978-7-301-24368-8	周晓龙	30.00	2014.12	1	pdf
19	建筑力学(第2版)	978-7-301-21695-8	石立安	46.00	2014.12	5	ppt/pdf

序号	书名	书号	编著者	定价	出版时间	印次	配套情况
20	★土木工程实用力学(第2版)	978-7-301-24681-8	马景善	47.00	2015.7	1	pdf/ppt/答案
21	土木工程力学	978-7-301-16864-6	吴明军	38.00	2011.11	2	ppt/pdf
22	PKPM软件的应用(第2版)	978-7-301-22625-4	王娜等	34.00	2013.6	3	Pdf
23	建筑结构(第2版)(上册)	978-7-301-21106-9	徐锡权	41.00	2013.4	3	ppt/pdf/答案
24	建筑结构(第2版)(下册)	978-7-301-22584-4	徐锡权	42.00	2013.6	2	ppt/pdf/答案
25	建筑结构	978-7-301-19171-2	唐春平等	41.00	2012.6	4	ppt/pdf
26	建筑结构基础	978-7-301-21125-0	王中发	36.00	2012.8	2	ppt/pdf
27	建筑结构原理及应用	978-7-301-18732-6	史美东	45.00	2012.8	1	ppt/pdf
28	建筑力学与结构(第2版)	978-7-301-22148-8	吴承霞等	49.00	2013.4	6	ppt/pdf/答案
29	建筑力学与结构(少学时版)	978-7-301-21730-6	吴承霞	34.00	2013.2	4	ppt/pdf/答案
30	建筑力学与结构	978-7-301-20988-2	陈水广	32.00	2012.8	1	pdf/ppt
31	建筑力学与结构	978-7-301-23348-1	杨丽君等	44.00	2014.1	1	ppt/pdf
32	建筑结构与施工图	978-7-301-22188-4	朱希文等	35.00	2013.3	1	ppt/pdf
33	生态建筑材料	978-7-301-19588-2	陈剑峰等	38.00	2013.7	2	ppt/pdf
34	建筑材料(第2版)	978-7-301-24633-7	林祖宏	35.00	2014.8	1	ppt/pdf
35	建筑材料与检测	978-7-301-16728-1	梅杨等	26.00	2012.11	9	ppt/pdf/答案
36	建筑材料检测试验指导	978-7-301-16729-8	王美芬等	18.00	2014.12	7	pdf
37	建筑材料与检测	978-7-301-19261-0	王辉	35.00	2012.6	5	ppt/pdf
38	建筑材料与检测试验指导	978-7-301-20045-2	王辉	20.00	2013.1	3	ppt/pdf
39	建筑材料选择与应用	978-7-301-21948-5	申淑荣等	39.00	2013.3	2	ppt/pdf
40	建筑材料检测实训	978-7-301-22317-8	申淑荣等	24.00	2013.4	1	pdf
41	建筑材料	978-7-301-24208-7	任晓菲	40.00	2014.7	1	ppt/pdf/答案
42	建设工程监理概论(第2版)	978-7-301-20854-0	徐锡权等	43.00	2014.12	5	ppt/pdf/答案
43	★建设工程监理(第2版)	978-7-301-24490-6	斯庆	35.00	2014.9	1	ppt/pdf/答案
44	建设工程监理概论	978-7-301-15518-9	曾庆军等	24.00	2012.12	5	ppt/pdf
45	工程建设监理案例分析教程	978-7-301-18984-9	刘志麟等	38.00	2013.2	2	ppt/pdf
46	地基与基础(第2版)	978-7-301-23304-7	肖明和等	42.00	2014.12	2	ppt/pdf/答案
47	地基与基础	978-7-301-16130-2	孙平平等	26.00	2013.2	3	ppt/pdf
48	地基与基础实训	978-7-301-23174-6	肖明和等	25.00	2013.10	1	ppt/pdf
49	土力学与地基基础	978-7-301-23675-8	叶火炎等	35.00	2014.1	1	ppt/pdf
50	土力学与基础工程	978-7-301-23590-4	宁培淋等	32.00	2014.1	1	ppt/pdf
51	建筑工程质量事故分析(第2版)	978-7-301-22467-0	郑文新	32.00	2014.12	3	ppt/pdf
52	建筑工程施工组织设计	978-7-301-18512-4	李源清	26.00	2014.12	7	ppt
53	建筑工程施工组织实训	978-7-301-18961-0	李源清	40.00	2014.12	4	ppt
54	建筑施工组织与进度控制	978-7-301-21223-3	张廷瑞	36.00	2012.9	3	ppt/pdf
55	建筑施工组织项目式教程	978-7-301-19901-5	杨红玉	44.00	2012.1	2	ppt/pdf/答案
56	钢筋混凝土工程施工与组织	978-7-301-19587-1	高雁	32.00	2012.5	2	ppt/pdf
57	钢筋混凝土工程施工与组织实训指导(学生工作页)	978-7-301-21208-0	高雁	20.00	2012.9	1	ppt
58	建筑材料检测试验指导	978-7-301-24782-2	陈东佐等	20.00	2014.9	1	ppt
59	★建筑节能工程与施工	978-7-301-24274-2	吴明军等	35.00	2014.11	1	ppt/pdf
60	建筑施工工艺	978-7-301-24687-0	李源清等	49.50	2015.1	1	pdf/ppt/答案
61	建筑材料与检测(第2版)	978-7-301-25347-2	梅杨等	33.00	2015.2	1	pdf/ppt/答案
62	土力学与地基基础	978-7-301-25525-4	陈东佐	45.00	2015.2	1	ppt/pdf/答案
工程管理类							
1	建筑工程经济(第2版)	978-7-301-22736-7	张宁宁等	30.00	2013.7	7	ppt/pdf/答案
2	★建筑工程经济(第2版)	978-7-301-24492-0	胡六星等	41.00	2014.9	2	ppt/pdf/答案
3	建筑工程经济	978-7-301-24346-6	刘晓丽等	38.00	2014.7	1	ppt/pdf/答案
4	施工企业会计(第2版)	978-7-301-24434-0	辛艳红等	36.00	2014.7	1	ppt/pdf/答案
5	建筑工程项目管理	978-7-301-12335-5	范红岩等	30.00	2012.4	9	ppt/pdf
6	建设工程项目管理(第2版)	978-7-301-24683-2	王辉	36.00	2014.9	2	ppt/pdf/答案
7	建设工程项目管理	978-7-301-19335-8	冯松山等	38.00	2013.11	3	pdf/ppt
8	★建设工程招投标与合同管理(第3版)	978-7-301-24483-8	宋春岩	40.00	2014.9	4	ppt/pdf/答案/试题/教案
9	建筑工程招投标与合同管理	978-7-301-16802-8	程超胜	30.00	2012.9	2	pdf/ppt

序号	书名	书号	编著者	定价	出版时间	印次	配套情况
10	工程招投标与合同管理实务(第2版)	978-7-301-25769-2	杨甲奇等	48.00	2015.7	1	ppt/pdf/答案
11	工程招投标与合同管理实务	978-7-301-19290-0	郑文新等	43.00	2012.4	2	ppt/pdf
12	建设工程招投标与合同管理实务	978-7-301-20404-7	杨云会等	42.00	2012.4	2	ppt/pdf/答案/习题库
13	工程招投标与合同管理	978-7-301-17455-5	文新平	37.00	2012.9	1	ppt/pdf
14	工程项目招投标与合同管理(第2版)	978-7-301-24554-5	李洪军等	42.00	2014.12	2	ppt/pdf/答案
15	工程项目招投标与合同管理(第2版)	978-7-301-22462-5	周艳冬	35.00	2014.12	4	ppt/pdf
16	建筑工程商务标编制实训	978-7-301-20804-5	钟振宇	35.00	2012.7	1	ppt
17	建筑工程安全管理	978-7-301-19455-3	宋　健等	36.00	2013.5	4	ppt/pdf
18	建筑工程质量与安全管理	978-7-301-16070-1	周连起	35.00	2014.12	8	ppt/pdf/答案
19	施工项目质量与安全管理	978-7-301-21275-2	钟汉华	45.00	2012.10	2	ppt/pdf/答案
20	工程造价控制(第2版)	978-7-301-24594-1	斯　庆	32.00	2014.8	1	ppt/pdf/答案
21	工程造价管理	978-7-301-20655-3	徐锡权等	33.00	2013.8	3	ppt/pdf
22	工程造价控制与管理	978-7-301-19366-2	胡新萍等	30.00	2014.12	4	ppt/pdf
23	建筑工程造价管理	978-7-301-20360-6	柴　琦等	27.00	2014.12	4	ppt/pdf
24	建筑工程造价管理	978-7-301-15517-2	李茂英等	24.00	2012.1	4	pdf
25	工程造价案例分析	978-7-301-22985-9	甄　凤	30.00	2013.8	2	pdf/ppt
26	建设工程造价控制与管理	978-7-301-24273-5	胡芳珍等	38.00	2014.6	1	ppt/pdf/答案
27	建筑工程造价	978-7-301-21892-1	孙咏梅	40.00	2013.2	1	ppt/pdf
28	★建筑工程计量与计价(第3版)	978-7-301-25344-1	肖明和等	65.00	2015.7	1	pdf/ppt
29	★建筑工程计量与计价实训(第3版)	978-7-301-25345-8	肖明和等	29.00	2015.7	1	pdf
30	建筑工程计量与计价综合实训	978-7-301-23568-3	龚小兰	28.00	2014.1	2	pdf
31	建筑工程估价	978-7-301-22802-9	张　英	43.00	2013.8	1	ppt/pdf
32	建筑工程计量与计价——透过案例学造价(第2版)	978-7-301-23852-3	张　强	59.00	2014.12	3	ppt/pdf
33	安装工程计量与计价(第3版)	978-7-301-24539-2	冯　钢等	54.00	2014.8	4	pdf/ppt
34	安装工程计量与计价综合实训	978-7-301-23294-1	成春燕	49.00	2014.12	3	pdf/素材
35	安装工程计量与计价实训	978-7-301-19336-5	景巧玲等	36.00	2013.5	4	pdf/素材
36	建筑水电安装工程计量与计价	978-7-301-21198-4	陈连姝	36.00	2013.8	3	ppt/pdf
37	建筑与装饰工程工程量清单(第2版)	978-7-301-25753-1	翟丽旻等	36.00	2015.5	1	ppt
38	建筑工程清单编制	978-7-301-19387-7	叶晓容	24.00	2011.8	2	ppt/pdf
39	建设项目评估	978-7-301-20068-1	高志云等	32.00	2013.6	2	ppt/pdf
40	钢筋工程清单编制	978-7-301-20114-5	贾莲英	36.00	2012.2	2	ppt/pdf
41	混凝土工程清单编制	978-7-301-20384-2	顾　娟	28.00	2012.5	1	ppt/pdf
42	建筑装饰工程预算(第2版)	978-7-301-25801-9	范菊雨	44.00	2015.7	1	pdf/ppt
43	建设工程安全监理	978-7-301-20802-1	沈万岳	28.00	2012.7	1	pdf/ppt
44	建筑工程安全技术与管理实务	978-7-301-21187-8	沈万岳	48.00	2012.9	2	pdf/ppt
45	建筑工程资料管理	978-7-301-17456-2	孙　刚	36.00	2014.12	5	pdf/ppt
46	建筑施工组织与管理(第2版)	978-7-301-22149-5	翟丽旻等	43.00	2014.12	3	ppt/pdf/答案
47	建设工程合同管理	978-7-301-22612-4	刘庭江	46.00	2013.6	1	ppt/pdf/答案
48	★工程造价概论	978-7-301-24696-2	周艳冬	31.00	2015.1	1	ppt/pdf/答案
49	建筑安装工程计量与计价实训(第2版)	978-7-301-25683-1	景巧玲等	36.00	2015.7	1	pdf
	建 筑 设 计 类						
1	中外建筑史(第2版)	978-7-301-23779-3	袁新华等	38.00	2014.2	2	ppt/pdf
2	建筑室内空间历程	978-7-301-19338-9	张伟孝	53.00	2011.8	1	pdf
3	建筑装饰CAD项目教程	978-7-301-20950-9	郭　慧	35.00	2013.1	2	ppt/素材
4	室内设计基础	978-7-301-15613-1	李书青	32.00	2013.5	3	ppt/pdf
5	建筑装饰构造	978-7-301-15687-2	赵志文等	27.00	2012.11	6	ppt/pdf/答案
6	建筑装饰材料(第2版)	978-7-301-22356-7	焦　涛等	34.00	2013.5	2	ppt/pdf
7	★建筑装饰施工技术(第2版)	978-7-301-24482-1	王　军	37.00	2014.7	1	ppt/pdf
8	设计构成	978-7-301-15504-2	戴碧锋	30.00	2012.10	2	ppt/pdf
9	基础色彩	978-7-301-16072-5	张　军	42.00	2011.9	2	pdf
10	设计色彩	978-7-301-21211-0	龙黎黎	46.00	2012.9	1	ppt
11	设计素描	978-7-301-22391-8	司马金桃	29.00	2013.4	2	ppt
12	建筑素描表现与创意	978-7-301-15541-7	于修国	25.00	2012.11	3	Pdf
13	3ds Max 效果图制作	978-7-301-22870-8	刘　晗等	45.00	2013.7	1	ppt

序号	书名	书号	编著者	定价	出版时间	印次	配套情况
14	3ds max 室内设计表现方法	978-7-301-17762-4	徐海军	32.00	2010.9	1	pdf
15	Photoshop 效果图后期制作	978-7-301-16073-2	脱忠伟等	52.00	2011.1	2	素材/pdf
16	建筑表现技法	978-7-301-19216-0	张 峰	32.00	2013.1	2	ppt/pdf
17	建筑速写	978-7-301-20441-2	张 峰	30.00	2012.4	1	pdf
18	建筑装饰设计	978-7-301-20022-3	杨丽君	36.00	2012.2	1	ppt/素材
19	装饰施工读图与识图	978-7-301-19991-6	杨丽君	33.00	2012.5	1	ppt
20	建筑装饰工程计量与计价	978-7-301-20055-1	李茂英	42.00	2013.7	3	ppt/pdf
21	3ds Max & V-Ray 建筑设计表现案例教程	978-7-301-25093-8	郑恩峰	40.00	2014.12	1	ppt/pdf
规划园林类							
1	城市规划原理与设计	978-7-301-21505-0	谭婧婧等	35.00	2013.1	2	ppt/pdf
2	居住区景观设计	978-7-301-20587-7	张群成	47.00	2012.5	1	ppt
3	居住区规划设计	978-7-301-21031-4	张 燕	48.00	2012.8	2	ppt
4	园林植物识别与应用	978-7-301-17485-2	潘利等	34.00	2012.9	1	ppt
5	园林工程施工组织管理	978-7-301-22364-2	潘利等	35.00	2013.4	1	ppt/pdf
6	园林景观计算机辅助设计	978-7-301-24500-2	于化强等	48.00	2014.8	1	ppt/pdf
7	建筑·园林·装饰设计初步	978-7-301-24575-0	王金贵	38.00	2014.10	1	ppt/pdf
房地产类							
1	房地产开发与经营(第2版)	978-7-301-23084-8	张建中等	33.00	2014.8	2	ppt/pdf/答案
2	房地产估价(第2版)	978-7-301-22945-3	张 勇等	35.00	2014.12	2	ppt/pdf/答案
3	房地产估价理论与实务	978-7-301-19327-3	褚菁晶	35.00	2011.8	2	ppt/pdf/答案
4	物业管理理论与实务	978-7-301-19354-9	裴艳慧	52.00	2011.9	2	ppt/pdf
5	房地产测绘	978-7-301-22747-3	唐春平	29.00	2013.7	1	ppt/pdf
6	房地产营销与策划	978-7-301-18731-9	应佐萍	42.00	2012.8	2	ppt/pdf
7	房地产投资分析与实务	978-7-301-24832-4	高志云	35.00	2014.9	1	ppt/pdf
市政与路桥类							
1	市政工程计量与计价(第2版)	978-7-301-20564-8	郭良娟等	42.00	2015.1	6	pdf/ppt
2	市政工程计价	978-7-301-22117-4	彭以舟等	39.00	2015.2	1	ppt/pdf
3	市政桥梁工程	978-7-301-16688-8	刘 江等	42.00	2012.10	2	ppt/pdf/素材
4	市政工程材料	978-7-301-22452-6	郑晓国	37.00	2013.5	1	ppt/pdf
5	道桥工程材料	978-7-301-21170-0	刘水林等	43.00	2012.9	1	ppt/pdf
6	路基路面工程	978-7-301-19299-3	偶昌宝等	34.00	2011.8	1	ppt/pdf/素材
7	道路工程技术	978-7-301-19363-1	刘 雨等	33.00	2011.12	1	ppt/pdf
8	城市道路设计与施工	978-7-301-21947-8	吴颖峰	39.00	2013.1	1	ppt/pdf
9	建筑给排水工程技术	978-7-301-25224-6	刘 芳等	46.00	2014.12	1	ppt/pdf
10	建筑给水排水工程	978-7-301-20047-6	叶巧云	38.00	2012.2	1	ppt/pdf
11	市政工程测量(含技能训练手册)	978-7-301-20474-0	刘宗波等	41.00	2012.5	1	ppt/pdf
12	公路工程任务承揽与合同管理	978-7-301-21133-5	邱 兰等	30.00	2012.9	1	ppt/pdf/答案
13	★工程地质与土力学(第2版)	978-7-301-24479-1	杨仲元	41.00	2014.7	1	ppt/pdf
14	数字测图技术应用教程	978-7-301-20334-7	刘宗波	36.00	2012.8	1	ppt
15	水泵与水泵站技术	978-7-301-22510-3	刘振华	40.00	2013.5	1	ppt/pdf
16	道路工程测量(含技能训练手册)	978-7-301-21967-6	田树涛等	45.00	2013.2	1	ppt/pdf
17	桥梁施工与维护	978-7-301-23834-9	梁 斌	50.00	2014.2	1	ppt/pdf
18	铁路轨道施工与维护	978-7-301-23524-9	梁 斌	36.00	2014.1	1	ppt/pdf
19	铁路轨道构造	978-7-301-23153-1	梁 斌	32.00	2013.10	1	ppt/pdf
建筑设备类							
1	建筑设备基础知识与识图(第2版)	978-7-301-24586-6	靳慧征等	47.00	2014.12	3	ppt/pdf/答案
2	建筑设备识图与施工工艺	978-7-301-19377-8	周业梅	38.00	2011.8	4	ppt/pdf
3	建筑施工机械	978-7-301-19365-5	吴志强	30.00	2014.12	5	pdf/ppt
4	智能建筑环境设备自动化	978-7-301-21090-1	余志强	40.00	2012.8	1	pdf/ppt
5	流体力学及泵与风机	978-7-301-25279-6	王 宁等	35.00	2015.1	1	pdf/ppt/答案

如您需要更多教学资源如电子课件、电子样章、习题答案等，请登录北京大学出版社第六事业部官网 www.pup6.cn 搜索下载。

如您需要浏览更多专业教材，请扫下面的二维码，关注北京大学出版社第六事业部官方微信（微信号：pup6book），随时查询专业教材、浏览教材目录、内容简介等信息，并可在线申请纸质样书用于教学。

感谢您使用我们的教材，欢迎您随时与我们联系，我们将及时做好全方位的服务。联系方式：010-62750667，yangxinglu@126.com，pup_6@163.com，lihu80@163.com，欢迎来电来信。客户服务QQ号：1292552107，欢迎随时咨询。